Gerhard R. Steinhäuser

Der Tod und was dahinter ist

GERHARD R. STEINHÄUSER

Der Tod und was dahinter ist

Auf den Spuren der Unsterblichkeit

2. erweiterte Auflage 1977

HERMANN BAUER VERLAG KG · FREIBURG I. BR.

Redaktion: Siegfried Hermann

Gesamtherstellung: Poppen & Ortmann, Freiburg i. Br.
ISBN 3-7626-0184-4

INHALTSVERZEICHNIS

„Die Wissenschaft hat
bisher die Unsterblichkeit geleugnet.
Zur Strafe wird sie es sein,
die sie einmal beweisen muß . . .“

(Carl du Prel,
deutscher Gelehrter und Naturforscher)

VORWORT

Welt und Menschheit werden von Krisen geschüttelt wie noch nie. Alles deutet darauf hin, daß Welt und Menschheit, wie sie heute bestehen, früher oder später zugrundegehen werden. Eher noch früher.

Kein Wunder, daß sich die Menschen zunehmend mehr und zunehmend verzweifelter fragen, was „nachher" ist — für den einzelnen und für alle und alles.

Nicht nur die Tiere ahnen ihr bevorstehendes Ende voraus.

Ist es ein Zufall oder keiner, daß ausgerechnet jetzt — sozusagen in einer Mitternacht der Weltgeschichte — gerade jene Wissenschaft, die bisher von solchen Dingen nichts wissen wollte, die Möglichkeiten eines ewigen Seins und Lebens ernsthaft zu überlegen beginnt? Und zwar gleichermaßen in West, wie in Ost?

Sie ist auf diesem Weg bereits weiter, als man gemeinhin weiß und annimmt.

Aber: haben wir, die jetzt und da (noch) Lebenden etwas davon? Doch, wir können etwas davon haben, weil uns eben die neuesten Ergebnisse und Erkenntnisse der exakten Wissenschaft erstmals in der Geschichte die Chance bieten, die Zusammenhänge von Leben und Tod, Zeit und Ewigkeit bewußt und wissend zu erfassen. Und gerade die moderne Technik und Physik und ihre heute allgemein bekannten Begriffe geben uns die Möglichkeit, bisher Unvorstellbares, Undenkbares denkbar, anschaulich und verständlich zu machen.

Um diese Verständlichkeit und Anschaulichkeit geht es in diesem Buch.

Es ist durch und durch realistisch. In ihm werden keine Geister, Medien und Wiedergeborene zitiert, deren Aussagen man glauben kann oder nicht. Wenn überhaupt, so dienen sie höchstens als Beispiele, als Illustrationen beim Versuch, die grundlegenden Fragen sachlich und einfach zu behandeln und zu klären:

Was ist die Zeit — was ist Zufall?
Was ist der Tod, was die Ewigkeit?
Leben wir nur einmal?
Gibt es andere Welten und welche?
Welche Chancen zur Unsterblichkeit haben wir?

Um diese Dinge geht es. Und es sollte keiner sagen: was kümmern mich die Ansichten und Theorien zum Beispiel der Astronomen und Physiker über das Weltall, über „schwarze Sonnen" und Sterne, die gar keine sind und alles das? Was interessiert es mich, ob der Zufall ein Zufall ist oder nicht? Ob es andere Dimensionen gibt oder nicht?

Wer das sagt und meint, irrt. Gerade diese Dinge könnten vielleicht gerade ihm sehr entscheidend helfen, wenn es um seinen ganz persönlichen Tod und seine persönliche Ewigkeit geht. Nicht nur hier auf Erden gilt der Spruch: wer mehr weiß, hat mehr vom Dasein. Dieses Wissen — und nicht nur ein blinder Glaube — bietet sich heute an. Es gilt lediglich, die Dinge verständlich zu machen. Das wird im folgenden versucht.

In einer Form und Art, die es bisher nicht gegeben hat.

Deshalb ist dieses Buch neuartig und einmalig.

Wenn seine Sprache da und dort vielleicht etwas leichthin oder gar zynisch klingt, dann ist das nicht so gemeint: dann schimmert etwas von der Traurigkeit des Schreibers durch, der — wie andere Wissende — zusehen muß, wie diese Menschheit sich zugrunde richtet, der nur versuchen kann, einigen und wenigen ein kleines Licht der Hoffnung zu setzen.

Wien, im April 1975

Gerhard R. Steinhäuser

Vorwort zur zweiten Auflage

Im Mai 1975 ist dieses Buch erstmals erschienen. Im Vorwort zu ihm habe ich damals geschrieben: „Welt und Menschheit werden von Krisen gebeutelt, wie noch nie . . . Kein Wunder, daß sich die Menschen zunehmend mehr und zunehmend verzweifelter fragen, was ‚nachher' ist — für den einzelnen und für alle und alles . . ."

Heute, über zweieinhalb Jahre später, kann man feststellen: Die krisenhafte Lage der Welt hat sich eher noch zugespitzt; in jeder Beziehung. Ja, auch die Natur scheint diese Entwicklung mitzumachen — das Klima ändert sich weltweit, die Erdkruste ist unruhig geworden und wird von Erdbeben erschüttert. Steht uns irgendein „jüngster Tag" bevor? Wie immer: Es ist wohl kaum ein Zufall, daß sich auch die Wissenschaft intensiver mit dem eigentlich größten Problem des Menschen zu befassen begonnen hat; mit dem Ende, mit dem Tod. Gerade in jüngster Zeit sind eine ganze Reihe von Publikationen zu den Fragen des Sterbens und des Weiterlebens nach dem Tode erschienen. Geschrieben großteils von Ärzten, die ihre

Beobachtungen wiedergaben und beinahe einhellig zu dem Schluß kommen, daß der Tod eben kein „Ende“ ist. Gleichzeitig verstärkt sich das allgemeine Interesse an allen Dingen und Phänomenen, die über den engen Rahmen der diesseitigen Raum-Zeit-Welt hinausgehen oder an ihren Grenzen stehen. Das gilt gleichermaßen für die PSI-Forschung, die Befassung also mit sozusagen „jenseitigen“ Energien, wie die UFO-Erscheinungen und die mysteriösen Vorgänge im sogenannten „Bermuda-Dreieck“.

Alles Symptome einer steigenden geistigen Unruhe, die sich letztlich auf den Fragenkomplex konzentriert:

Was ist der Tod, was ist die Ewigkeit?
Leben wir nur hier und einmal?
Gibt es andere Welten und welche?
Was ist Zeit — was Zufall?

Um diese Dinge geht es in diesem Buch, dessen Inhalt für die zweite Auflage erweitert und ergänzt wurde, was neue Entwicklungen und Tatsachen betrifft. Am Grundsätzlichen war nichts zu ändern, denn dessen Aussagen wurden bisher nur bestätigt. Das Raumschiff Erde fährt weiterhin einen unheilvollen Kurs, der zu katastrophalen Folgen führen muß.

Sie in ihren Konsequenzen geistig vorwegzunehmen, zu verarbeiten und damit zu bewältigen — das ist Sinn und Ziel dieses Buches; heute noch mehr als bei seinem ersten Erscheinen. Daß eine zweite Auflage nötig wurde — auch in Holland erschien indessen eine Übersetzung — bestätigt seine Richtigkeit und Bedeutung.

Dem Verleger ist zu danken, daß er sie erkannt hat und nicht dem Irrtum anderer Herausgeber unterlegen ist, die vielfach meinen, alle derartigen Themen wären nur eine vorübergehende „Welle“, die bereits wieder im Abflauen sei.

Das mag — vielleicht — auf übertriebene Sensationsberichte aus dem Bermuda-Dreieck und dergleichen zutreffen, nie jedoch auf die in diesem Buch behandelten *Schicksalsfragen der Menschheit.* Zu denen auch der Tod gehört und das, was dahinter ist. Das Interesse an diesen Problemen kann und wird sich nur verstärken. Weil Erde und Menschheit vor gewaltigen, ja vielleicht letzten Entscheidungen stehen. Was leider keine literarische Tendenz, sondern eine Tatsache ist, mit der wir uns auseinandersetzen müssen. Hier und heute und morgen erst recht.

Wien, im August 1977

Gerhard R. Steinhäuser

I

SO FING ES AN

Als es noch keinen Tod gab

Die Duktu, ein Negerstamm im heutigen Gabun, erzählen sich folgende Geschichte (John B. Forman: History of Africa, London 1953): Vor unendlich langer Zeit, als die Welt gerade erschaffen war, mußten die Menschen nicht sterben. Erst später, als sie den Vorschriften der Götter nicht mehr folgten, wurden sie sterblich. Da sandte Usagara, einer der Götter, einen Boten in Form einer Eule zu ihnen, um ihnen das Geheimnis der Unsterblichkeit erneut mitzuteilen. Die Menschen jedoch, mit ihren eigenen Angelegenheiten befaßt, hörten nicht recht hin, vergaßen die Botschaft wieder, und so blieben sie sterblich. Ein Neger-Mythos, was mehr!?

Doch mehr: Wir können praktisch die gleiche Geschichte in vielen Variationen rund um den Erdball wiederfinden — bei den Polynesiern der Südsee ebenso wie bei nordamerikanischen Indianern; einmal ist es ein Hase, einmal ein Rabe, der — vergeblich — die Frohbotschaft der Götter zu vermitteln versucht.

Und in der Bibel findet sie sich letztlich auch wieder: Im Paradies schienen Adam und Eva unsterblich, ehe sie von den verbotenen Früchten aßen und vertrieben wurden (Mose III, 3—24). Die älteste uns überlieferte Unsterblichkeitsnachricht finden wir im sumerischen Gilgamesch-Epos (A. Schott: Das Gilgamesch-Epos, Stuttgart 1958), das ungefähr vier- bis fünftausend Jahre alt sein dürfte. In ihm ist auch von einem Paradies die Rede — es hieß Tilmun und lag nicht auf der Erde, sondern auf einem Gestirn nahe dem Mittelpunkt der Milchstraße — das bereits bestand, ehe es die Erde noch gab. Aber „die dort leben, kennen nicht Alter, Krankheit und Tod".

Woraus sich die interessante Frage ergibt: Ist der Verlust der Unsterblichkeit vielleicht verbunden mit dem Verlassen eines Paradieses jenseits der Erde und ihrem Betreten?

Dann aber — das ist der weitere Schluß — dürften die Menschen ursprünglich nicht von hier stammen, sondern von anderswo.

Oder wir verweisen alle diese Geschichten in den Bereich der Phantasie und der Wunschträume. Was wiederum nicht sehr logisch wäre, denn es erscheint unerfindlich, woher der Mensch — sofern wir ihn nur von der Erde aus betrachten — auch nur eine Ahnung der Unsterblichkeit gehabt haben sollte.

Was er hier sah, waren immer nur Tod, Zerfall und Vergänglichkeit. Daraus (und darüber hinaus) ein weiteres und ewiges Sein zu „erfinden" — also da dürfte der Halb-Affen-Mensch der Vorzeit doch etwas überfordert sein.

Anders sieht die Sache allerdings aus, wenn wir zum Beispiel — und zunächst rein theoretisch — folgendes annehmen: Daß auf dem Planeten Erde sehr wohl „humanoide" Wesen herumliefen, aber ohne Geist und Bewußtsein, — und dann erst „Einwanderer" kamen, mit Geist und Bewußtsein. Mit der Erinnerung an Welten und Zustände ohne Tod. An das „Paradies".

Wiederum liefert die Sage den Schlüssel: Die Götter, so heißt es in der sumerischen Überlieferung (Lambert-Millard: Atra-hasis, The Babylonian Story of the Flood, Oxford 1969) hätten die Erde zunächst mit Hilfe der „Igigi" — mitgebrachter Hilfskräfte — zu kolonisieren versucht. Aber die „Igigi" streikten, und so waren die Götter gezwungen, andere Gastarbeiter zu importieren, die Menschen, die vorher anscheinend anderswo lebten und beheimatet waren.

Dort, wo es keinen „Tod" gab — den fanden sie erst hier auf der Erde. In der Vermischung mit den hiesigen Urbewohnern.

Geblieben ist ihnen die Erinnerung an ein Dasein ohne Tod und Vergänglichkeit — das Paradies.

Das Paradies der importierten menschlichen Gastarbeiter war, wie es noch in der Überlieferung der Cugash, eines Jäger- und Nomadenstammes in Alaska, heißt (Birker-Smith: Folkwanderings and Culture Drifts in Northern America, Washington 1931) anscheinend eine Welt ähnlich der unseren. Nur wärmer, reicher an tierischem und pflanzlichem Leben und von einem gleichmäßig-mildem Licht erhellt.

Genauso schildern auch die Melanesier das Paradies (I. Ellis: Polynesian Researches, London 1932). Hauptmerkmal: das milde Licht. Es sei in diesem Zusammenhang einer der berühmtesten Ethnologen (Menschenforscher) der Gegenwart zitiert: Professor François Delacour (Les Origines — Die Anfänge, Paris 1971): „Der Mensch als ganzes gesehen ist so ungewöhnlich und einmalig auf dieser Erde, so unbestimmbar in seiner Herkunft, daß man beinahe versucht ist, anzunehmen, er stamme gar nicht von hier . . ."

Er stamme gar nicht von hier . . .

Natürlich und ganz gewiß stammt seine Leiblichkeit „von hier“. Aber es ist durchaus denkbar, daß die irdische halb-tierische „Grundrasse“ irgendwann einmal und plötzlich (das jähe Auftauchen kulturschaffender Typen wie des Cro-Magnon-Menschen ist ein Hinweis) vermischt wurde mit einer anderen, eben nicht von hier stammenden Art. Nicht anders, wie wir heute in Europa die Vermischung der einheimischen Europäer mit „importierten“ Gastarbeitern erleben.

Was tun Gastarbeiter von heute? Sie versammeln sich gerne auf den Bahnhöfen, weil sie das an ihre Heimat erinnert.

Was taten die Gastarbeiter der Götter von früher? Sie versammelten sich bei den kosmischen „Bahnhöfen“, wo sie angekommen waren: auf heiligen Bergen, auf heiligen Flächen. „Temenoi“ — abgegrenzte Gebiete, nannten die Griechen solche Orte, an denen es ursprünglich gar keine Heiligtümer und Tempel gab. Wozu auch? Es waren wohl nur Landeplätze. Die „Bahnhöfe“ wurden zum Mythos, die Gastarbeiter vermengten sich mit den Halbaffen der Erde und vergaßen alles: die Heimat und die Unsterblichkeit. Nur Sagen und Mythen blieben.

Unsterblich blieben freilich die Herren, die „Götter“, solange sie hier auf Erden weilten. „Athanoi theoi“, die unsterblichen Götter, nennt sie noch Homer in der „Ilias“. Sie vermischten sich (meist) nicht mit den Irdischen und blieben eine privilegierte Kaste, die das Geheimnis der Ewigkeit streng bewahrte. Was man in vielen Sagen nachlesen kann, die das Schicksal von Menschen schildern, die vergeblich versuchten, es den Göttern nachzumachen.

Manchen gelang es beinahe. So erzählen sich noch heute die Massai in Afrika (E. Dammann: Die Religionen Afrikas, Stuttgart 1963), daß eine Göttin namens

Heiterogob sich in den Menschen Kintu verliebte und ihn sogar mit in den „Himmel“ nahm, wo dieser alle Prüfungen für die Unsterblichkeit bestand; er hätte also ewig leben dürfen. Trotz der Warnungen des „Herrn des Himmels“ und seiner Frau Heiterogob, die mit ihm Kinder auf der Erde gezeugt hatte, machte Kintu aber doch einen Fehler: weil er „oben“ (im Himmel) etwas vergessen hatte, versuchte er, noch einmal dorthin zurückzukehren. Es gelang ihm nicht und er fand mit seinen Kindern den Tod.

Solcher Sagen gibt es viele. Tödlich endete auch jene, die von einigen Stämmen im Gran Chaco in Brasilien überliefert ist: Danach kam von der Venus (?) eine Göttin zur Erde und verliebte sich in einen armen und gar nicht schönen Erden-Mann. Sie versuchte, ihn mit sich zur Venus zu nehmen, er jedoch starb an der Kälte des Weltraums (P. Grimal: Mythen der Völker, Band III, Frankfurt 1967).

Gerade der Schluß der Geschichte muß stutzig machen: Woher wußten die Indios im heißen Urwald, daß es im Weltraum tödlich kalt ist? Die schönste aller Unsterblichkeits-Geschichten spielte sich zwischen Tithonos, einem Sohn des Königs Laomedon von Troja und der griechischen Göttin der Morgenröte Eos ab. (W. Schadewaldt: Die Sternsagen der Griechen, Frankfurt/Hamburg 1956).

Für ihren Geliebten Tithonos — so die Sage — erbat Eos von Zeus die Unsterblichkeit, die ihm auch gewährt wurde. Glücklich lebten die beiden fortan fernab der Erde „im Osten am Weltenstrom“ (was wohl als Bezeichnung der Milchstraße zu verstehen ist). Eines aber hatte Eos vergessen, für ihren Freund auch die ewige Jugend zu fordern. Er wurde also immer älter und älter, während sie jung blieb, immer faltiger und kleiner, während Eos ihn liebevoll pflegte und hegte. Zu allerletzt wurde er zu einem kleinen Insekt mit einer dünnen und schrillen Stimme — der Zikade.

Effekt, wie immer und überall: Menschen versuchten den Rücksprung zur Unsterblichkeit, aber es gelang ihnen nicht — oder nicht mehr.

Daß es sich dabei aber bestimmt nicht nur um einen Wunschtraum der Irdischen gehandelt haben kann, das zeigt die Bibel. Da heißt es im 5. Kapitel von Mose I:

„Und Adam war 130 Jahre alt und zeugte einen Sohn . . . lebte danach achthundert Jahre und zeugte Söhne und Töchter, daß sein ganzes Alter war 930 Jahre, und starb . . .“

Oder: „Seth war hundertfünf Jahre alt und zeugte Enos, und lebte danach achthundertsieben Jahre . . .“

„Kenan war siebzig Jahre und zeugte Mahalaleel und lebte danach achthundertvierzig Jahre . . .“

„Methusalah war hundertsiebenundachtzig Jahre und zeugte Lamech . . . daß sein ganzes Alter war neunhundertneunundsiebzig Jahre und starb . . .“

Noah brachte es danach nur auf fünfhundert Jahre.

Das sind konkrete Zahlen. Was später in sie an allerhand mystischen Deutungen hineingeheimnißt wurde, ist vermutlich Unsinn. Die Juden waren kein „esoterisches“ Volk. Ihre Religion ist eine Stammesgeschichte (die sie zum Teil und wesentlich von anderen Völkern übernommen haben) und nicht viel mehr (W. Vollmer Wörterbuch der Mythologie aller Völker, Stuttgart 1859). Auf eine irdisch-reale Vergangenheit bezogen ist ihre Geschichte — auf die durchaus irdische Hoffnung eines kommenden Großreichs der Juden sind ihre Prophetien ausgerichtet. Warum hätten sie ausgerechnet bei den Lebensalterangaben schwindeln sollen?

Man mag den Juden nachsagen, was man will, und sie mögen oder nicht; sie haben jedenfalls in einer unerhörten Weise frühere Geschichtsrelikte bewahrt und weitergegeben. Wortgetreu. Das zeigt schon die Sintflutgeschichte, die aus dem um Tausende Jahre älteren Gilgamesch-Epos der Sumerer stammt (Max Ebert: Reallexikon der Vorgeschichte, Berlin 1924/1932), und das zeigen alle auf den kommenden Messias bezogenen Voraussagen — auch sie sind zum Großteil Wiedergaben älterer Traditionen (Steinhäuser: Jesus Christus — Erbe der Astronauten, Wien 1973). Also darf man auch ruhig annehmen, daß die „sagenhaften" Lebenszeiten der angeblich jüdischen (wahrscheinlich aber viel älteren) Gestalten von Methusalem bis Noah keine Erfindung sind, sondern Tatsache waren.

Hätten nämlich die Juden ein Märchen erzählen wollen, so hätten sie logischerweise ihre „Helden" auch ewig leben lassen. Aber nein, da werden ganz genaue Zahlen genannt, scheinbar willkürliche.

Nicht ewig, aber wohl so lange, daß es besonders und bemerkenswert war, lebten diese Leute. Mit buchhalterischer Akribie verzeichnet von den hebräischen Historikern.

Wenn dem aber allem Anschein nach wirklich so war — was war ihr Geheimnis? Jedenfalls das des Viellänger-Lebens.

Es scheint zum Teil von den Göttern zu stammen, und das ist eine sehr schaurige und schreckliche Geschichte.

Die Spur der toten Kinder

In der griechischen Mythologie wird behauptet (Rudolf Otto: Gottheit und Gottheiten der Arier, Gießen 1932), daß die „Götter" sich vornehmlich von Nektar und Ambrosia ernährten.

Worum es sich dabei handelte, wissen wir nicht. Vielleicht um besondere Spezialtinkturen, die jedenfalls so wertvoll waren, daß nach der chinesischen Sage Ch'an-i, die Frau des ersten Vertreters der Götter auf Erden, Huang-ti, ihrem Mann dieses Elixier stahl und damit „zum Mond" entwich (W. Eberhard: Monumenta Serica, die Lokalkulturen des Südens und Ostens, Peking 1942).

Von Götterspeise und Göttertrank ist in den Sagen überhaupt viel die Rede. Das Unsterblichkeitselixier „Amrta" soll nach dem Glauben der Inder (Rigveda-Samhita, nach M. Müller, London 1874) seinen Ursprung auf einem fernen Planeten gehabt haben. Die Bewohner der Tonga-Inseln wissen zu erzählen (J. Mariner: Tonga Island, London 1918), daß die ersten bei ihnen gelandeten Götter von den Früchten des Landes aßen, was ihnen nicht bekam: Drei starben sofort, die anderen konnten nicht mehr in ihre Heimat zurück, weil sie sterblich geworden waren wie die Menschen der Erde. Ebenso waren die Götter der Polynesier (I. Ellis: Polynesian Researches, London 1932) von einem „Lebenswasser", Wai-ora-roa, abhängig, ohne dessen Genuß sie sterben mußten.

Nach der germanischen Sage wurden die Asen alt und hinfällig, als ihnen Loki die „goldenen Äpfel der Idun" raubte. Erst als sie ihn fingen und — ganz modern — erpreßten, brachte er sie ihnen wieder und sie konnten weiterleben. (W. Vollmer: Wörterbuch der Mythologie aller Völker, Stuttgart 1859.)

Das sind aber eigentlich recht harmlose Sachen, die lediglich die Eßgewohnheiten der „Götter" betreffen, die anscheinend ohne Konserven und Importware sich nicht wohl fühlten (wie die Amerikaner etwa 1945 in Europa). Es gibt aber noch andere Hinweise auf die Methoden der leiblichen Unsterblichkeits-Erhaltung eben dieser Götter, und die sind weniger harmlos. Ihre blutige Spur geht durch die ganze Frühgeschichte.

An einem heiligen Stein der Astarte in den Ruinen von Karthago an der nordafrikanischen Küste fand man Brandopfer von Kleinkindern, die in Tonkrügen beigesetzt waren (Esther Harding: Frauen-Mysterien, Zürich 1949) — Weihegaben an die Götter, wie sich aus den Inschriften ergibt. (Max Ebert: Reallexikon der Vorgeschichte, Berlin 1924/1932.)

Dem mexikanischen Regengott Tlaloc wurden mit Vorliebe Kinder geopfert, deren Todestränen man als Regentropfen deutete (Erich Zehren: Das Testament der Sterne, Berlin 1957). Kinder wurden bei den Kelten und Slawen geschlachtet, und selbst Salomo ärgerte sich noch über seine jüdischen Landsleute: „Sie erwürgen ihre Kinder zum Opfer" (Weisheiten 14/23). Im 2. Buch Mose heißt es wörtlich: „Deinen ersten Sohn sollst Du mir geben!" und ebenso fordert JAHWE (Exodus 34/19): „Alles, was den Mutterleib bricht, ist mein . . ." Die jüdischen Propheten klagten: „Du nahmst die Söhne und Töchter und opferst sie . . ." (Ezechiel 16/26) und: „. . . sie schlachten die Kinder an den Bächen unter den Felsklippen" (Jesaja 57/5) „. . . des Gebotes wegen, daß man die Kinder töten müsse" (Ezechiel 20/26).

Durch Jahrtausende troffen die Altäre vom Blut der geschlachteten Kinder. Wozu, warum?

Entgegen jedem Naturgesetz gaben die Mütter in aller Welt nicht nur Fehl- oder Mißgeburten dem Tode preis — nein: gerade den ersten und besten Nachwuchs. Wozu, warum?

Es bleibt eine einzige und fürchterliche Vermutung: weil die Götter es so wollten. Oder, besser gesagt, weil sie das so eingeführt hatten. Weil sie — und das ist die einzig logische Erklärung für die ansonsten völlig sinnlosen Massenschlächtereien von Kindern und auch Erwachsenen bis in die neuere Zeit — Blut und Organe brauchten. Frischblut und Frisch-Organe, wie wir sie heute auch brauchen und etwa aus den Körpern ungeborener Kälber entnehmen.

Nur so ist zu verstehen, daß etwa die Priester der Maya oft an einem einzigen Tag Tausenden von Opfern Herzen und Lebern aus den noch lebenden Körpern rissen und auf die Opfersteine legten. „Für die Götter". Auch wenn diese schon gar nicht mehr da waren und davon gar nichts mehr hatten. (Karl F. Kohlenberg: Enträtselte Vorzeit, München 1970.)

„Wir müssen tun, was die Götter taten . . .", heißt es noch in der brahminischen Lehre (Mircea Eliade: Der Mythos der ewigen Wiederkehr, Düsseldorf 1953) — die Menschen taten so.

Für die Götter der Vorzeit mögen die Menschen nichts als Tiere gewesen sein, und die Erde war für sie vermutlich nur eine Zucht- und Versuchsanstalt. Hier züchteten sie lebende Träger von Blut und Organen (wie wir es heute mit den Kühen und Kälbern halten) und benützten sie ebenso. Alles spätere war nur noch sinnlose Nachahmung. Anscheinend wurden auch Experimente gemacht: vorgeschichtliche Funde von menschlichen Schädeln weisen oft ein oder mehrere Löcher auf, die künstlich gebohrt wurden. Wollten Vorzeit-Chirurgen (wie oft vermutet wird) ihre Mitmenschen dadurch „heilen"? Kaum.

Näherliegend ist eine andere Vermutung: genau wie wir heute Affen Antennen in die geöffneten Schädel stekken, um Fernlenk-Experimente mit ihnen durchzuführen, also taten es wahrscheinlich auch die „Götter" mit ihren Versuchs-Tieren, den Menschen. Sie steckten ihnen Antennen in die Köpfe und lenkten sie so. Für ihre Zwecke. Sie wollten Sklaven und Diener haben. Womöglich ferngesteuerte. Biologische Roboter. Die Sumerer und andere Völker erzählten sich, die Götter hätten die Menschen überhaupt nur erschaffen, „damit sie die Last der Schöpfung tragen“ (A. Heidel: The Babylonian Genesis, Chicago 1942).

Daß die Menschen später die Fernlenk-Antennen in den offenen Schädeln ihrer Vorfahren womöglich noch als eine Art Auszeichnung empfanden und sie nachahmten, indem sie anderen Löcher in die Köpfe bohrten oder sich Zweige aufsetzten (aus denen später die Kronen der Könige wurden) — das mag die „Götter“ kaum bekümmert haben.

Wer schert sich denn heute — außer Tierfreunde — um jene Affen, denen ähnliches geschieht? In dieser Hinsicht ist die Götter-Nachfolge absolut gesichert.

Nur in einem nicht: wir haben keine Unsterblichkeits-Elixiere und alles vergessen, was die Götter diesbezüglich wußten.

Wir bringen es nicht einmal auf die paar hundert Jahre der biblischen Ahnen, die vielleicht noch etwas davon mitbekommen hatten.

Wir müssen ganz allein und ganz vorn wieder anfangen.

Mit dem sehr unguten Erbe jener Götter, die den Menschen auf diese Erde verpflanzten, ihn aber — für ihre Zwecke durchaus richtig — nur für ein kurzes Dasein programmierten. Damit er nicht vom Baum des Lebens äße und „unsterblich“ würde, wie sie.

Darauf kommen wir ja erst heute: Wir könnten vermutlich länger leben, wenn nicht gewisse Schaltungen in unseren Gehirn-Computern dies verhindern und die „Todes-Schaltung“ auslösen würden! Das ist kein Märchen und keine Sage, das ist die neueste Erkenntnis der Wissenschaft. Die wir uns selbst erarbeitet haben — gegen das Programm und die Programmierung der Götter. Worum es heute geht, ist das: daß wir uns — bildlich gesprochen — endlich diese verfluchten Antennen aus den Hirnen reißen, die gewollt und bewußt eingeschalteten Blockierungen der Bewußtseins- und Denkmöglichkeiten abschalten und uns selbst erkennen. Wir können es.

Der unnötige Tod

Es ist nicht Sinn dieses Buches, Göttergeschichten à la Däniken zu erzählen oder womöglich gar zu versuchen, deren früheres Vorhandensein auf der Erde zu beweisen. Ebensowenig jedoch kann man ihre doch äußerst wahrscheinliche Existenz nicht zur Kenntnis nehmen wenn diese Annahme hilft, ansonsten unerklärliche Dinge und Zusammenhänge zu erklären und verständlich zu machen. Und man kann eines feststellen: Ohne die Annahme, daß früher einmal Wesen von anderen Welten auf diesem unserem Planeten weilten, bleibt die ganze Geschichte der Menschheit — und auch die des Planeten Erde selbst — völlig sinn- und zusammenhanglos. Immer mehr Wissenschaftler und Gelehrte bekennen sich zu dieser Ansicht, wie etwa der amerikanische Astronom Dr. John A. Ball, der in der amerikanischen Zeitschrift „Ikarus" (Nr. 22/73) die These aufstellte, daß die Erde für die „Außerirdischen" so etwas wie eine Zucht- und Versuchsanstalt gewesen sei und dies immer noch wäre. „Ich glaube, diese Wesen sehen uns als in einer Art Natur-Reservat befindlich."

Unterstützt wird er in dieser Ansicht u. a. von Dr. Leslie E. Orgel vom Salk-Institut in New-York und dem englischen Nobelpreisträger H. C. Crick der Universität Cambridge (Before the Ages — Vor den Zeiten, London 1973), die sogar sämtliches Leben dieser Erde als künstlich „eingeführt" halten.

Womit sie wiederum völlig mit dem deutschen Nobelpreisträger Dr. Manfred Eigen, Direktor des Max-Planck-Instituts in Göttingen übereinstimmen, der schon am 18. September 1971 bei einem Vortrag in Wien darlegte, daß ein „zufällig" auf der Erde entstandenes Leben absolut undenkbar sei, weil zu einer solchen zufälligen Entstehung die ganze Geschichte des Kosmos nicht ausgereicht hätte.

Bemerkenswert ist jedenfalls die Tatsache, daß die Erde, ehe sie eine Sauerstoffhülle hatte, eine Atmosphäre aus Methan besaß und daß es auf ihr ein (niedriges) Leben gab, das sich ihr angepaßt hatte. (Hoimar v. Ditfurth: Kinder des Weltalls, Hamburg 1970) Erst das Entstehen der Pflanzen (woher kamen sie?) als Sauerstoff-Erzeuger änderte die Situation: Das frühere Leben erlosch und ein ganz anderes begann.

Da muß man unwillkürlich doch an Projekte denken, die Venus, die ebenfalls eine Atmosphäre aus für uns giftigen Gasen hat, durch „Injektionen" mit sauerstofferzeugenden Bakterien für später bewohnbar zu machen. Ist ähnliches auch mit der Erde geschehen?

„Und die Erde war wüst und leer ...", beginnt die Schöpfungsgeschichte der Bibel (I. Mose 1/2) — wer hat sie bewohnbar gemacht?

Woher die Überzeugung der Azteken etwa, daß der Mais von den Göttern auf die Erde gebracht worden sei (W. Pferdekamp: Die Indianerstory, München 1963) oder der Chinesen, daß die Landwirtschaft von ihrem göttlichen Lehrmeister Shen-nun (J. Legge: The Shoo King, Hongkong 1960) den Menschen beigebracht wurde, welche Funktion bei den Melanesiern der Gott Quat hatte (A. Riesenfeld: The Megalithic Culture of Melanesia, Leiden 1950) und bei den Griechen die Göttinnen Demeter und Ceres?

Derartiger Hinweise — wenn auch freilich nicht Beweise — gibt es unzählige. Fazit: Es scheint jedenfalls, daß die Erde mit ihrem heutigen Leben in der Tat ein künstlich angelegter „Garten“ ist (den erst wir wieder verwüsten). Daß der Mensch eigentlich nicht von hier stammt. Wobei es unter diesem Aspekt viel eher wahrscheinlich ist, daß scheinbar „primitivere“ Menschen-Typen, wie der Neandertaler, mitnichten unsere „Vorfahren“, sondern entartete Seitenlinien waren, was bereits die deutschen Forscher Klaatsch und Daqué (Vemächtnis der Urzeit, Berlin 1938) vermuteten. — Die Sache hat allerdings (für uns) einen Schönheitsfehler: Obwohl vermutlich „Kinder des Weltalls“, haben wir doch keinen Anteil an seiner Ewigkeit.

Zwar sind zum Beispiel einzelne Zellen, wie unsere Samenzellen, an sich unsterblich — sie teilen sich immer wieder — aber als gesamte körperliche Einheit sind wir dem Verfall und Tod preisgegeben. Was nicht unbedingt naturnotwendig scheint. Professor Wladimir Negowskij, Leiter des „Laboratoriums für die Wiederbelebung von Organismen“ in Moskau, und einer der bekanntesten Fachleute für die Erforschung von Alterungsvorgängen (Gerontologie) ist — wie mehrere seiner Kollegen der westlichen Welt — überzeugt, daß es in unseren Körperzellen eine Schaltung gibt, die irgendwann einmal wirksam wird und den Vorgang des Absterbens einleitet (Mitteilungen der Sowjetischen Akademie der Wissenschaften 1962/1963). Der Schweizer Arzt Dr. Kindlimann nannte sie „Todesschaltung“. Auf ihr Geheimnis ist man bisher nicht gekommen. Der Volksmund drückt das gleiche sehr anschaulich aus: „Seine Uhr ist abgelaufen . . .“, sagt man von einem an sich gesunden Menschen, der dann doch stirbt, ohne krank zu sein.

Fragt sich nur, wer diese Uhr gestellt hat. Es drängt sich der Vergleich mit Maschinen oder Autos auf: Wie jeder weiß, gibt es Konstruktionen, die äußerst langlebig sind (früher hielten diese Autos viel länger als heute) und solche, die sich bald verschleißen, ja mehr als genug: die auf einen raschen Verbrauch hin eigens geplant sind — damit man neue kauft.

Ist auch der Mensch auf einen bestimmten Verbrauch hin geplant?

Geht man von der Annahme aus, daß die „Götter" die Menschen tatsächlich auf die Erde gebracht oder speziell für ihre Zwecke „konstruiert" hätten (durch Eingriffe in die Erbmasse), dann erscheint eine Programmierung auf das, was wir ein „Lebensalter" nennen, sogar sehr begreiflich. Langlebigere Sklaven hätten die Gefahr bedeutet, sich so viel an Wissen anzueignen, daß sie ihren Herren hätten gefährlich werden können, was die trotzdem immer wieder erfolgten Aufstände der Irdischen gegen die Götter beweisen.

Die Vernichtung von Sodom und Gomorrha (beinahe zweifelsfrei durch Atombomben) zum Beispiel zeigt, wie radikal die „Herren dieser Welt" vorzugehen pflegten. Sie zögerten nicht, ganze „Typenreihen" von Menschen total auszuradieren. Die Bambala, ein Negerstamm im Kongo (heute: Zaïre) wissen zu erzählen (E. Dammann: Die Religionen Afrikas, Stuttgart 1963), daß eine frühere Menschenrasse von den Göttern vernichtet wurde, weil sie ungehorsam und unbrauchbar war, und der griechische Philosoph Platon stellte im 4. Jahrhundert v. Chr. fest: „Viele und mannigfache Vernichtungen der Menschen haben stattgefunden und werden noch stattfinden" (Timaios 22/23). Wozu auch sonst die fürchterlichen Drohungen „Gottes" gegenüber Adam und Eva?

Geschützt und favorisiert waren allein die willfährigen Diener und Kollaborateure — wie die Familie des Loth in Sodom — Aufmüpfige wurden eiskalt liquidiert: „Da fuhr aus der Engel des Herrn und schlug im assyrischen Lager hundertfünfundachtzigtausend Mann . . .“ (Jesaja 37/36).

In welchem Zusammenhang eindeutig und klar festgestellt werden muß: Es ist kaum wahrscheinlich, daß zur Zeit der jüdischen Wanderung und Landnahme noch irgendwelche „Götter“ aus dem All auf der Erde sich aufhielten; viel eher wahrscheinlich ist, daß es sich bei den Schilderungen der Untaten der Götter um die Übernahme viel älterer Berichte handelt, die sich unauslöschlich in das Gedächtnis der Menschen eingegraben hatten.

Die Götter scheinen also trotz all ihrer technischen Perfektion ihre liebe Not mit ihren Geschöpfen, den Menschen, gehabt zu haben. Und sogar mit sich selbst. Wenn nicht alle auf sie bezogene Sagen und Überlieferungen täuschen, war auch ihre Unsterblichkeit in mancher Hinsicht fragwürdig. Klima, Nahrung und völlig andere Schwerkraftverhältnisse dürften ihnen arg zugesetzt haben (sie bewegten sich zunächst, wie alle überkommenen Darstellungen und Berichte zeigen, kaum ohne Helm, Schutzanzüge und Atemgerät) — und per Saldo hatten sie nur zwei Möglichkeiten: entweder hier auf der Erde zu sterben, wie die Irdischen, oder bald wieder nach Hause zurückzukehren.

Die am „Olymp“ dauernd schmausenden und saufenden Götter dürften viel eher einem Neidbild der Menschen entsprochen haben denn der Wirklichkeit. Auch mit den „biblischen“ Lebenszeiten könnte es vielleicht ebenfalls nicht viel besser gewesen sein. Daß „Noah“ und „Moses“ keine historischen Gestalten sind, sondern einfach Namen für früher (und vor den Juden) zeitweise anwesende Götter, ist evident (K. F. Kohlenberg: Enträtselte Vorzeit, München 1970). Es liegt sehr wohl die Vermutung nahe, daß manche der Götter sich zeitweise von der Erde entfernten, um dann wiederzukehren. So jung, wie sie vorher gewesen waren. Oder beinahe jung.

Der Trick: Wenn Albert Einstein, immerhin der theoretische Vater der Atomkraft (Albert Einstein: Über die spezielle und allgemeine Relativitätstheorie, Berlin 1914), recht hat, dann vergeht für jemand, der von der Erde mit annähernder Lichtgeschwindigkeit wegfliegt, die Zeit viel langsamer. Ein solcher Raumfahrer würde nach einer für ihn kurzen Zeit wiederkommen und die Zurückgebliebenen als Greise vorfinden (E. Kuhn-Schnyder: Das Leben im Strom der Zeit, Bern 1964); er wäre — nach irdischer Zeitrechnung — dann schon Hunderte Jahre alt, aber doch jung.

Bleibt trotzdem das Problem der körperlichen Alterung und Abnutzungserscheinungen, denen jedes Wesen in diesem Kosmos unterliegt — auch wenn die Götter bestimmt viel, viel länger „leben" konnten als die von ihnen auf raschen Verbrauch programmierten Menschen. Nun gut: Sie verwendeten und verbrauchten allem Anschein nach Frischzellen und Frischblut der irdischen „Tiere" in einem unvorstellbaren Ausmaß — aber was, wenn das alles nichts mehr nützte? Wenn es selbst mit ihren Langzeitkörpern zu Ende ging? Oder wenn diese durch Gewalteinwirkung beschädigt waren, was es ja immerhin auch gab. Man denke nur an den von primitiven Erdenspeeren getroffenen Raumfahrer Odin (F. Genzmer: Die Edda, Bd. I und II, Jena 1934), der sich nur noch mühsam in seine Rakete flüchten und durchstarten konnte. Schwerverletzt.

„Neun Tage hing ich am windigen Pfahl", klagt Odin im Runenlied der Edda, „dann neigt ich mich nieder, nahm die Stäbe auf, nahm sie stöhnend auf, fiel nieder zur Erde . . ."

In eine heutige Sprache übersetzt: Es gelang ihm endlich wieder, das Raumschiff unter Kontrolle zu bekommen und neuerlich zu landen. Wobei ihm noch ein Heiltrunk aus einem „Kessel" (dem späteren Gral der Sage) half: „Zu gedeihen begann ich und wieder zu denken und fühlte mich wohl . . ." (Erich Zehren: Das Testament der Sterne, Berlin 1957). Aber was, wenn kein „Gral" mehr half?

Da beginnt freilich ein Kapitel, das so abenteuerlich ist wie eine Detektivgeschichte, weil wir nur Indizien und keine handgreiflichen Beweise haben, nur Rückschlüsse führen können.

Zum Beispiel den, den die moderne Wissenschaft uns weist: Seit dem Oktober 1974 ist es erstmals möglich geworden (Spiegel 44/1974), Nervenzellen von Fröschen in einer Nährlösung künstlich zu züchten. Aus einer Zelle eine ganze Kette wachsen zu lassen. Das ist der praktische Anfang des sogenannten „Kloning-Verfahrens" (abgeleitet vom griechischen Wort „klonein" = geneigt machen). Rein theoretisch könnte man auch schon heute aus einer einzigen Körperzelle eines Menschen einen kompletten neuen wachsen lassen, denn alle Programmierungen sind in ihr drin und enthalten.

Im Kloning-Verfahren könnte (vorderhand eben in der Theorie) jedweder Körper bis in die kleinste Einzelheit spiegelgetreu nachgebaut werden. Ohne die Abnützungs- und Alterungserscheinungen des bisherigen.

Wir selbst bräuchten dann eigentlich nicht mehr zu tun, als — seelisch-geistig — in dieses Duplikat zu übersiedeln.

Noch sind das Träume und Inhalte von „Sciencefiction"-Geschichten. Prinzipiell unlösbar aber ist die

Sache nicht. Es gibt seit drei Jahren sogar schon Herzzellen, die, aus anderen entstanden, Ansätze neuer Herzen bilden (Mitteilungen der „American Heart Association", New York IV/1971). Und die Praxis und die Tatsachen?

Nun, schon vor Tausenden von Jahren hatten zum Beispiel die Ägypter ein Verfahren entwickelt, menschliche Körper mit einem hohen Grad an „Lebensechtheit" zu konservieren. Durch Versalzen oder Austrocknung und andere Methoden. Wozu?

Es kann heute niemand mehr so dumm sein anzunehmen, daß die hochzivilisierten und hochintelligenten Ägypter tatsächlich geglaubt hätten, die von ihnen so kunstvoll mumifizierten Körper würden deshalb ewig leben. Vielleicht glaubte das Volk das, die Oberschicht glaubte es sicher nicht. Nein, hier wurde vielmehr etwas praktiziert, das zumindest früher einen durchaus realen Sinn hatte: die Erhaltung eines Körpers, um aus ihm später einen anderen machen zu können. So hatten es die Götter gelehrt (J. Cerny: Ancient Aegyptian Religion, London 1952), so praktizierten es ihre Nachfahren. Dann allerdings schon sinnlos, denn diese Körper wurden niemals mehr von fremden Raumschiffen — als deren Wegweiser vermutlich die Pyramiden dienen sollten — abgeholt, um in Rekreations- und Umbildungszentren gebracht zu werden.

Kein Thutmosis und kein Tut-Ench-Amon wurden jemals noch duplifiziert. Vermutlich wird auch aus den Zellen unserer Körper kein zweiter je erwachsen, obwohl es theoretisch möglich wäre. Unsere Geister und Seelen werden sich also vorerst ohne einen solchen begnügen müssen.

Was ist von allem diesem Göttervermächtnis geblieben? Zum Teil Schreckliches, zum Teil Unsinniges.

Schrecklich insofern, als noch Jahrtausende später immer wieder Menschen geopfert wurden, weil es früher einmal die Götter gefordert hatten oder weil man sie nachzumachen versuchte. Wie etwa in Mittelamerika, wo spätere Generationen die Startrampen der Fahrzeuge der „Götter" in Stein nachbauten und auf ihnen Abertausende ihresgleichen schlachteten, damit sie „zum Himmel" kommen sollten, was früher einmal die Götter wohl, diese armseligen Kreaturen aber mitnichten konnten.

Unsinnig (im Sinne der Verkennung und Verdrehung des ursprünglichen Sinnes) sind viele religiöse Bräuche und Überlieferungen. Nur ein Beispiel: Nach Weihnachten ziehen auch bei uns noch immer die „Heiligen drei Könige" durch Stadt und Land, in Erinnerung an die „Weisen aus dem Morgenlande", die angeblich zur Anbetung an die Krippe Jesu gekommen waren. Historisch hat es sie wahrscheinlich nie gegeben — oder aber schon viel früher: Nach der persisch-indischen Überlieferung (A. Hohenberger: Die Dichtungen und Fragmente des Pindar, Leipzig 1942) stiegen im heutigen Iran alljährlich vier „Magier" auf einen Berg und dort in eine „Höhle", um zu sehen, ob ein „besonderes Licht" die Ankunft eines Gottes ankündigen würde.

In einfacher Deutung: Frühe und von den „Göttern" instruierte Astronomen hielten regelmäßig in einem Observatorium Ausschau, ob sich am Himmel die Leuchterscheinungen eines zur Landung ansetzenden Götterfahrzeugs zeigen würden.

Aus den vier Männern wurden in der späteren Überlieferung drei, aus den Astronomen wurden Magier und aus dem Flammen eines landenden Raumschiffes wurde der „Stern von Bethlehem".

Das geht — um ein weiteres Beispiel zu nennen — sogar bis zur Taufe im oder mit Wasser. Johannes der

Täufer taufte seine Landsleute, indem er sie ins Wasser des Jordans tunkte und die Worte des Propheten Jesaja zitierte: „Bereitet dem Herrn den Weg und macht richtig seine Steige!“ (Matthäus 3, 3).

Warum, so fragt man sich erstaunt, sollten die Menschen ins Wasser tauchen und welchem Herrn was für eine „Steige“ bereiten?

Gegenfrage: Wo landen die amerikanischen Astronauten? Im Wasser, und sie brauchen dann wirklich eine „Steige“, um herauszukommen. Vielleicht ist das Phantasie — aber da hätten wir eine logische und vernünftige Erklärung für die Doppelbedeutung der Taufe im Wasser. Einerseits wurde damit nachvollzogen, was die (teilweise) im Wasser landenden Götter taten (über im Wasser landende und ihm entsteigende Götter gibt es zahlreiche Sagen bis hin zum Moses-Knaben, der aus einem im Wasser treibenden „Korb“ kommt), andererseits war es eine aktive Hilfe für die „gewasserten“ Götter. Und natürlich waren solche Handlungen „heilig“, wie alles, was mit den Göttern zusammenhing. Im Wappen der Päpste sind zwei gekreuzte Schlüssel zu sehen. Sie sollen angeblich die Gewalt über Himmel und Erde symbolisieren. Sind sie wirklich nur ein Symbol — oder könnte man sie nicht auch etwas realer ansehen: eben als Schlüssel oder eine Art von Programmierungstäfelchen für Geräte und Fahrzeuge, die Macht über „Himmel“ und Erde geben?

Wir staunen oder lächeln gar überlegen über die Grabbeigaben früherer Zeiten — von allerhand Gerät, Schmuck, Lebensmitteln usw. Waren sie sinnlos? Ursprünglich wahrscheinlich nicht. Wer ins „Jenseits“ (zum Himmel und in den Null-Zeit-Raum) flog, nahm von der Erde etwas mit. Vorräte und „Souvenirs“. Also gab man später den Toten — von denen man ja hoffte, daß sie auch dorthin kämen — ebenfalls solche Dinge, schließlich nur in Nachbildung, mit.

Immer wieder und wieder vermischen sich in den Religionen und Überlieferungen Wissen und Vermächtnis der Götter mit eigenen Erkenntnissen der Menschen. An uns liegt es, dieses Knäuel zu entwirren und einen eigenen und neuen Weg zu gehen. Bis an und über die Grenzen des uns wahrnehmbaren Kosmos.

Das Geheimnis der schwarzen Sonnen

Im März 1971 ortete die von italienischen Forschern mit einer amerikanischen Scout-Rakete gestartete Raumsonde „Uhuru" — ein Kisuaheli-Wort für „Freiheit" — eine bis dahin unbekannte Quelle von Röntgenstrahlungen am Himmel. Nach ihrer Lage im Sternbild des Schwans (Cygnus) und der Strahlenart (X = Röntgenstrahlen) erhielt sie die Bezeichnung „Cygnus X-1".

Das Interessante an „Cygnus X-1" ist, daß die gleichmäßig pulsierende Strahlung aus einem Gebiet kommt, in dem es (optisch) keinen als Aussender in Betracht kommenden Himmelskörper gibt. Jener Stern nämlich, von dem die Funksignale ausgehen, „existiert" nach unseren Begriffen eigentlich gar nicht mehr — er ist ein „schwarzes Loch", ein „black hole", wie die Astronomen es nennen, das letzte und eigentlich unserer Welt nicht mehr ganz zugehörige Stadium eines Sterns, einer „ehemaligen Sonne".

Das Leben eines Sterns dauert Milliarden von Jahren. Es führt über die Zusammenziehung kosmischer Gaswolken zu einer Kugel, in der schließlich — infolge der Schwerkraft — atomare Prozesse abzulaufen beginnen und die dann als „Sonne" erstrahlt. Und weiter über viele Phasen der Ausdehnung und Zusammenziehung bis zum Stadium eines „weißen Zwerges". Nach einigen weiteren Ausdehnungen und Kontraktionen — wann sie eintreten, weiß niemand zu sagen — verdichtet sich ein solcher „weißer Zwerg" schließlich bis zu einer Kugel von nur noch ungefähr 100 000 Kilometer Durchmesser (unsere Sonne hat derzeit noch einen Durchmesser von 1,49 Millionen Kilometern).

Bis vor nicht allzu langer Zeit dachte man, daß alsdann ein solcher Stern nach dem Verbrauch allen „Brennstoffs" nach und nach erkalten und erlöschen würde.

Das ist aber nicht im mindesten so, wie gerade die moderne Astronomie gezeigt hat (L. W. Page: The Evolution of the Stars, London 1968). Ein Stern von der ursprünglichen Größe unserer Sonne kontrahiert — zu einem Zwerg geworden — nach Überschreitung eines kritischen Punktes immer weiter, er bricht gewissermaßen in sich zusammen, wobei sich seine atomare Struktur total verändert, bis er nur noch zwanzig oder dreißig Kilometer im Durchmesser hat. Ein einziger Kubikzentimeter seiner Masse wiegt dann Millionen von Tonnen. Das scheint unvorstellbar, aber man hat inzwischen sogar Objekte entdeckt (Spiegel 33/1974), wo zwei derart deformierte „Sonnen" einander eng umkreisen. Jede nur wenige Kilometer im Durchmesser, aber von einer unfaßbaren Dichte.

Solche Gebilde senden kein sichtbares Licht mehr aus — ihre Anziehungskraft, ins Gigantische gesteigert, läßt keinen Lichtstrahl mehr entkommen. Es sind Neutronensterne, denn sie bestehen fast nur noch aus Neutronen. Man nennt sie in der Fachsprache der Astronomen „black holes" (schwarze Löcher) und sie gehören eigentlich unserem Universum auch gar nicht mehr an. Der Raum um sie ist derart „gekrümmt", daß er sich in sich geschlossen hat. Ungeheuerlich, unbegreiflich, aber eine Tatsache.

Ein „schwarzes Loch“ ist ungemein gefährlich. Jedes Raumschiff, das in seine Nähe käme, wäre verloren, ja es könnte nicht einmal mehr SOS funken, weil die Radiowellen von dem „Loch“ verschluckt würden. Auch „frißt“ ein „black hole“ sämtliche Materie anderer Dinge, die in seinen Bannkreis geraten — ohne sie je wieder von sich zu geben. Sie verschwindet im tatsächlichen Nichts. (Vgl. auch unten S. 204 ff.)

Wahrscheinlich gibt es im Universum unzählige derartiger „Löcher“ (John Taylor: Black holes — The End of the Universe?, London 1973) — von Zentimetergröße bis zu Vielkilometergröße.

Das Fatale an ihnen ist, daß sie unseren „normalen“ Begriffen in keiner Weise mehr unterliegen. Sie sind „da“ und auch nicht da. Sie gleichen eingekapselten Fremdkörpern im Raum und in der Zeit, wie Trichinen im Schweinefleisch.

Könnte ein Raumfahrer — rein theoretisch, denn wahrscheinlich würde er sofort zerrissen und getötet — in den inneren Bereich einer „schwarzen Sonne“ eindringen (John Taylor nennt ihn in seinem 1974 unter dem Titel „Die schwarzen Sonnen“ in Bern deutsch erschienenen Buch den „Ereignishorizont“), so würde er dort die verrücktesten Sachen erleben: entweder in die fernste Zukunft versetzt werden oder die fernste Vergangenheit. Oder gar in einen anderen Kosmos mit einem anderen Raum und einer anderen Zeit. Nur zurück könnte er niemals mehr, wie bei einer Drehtüre, die nur nach einer Seite geht.

Ist das nur wissenschaftliche Phantasterei? Keineswegs.

Am 30. Juni 1908 fiel über dem Tal der „Steinigen Tunguska“, der Podkamenaja Tunguska, in Sibirien am hellichten Tag ein Feuerball vom Himmel nieder. Reisende der Transsibirischen Eisenbahn sahen eine „fontänenähnliche Feuersäule", und dem Bauern S. B. Semjenow „brannte das Hemd am Körper", wie er später zu Protokoll gab.

Die Auswirkungen der Explosion waren weltweit spürbar. Sie entsprachen der Stärke einer 20-Megatonnen-Wasserstoffbombe. Erst Jahre später drangen russische Gelehrte in das vermutete Explosionsgebiet vor. Sie fanden viele Quadratkilometer zerstörten Waldes rund um einen flachen Trichter, aber keinerlei Spur des vermeintlichen Meteoreinschlags. Keine Spur von Eisen oder sonst etwas. Auch nicht von Radioaktivität — und die hätte es geben müssen, wenn, wie neuerlich sowjetische Gelehrte vermuteten, ein außerirdisches Raumschiff über Sibirien zerschellt wäre. Der „Meteor von Tunguska" ist seit 1908 viel beredet und behandelt worden — eine Erklärung gab es nicht. Außer es gibt die eine: Am 30. Juni 1908 hat ein „schwarzes Loch" die Erde durchschlagen. Ein „Loch" von vielleicht nur wenigen Zentimetern Größe, trotzdem Milliarden Tonnen schwer. Es hätte die Atmosphäre aufglühen lassen, aber es wäre zu schnell gewesen, um die Erde selbst zu verschlucken. Mit einer Geschwindigkeit von 30 Sekundenkilometern, so mutmaßt der Hamburger Physik-Professor Wolfgang Kundt (Nature 24/1974, London) und in einem Winkel von ungefähr 30 Grad, wäre das „Loch" in und durch die Erde gerast, nichts zurücklassend außer plasmatisch glühenden Gasen, verwüsteten Wäldern und einem gewaltigen Knall, der über Hunderte Kilometer weit hörbar war.

Irgendwo zwischen Neufundland und den Azoren wäre dieses „Loch" nach der Ansicht des US-Nobelpreisträgers Willard F. Libby und der englischen Astrophysiker A. Jackson und P. Ryan dann wieder ausgetreten und in den Weltraum verschwunden.

Wovon es freilich keinerlei Kunde gibt, denn dort gibt es nur den Ozean, und selbst ein mittleres Seebeben ist nicht etwas so Besonderes wie der Knall in Sibirien.

Bleibt die sonstige Undefinierbarkeit des Ereignisses vom 30. Juni 1908, oder die Annahme, daß es so ungewöhnliche Dinge wie „schwarze Löcher“ eben gibt.

Und in der Tat weisen die meisten Messungen und Forschungen der Astronomen von heute darauf hin (G. Burbidge: Quasi-Stellar Objects, San Francisco 1967; D. W. Sciama: Models oft the Cosmos, London 1973). Für uns, auf der Erde Lebende, mögen sie zunächst nur ein interessantes Forschungsobjekt sein — für alle jene, die sich mit der Frage eines zeitlosen Lebens befassen, sind sie mehr: ein ganz klarer und nach den Gesetzen unserer Physik und Wissenschaft faßbarer Hinweis auf eine Existenz jenseits von Raum und Zeit.

Und noch mehr: Wenn der immerhin recht prominente Wissenschaftler J. Taylor recht hat, dann wären „schwarze Sonnen“ sozusagen die Verbindungstore zwischen den Universen, von denen das unsere mit seinen Abermilliarden an Sternen und Galaxien nur eines wäre. Von Universen, die nebeneinander leben und pulsieren, entstehen und vergehen. Und wir, die „Menschen“, wären dann vielleicht (worauf wir später noch zurückkommen wollen) von allem Anbeginn an „dagewesen“, Wanderer und Flüchtlinge aus anderen Welten, ewig unterwegs, aber auch ewig seiend (A. Tomas: Wir sind nicht die ersten, Bonn 1972). Es scheint, daß wir uns mit Begriffen wie Raum, Zeit und Ewigkeit doch etwas näher auseinandersetzen müssen. Was gar nicht so kompliziert sein muß, wie es vielleicht zunächst klingt.

Würde man alles, was bisher — ob in Büchern oder Zeitungen — über den Tod, das Jenseits und andere Welten erschienen ist, zusammenfassen, ergäbe das wahrscheinlich die größte Bibliothek der Welt. Kein Mensch könnte sie in einem einzigen Leben auch nur annähernd sichten, geschweige denn lesen.

Doch haben die meisten dieser Publikationen, so wahr und richtig sie sonst sein mögen, einen Mangel: Sie berichten zwar *vom* Leben nach dem Tode, *von* Geistern, PSI-Kräften usw. — doch kaum irgendwo wurde bisher der Versuch gemacht, diese Begriffe und Dinge für den Menschen verständlich und *anschaulich* zu machen. Das betrifft sogar die Schriften moderner Parapsychologen (Prof. H. Bender: Parapsychologie, Darmstadt 1966). Sie berichten viele Tatsachen, aber die Antwort auf die Fragen etwa, *wo* nun die jenseitigen Sphären liegen, *woher* die Geister und ihre Kräfte kommen, die muß sich jeder selbst geben. Gerade diese Fragen aber stellt der einfach und normal denkende Mensch von heute: Wo soll ich mir ein Jenseits denken? Auf dem Mond, auf einem anderen Stern, auf anderen Galaxien? Wo gehen denn die angeblich weiterlebenden Seelen der Toten hin?

Diese Fragen sind so grundlegend und wichtig, daß sie jetzt und hier vor allem beantwortet — das heißt, nach Möglichkeit beantwortet — werden sollen.

Das Interessante nämlich ist, daß zwar die exakte Wissenschaft seit dem berühmten deutschen Mathematiker Carl Friedrich Gauß (1777 bis 1855) und seinem Nachfolger Bernhard Riemann (1826 bis 1866) sehr wohl mit der Existenz anderer „Ebenen“ und „Dimensionen“ rechnet, daß aber von diesen, rein rechnerisch durchdachten Sphären und Dimensionen keine Verbindung zum Jenseits der Esoteriker hergestellt wurde und damit die beinahe komische Situation eingetreten ist, daß wir auf der einen Seite „Geister" und Kräfte ohne Heimat haben und auf der anderen „leere" Dimensionen.

Dabei läßt sich beides wunderbar „unter einen Hut" bringen, bieten uns doch gerade die neueste Wissenschaft und der Vergleich mit allgemein bekannten technologischen Begriffen die Möglichkeit, bislang Unanschauliches anschaulich und vorstellbar zu machen. Alles Reden vom Jenseits und solchen Dingen hat nur einen Sinn, wenn wir nachher sagen können: Aha, so könnte es zumindest sein, das kann ich mir vorstellen!

Beginnen wir mit einem ganz einfachen Beispiel. Es weiß doch noch jeder aus der Schule, daß eine Linie „eindimensional" ist, eine Fläche (Länge + Breite) „zweidimensional" und ein Körper (Länge + Breite + Höhe) „dreidimensional".

Ein Globus etwa ist also dreidimensional, da ein Körper. Er hat aber eine „zweidimensionale" Oberfläche. Freilich mit einem Unterschied zu dem Papier, auf dem diese Worte hier gedruckt sind: Die Oberfläche des Globus ist „gekrümmt".

Und jetzt stellen wir uns bitte ein Wesen vor, das nur aus „Fläche" besteht (also zweidimensional ist) und auf diesem Globus lebt. Es kennt nur die Fläche und keine „Höhe" — kröche es auf dem Globus immer geradeaus, so würde es früher oder später an seinen Ausgangspunkt zurückkommen. Und würde das nicht begreifen, denn es ist in seiner „Welt" nirgendwo an eine Grenze gestoßen, die es zur Umkehr gezwungen hätten. Wollten wir unserem zweidimensionalen Wesen eine Karte seiner Welt zeichnen, so müßte diese ein Kreis sein, aber der hat ja eine Grenze, und so würde uns das Globus-Wesen verzweifelt fragen: aber ich bin ja an keine Grenze gekommen?!

Worauf wir ihm wahrheitsgemäß anworten müßten, daß es eben noch eine dritte Dimension gibt und daß seine Welt deshalb zwar „grenzenlos“ aber nicht unendlich ist.

Und was sagen die Astronomen von unserem Universum?

Nun, daß es grenzenlos, aber nicht unendlich ist! Ein Raumfahrer, der immerzu geradeaus flöge, käme irgendwann einmal von der „anderen Seite“ an seinen Startplatz zurück. Ohne an eine Grenze gestoßen zu sein. Das ist nicht nur eine Theorie, sondern so ist es wahrscheinlich wirklich — am Beispiel mit dem Globus wird es uns verständlich (W. Heisenberg: Das Naturbild der heutigen Physik, Reinbek 1968). Um bei diesem zu bleiben: Ganz und gar restlos verwirrt würde unser Globus-Wesen, wenn wir einen Stab nehmen und durch die Oberfläche des Globus stoßen würden.

In diesem Moment wäre für den zweidimensionalen Globus-Bewohner „ein Ding aus einer anderen Welt“ aufgetaucht, es würde ihm als Kreis erscheinen, der vorher nicht da war. Ziehen wir den Stecken zurück, dann ist der „Geist“ — zack! — wieder verschwunden. In einer „höheren Dimension“.

Falls unsere „Wanze“ intelligent genug wäre, könnten wir ihr auch noch vielleicht erklären, wie sie von ihrer Flächenwelt loskommen könnte: indem sie so schnell läuft, das heißt beschleunigt, bis sie die „Fluchtgeschwindigkeit“ erreicht und von der Kugel „abhebt“. Die Fluchtgeschwindigkeit für unser Universum ist die Lichtgeschwindigkeit (300 000 km/sec.). Ein Körper, der Lichtgeschwindigkeit erreicht und überschreitet, wird scheinbar immer „dünner“ in der Flugrichtung (und das würde die „Wanze“ beim allmählichen „Abheben“ ja auch . . .!) und ist dann aus unserer Welt verschwunden (A. March: Das neue Denken in der modernen Physik, Reinbek 1967). Ein „feststehender“ Beobachter würde einen Zug, der sich mit annähernder Lichtgeschwindigkeit bewegt, seltsam verzerrt sehen: Die modernen Stromlinienwagen wären eigenartig kurz geworden und zusammengedrückt und würden — sobald der Zug die LG (Lichtgeschwindigkeit) erreicht — zu einem Strich und zu guter Letzt zu einem Nichts.

Umgekehrt würden für einen überlichtschnellen Raumfahrer unser Universum, die Erde, der Mond und alle Sterne „verschwinden“ und die Zeit stünde für ihn still.

Mehr noch: Er könnte sich alsdann in der Zeit bewegen, wie wir es im Raum tun, genau wie unser Wanzen-Wesen, einmal von seiner Flächenwelt losgelöst, sich an jeden beliebigen Punkt des Globus begeben könnte. Vor und zurück. Durch den Raum.

Für die „Wanze“ ist der Raum (die dritte Dimension) das, was für uns die Zeit ist: Sie wird zwar — mit der Drehung des Globus — dauernd durch den Raum befördert, aber nicht so, wie sie will. Wir werden — mit unserer Welt — durch die Zeit bewegt wie in einem Strom, aber wir können uns nicht nach Belieben in der Zeit bewegen.

Die Zeit ist die vierte Dimension.

Ist das zu kompliziert?

Nun, die Welt der uns indessen so vertraut gewordenen Globus-Wanze ist die Oberfläche einer Kugel und ist also „gekrümmt“. Um die dritte Dimension, den Raum, sozusagen herum.

Die Welt, in der wir leben, ist dreidimensional (der Raum), aber auch sie ist gekrümmt — um und in der vierten Dimension, der Zeit. Deshalb sprechen die Mathematiker und Physiker von einem „vierdimensionalen Raum-Zeit-Kontinuum“ (L. Barnett: Einstein und das Universum, London 1958).

Der „Wanze“ erscheint die Tatsache, daß ihre Welt gekrümmt sei, zunächst sicher auch unverständlich, genau wie uns ein „gekrümmter Raum“ unverständlich scheint. Aber die Tatsache, daß der Raum wirklich gekrümmt ist, läßt sich nachweisen und wurde bereits nachgewiesen.

Nach der Relativitätstheorie von Einstein (ohne die es keine Atombombe und keine Atomkraftwerke gäbe) müßte der Raum in der Nähe eines großen Körpers, wie einer Sonne, stärker gekrümmt sein als anderswo. Lichtstrahlen anderer Sterne, die an diesem Stern vorbeigehen, müßten dementsprechend gebogen werden. Nicht durch die Anziehungskraft des Sterns (denn Lichtstrahlen laufen normalerweise völlig geradlinig), sondern durch die Krümmung des Raumes an sich.

Astronomen sind mißtrauisch und trauen nur dem, was sie sehen und berechnen können. Sie haben also Vorbeigänge von Sternen hinter einem anderen genau beobachtet und nachgemessen und konnten eine Abweichung in der geraden Fortpflanzung der Lichtstrahlen beobachten. Nicht nur einmal, sondern viele Male (W. Zimmer: Umsturz im Weltbild der Physik, München 1961).

Lichtstrahlen wurden abgelenkt, wenn ihre Quelle hinter einem großen Himmelskörper vorbeiging. Sie hätten dies nicht tun dürfen, wenn nicht der Raum an sich gekrümmt wäre.

Ebenso haben vergleichende Zeitmessungen zwischen auf der Erde ruhenden und rasch bewegten Atomuhren (in Flugzeugen oder Satelliten) bestätigt, daß die Zeit zwischen verschieden rasch bewegten Körpern in der Tat verschieden rasch läuft (Physical Researches, London 3/73) — sie ist nichts Absolutes.

Beide Beobachtungen bestätigen: Einstein hat recht gehabt. Raum und Zeit sind keine feststehenden Größen, wir leben in einem gekrümmten Raum und in einer veränderlichen Zeit.

Normalerweise merken wir nichts davon. Auch die „Wanze" merkt nicht, daß ihr Globus sich dreht und noch dazu durch die Zeit sich bewegt. Die letztmögliche Auskunft an unsere Freundin, die Wanze: Sie lebt auf der zweidimensionalen Haut eines dreidimensionalen „Kontinuums", das sich durch die vierte Dimension — die Zeit — bewegt.

Letztmögliche Antwort an uns selbst: Wir leben auf der dreidimensionalen Oberfläche eines vierdimensionalen Kontinuums, das sich durch eine fünfte Dimension bewegt. Für die Wanze ist schon der Raum unfaßbar, geschweige denn die Zeit. Für uns ist die Zeit etwas, das wir nicht begreifen können, geschweige denn eine „fünfte" Dimension. Und doch ist der Raum etwas Reales, ist die Zeit etwas Reales — und ist auch eine fünfte Dimension etwas durchaus Reales und kein Phantom.

Die Veränderlichkeit der Zeit wurde erst 1974 wieder durch genaue Messungen der Schwerkraft erwiesen (E. L. Schatzman: Grenzen der Unendlichkeit, München 1974).

Nach diesen neuesten Feststellungen beginnt die Zeit in unserem Universum zunehmend langsamer zu laufen — um ein Millionstel Prozent pro Jahr, aber immerhin meßbar. Um dieses Millionstel Prozent nimmt auch die Schwerkraft ab, deren „Konstante" nach der Formel: $6{,}670 \cdot 10^{-11}\ m^3/(kg \cdot s^2)$ berechnet wird. Nach den Beobachtungen des amerikanischen Astrophysikers Dr. Thomas C. van Flandern (Kurier, Wien, 24. 8. 1974) wird die Schwerkraft-Konstante kleiner und wird der „Raum“ scheinbar größer — und mit ihm die „Zeit“ dünner, länger. Das Universum dehnt sich also vorderhand noch aus. Zunehmend langsamer zwar, aber doch.

Noch einmal wollen wir der Verständlichkeit halber zum Weltbild der Wanze zurückkehren: Der Globus, auf dem sie lebt, wird (noch immer) aufgeblasen. Die Entfernungen zwischen einzelnen Punkten vergrößern sich noch immer, die Anziehungskraft zwischen ihnen wird geringer, aber immer langsamer.

Einmal werden Raum und Zeit „stillstehen“ und dann rückläufig werden. Einmal wird die Zeit wieder rascher werden, die Schwerkraft wieder größer, einmal wird das ganze Universum, in dem wir leben, sich zusammenzuziehen beginnen und zu guter Letzt in sich zusammenstürzen — in vielen Milliarden Jahren, aber doch.

Vor zehn bis zwanzig Milliarden Jahren hat „unser“ Weltall mit einem „Urknall“, mit einem Nichts begonnen — da begann auch die „Zeit“ zu laufen, die vorher nicht da war. Noch einmal so viel Zeit und alles sinkt wieder in sich zurück in eine Un-Zeit, einen Un-Raum. Um wieder von vorne zu beginnen. (Sir Julian Huxley: Das Weltall, London 1972.) Das Weltall — unser Weltall — pulsiert, es atmet gewissermaßen, wie es schon die Brahminen sahen oder die Polynesier als „Hau Ora“, den „glühenden Atem des Lebens“ (R. B. Dixon: Oceanic Mythology, New-York 1922).

Das alles galt bisher mehr oder minder als Aberglaube und Phantasterei. Erstmals jetzt und heute beginnen Begriffe, wie Unendlichkeit, Zeit-Losigkeit und andere, erkennbare Formen zu gewinnen.

1974 entdeckten Physiker der Universität Adelaide in Australien — die Professoren Clay und Crouche —

„überlichtschnelle“ Teilchen, die sogenannten „Tachyonen“, die bestätigen, was bisher als unmöglich galt: daß etwas schneller sei, als das Licht (Kurier, Wien, vom 20. 3. 1974).

Neue Welten eröffnen sich uns, unser Bewußtsein beginnt förmlich zu explodieren.

Der Apfel vom „Baum der Erkenntnis“ beginnt zu einer Realität zu werden — für uns, die jämmerlichen Erden-Wanzen.

Wir fühlen förmlich die Schlüssel in der Hand. Wir beginnen zu ahnen, daß irgendetwas da sein muß — ein Code, eine Programmierung, die uns den Weg ins All öffnet. In die Ewigkeit.

Das Geheimnis der Namen

Sechshundert Jahre *vor* Christi Geburt schuf der chinesische Gelehrte Tsou-Yen mit seiner „Yin-Yang“-Lehre die theoretische Grundlage der späteren Alchimie und Chemie, wobei er von *fünf* wesentlichen Grund-Elementen ausging. Um 350 v. Chr. sprach der Grieche Aristoteles von *vier* Erscheinungsformen der Materie. Ist es nun nicht interessant, zu erfahren, daß *fünf* Elemente — Kohlenstoff (C), Sauerstoff (O), Wasserstoff (H), Stickstoff (N) und Schwefel (S) — (einfaches Merkwort: COHNS) die Ausgangsbasis jedweden organischen Lebens bilden und daß *vier* Programmierungszeichen in den Großmolekülen der Gene die Vererbung und Formwerdung bestimmen?

Ohne Zweifel haben weder Tsou-Yen noch Aristoteles davon eine Ahnung gehabt — sie stützten sich vermutlich auf ein zum Teil erhaltenes Wissen aus früherer Zeit, das von den „Göttern“ stammte. Aus jener Zeit, da diese auch den Menschen „programmierten". Ihr Wissen war ihnen heilig, und sie gaben es kaum jemals freiwillig her; im Gegenteil: Sie verboten ihren Geschöpfen, den Menschen, auch nur das geringste davon zu behalten: „Du sollst Dir kein Bildnis *noch irgendein Gleichnis* machen, weder des, das oben im Himmel, noch des, das unten auf Erden oder des, das im Wasser und unter der Erde ist...", heißt es in Klarschrift noch bei Moses (2. Mose 20/4).

Die „Formeln" der Götter blieben so geheim wie heute die von Kernpysikern. Sie waren auf „Tafeln" aufgezeichnet, die eine ungeheure Bedeutung gehabt haben dürften. In der indischen Sage (Bhagavatapurana VIII/24/7-58) raubt der Fürst Hayagriva die „goldenen Tafeln", bis sie Vishnu wieder herbeibringt (Padmapurana VI, 258/11-34).

Um sie ist dauernd ein Kampf, der Kampf der Geheimdienste der Vorgeschichte.

Was Wunder? Mit nur wenigen Formeln läßt sich die Kernspaltung vollziehen — und lassen sich biologische Körper programmieren. Professor Dr. Josef Schurz, Ordinarius für physikalische Chemie der Universität Graz drückte das in seinem Buch „Architektur der Moleküle" (Stuttgart 1967) so aus: „... daß hinter der erstaunlichen Architektur etwas noch Erstaunlicheres verborgen sein kann: die Grundlage der Lebensvorgänge, nämlich Bauplan, Betriebsvorschrift und Durchführungsbestimmungen zugleich."

Wenn sich also jedes lebende Sein in Formeln und Codes ausdrücken läßt — gilt dies auch für den Menschen? Hat auch er einen „Namen", der ihn von jedwedem anderem Menschen unterscheidet? Es scheint so, und dieser Name wäre gewissermaßen auch das unsterbliche Zeichen seiner einmaligen Individualität.

Ahnungen davon schimmern durch. Etwa in der Offenbarung Johannis (Offenbarung 2/17), wo es heißt: „... und will ihm geben einen weißen Stein und auf dem Stein einen neuen *Namen,* welchen niemand kennt, denn der ihn empfängt."

Oder: „... und ich werde seinen *Namen* nicht austilgen aus dem Buch des Lebens und will seinen *Namen* bekennen vor meinem Vater und seinen Engeln" (Offenbarung 3/5).

Auch im Alten Testament (Mose 32/28) erhält Jakob nach einem Zweikampf mit einem „göttlichen Wesen" einen neuen Namen: Israel. Das „Wesen" selbst (das Jakob an der Hüfte verletzte) nennt seinen Namen freilich nicht.

Der „Name" — der Code — war also unerhört wichtig. Wichtig für die Götter (wie ein Karteiblatt oder die Marke, die jeder Soldat heute um den Hals trägt), wichtig für alle: „... und es werden sich verwundern, die auf Erden wohnen, deren *Namen* nicht geschrieben stehen im Buch des Lebens." (Johannes 17/8.)

„Bauplan und Betriebsvorschrift" nennt es Professor Schurz, was früher mit dem Begriff „Namen" verbunden war: die Einmaligkeit, die Individualität.

„Name" kommt von „nennen" (Duden, Etymologie, Mannheim 1968) und drückt „das Besondere" aus.

Fernste Relikte dieses Wissens leben noch im Christentum fort. Wer in einen Mönchs- oder Nonnenorden eintritt, verliert seinen bisherigen Namen und bekommt einen anderen: Aus dem Hans Meier wird der Bruder Medardus, aus der Maria Meier die Schwester Clara. Natürlich nützt das weder dem Bruder Medardus noch der Schwester Clara etwas für die Ewigkeit. Denn dort gelten vermutlich ganz andere „Namen", die mit dem „Schall und Rauch" der irdischen, wie das Sprichwort es treffend sagt, nichts zu tun haben.

Um Namen, um Tafeln ging, wenn wir es richtig sehen, der Kampf der „Götter" auf der Erde. Immer wurden sie ihnen gestohlen, immer wieder jagten sie ihnen nach.

Moses empfing die zehn Gebote, „geschrieben von der Hand Gottes" auf dem Berg Sinai. Den Sumerern, die lange vor ihm lebten, gab ihr Gott „An" diese auf goldenen Tafeln, den „Dupsimati", wie es im Gilgamesch-Epos, der ältesten schriftlichen Überlieferung der Menschheit, heißt (A. Schott: Das Gilgamesch-Epos, Stuttgart 1963).

In den Veden der Inder werden die „Tafeln" von „Titanen" gestohlen und die Welt gerät darob in Unordnung. Bei den chinesischen Tai bringt eine aus dem Meer auftauchende Schildkröte (wohl eher ein Fahrzeug) die „ehernen Tafeln" mit den Regeln und Gesetzen (W. Eberhard: Die Lokalkulturen des Südens und des Ostens, Peking 1942). Die Maori auf Neuseeland haben ihre Gesetze von Tafeln, die im Reich der Götter vorhanden sind und über die „letzten Dinge" Auskunft geben (E. Best: The Maori School of Learning, Wellington 1923).

Die „Tafeln", die „Namen", die Formeln — sie müssen eine unfaßbare Bedeutung gehabt haben. Nicht wiederum so erstaunlich: Wer heute einen Computer programmieren will oder eine Ware herstellen, braucht auch Formeln und Gesetze.

Denken wir doch ein bißchen zurück. Die Menschen waren den „Göttern", die sie importiert und geschaffen hatten, alles andere als wohlgesonnen. Wahrscheinlich haßten sie die, die ihnen die Kinder nahmen und „fraßen" sogar aus tiefstem Herzen. Wie ein Sklave seinen Herrn eben haßt.

Und dementsprechend haßten sie alles, was von den Göttern war — sogar deren Wissen und deren Schrift. Die Juden, die von den Gesetzen, die Moses am Berg

Sinai empfing, nichts wissen wollten, sind ein (noch) lebender Beweis dafür. Er mußte sie zweimal bringen. (2. Mose 19/39.)

Beinahe höhnisch sind bereits die Worte des griechischen Dichters Pindar (520 bis 446 v. Chr.):

> „Vom gleichen Stamm sind Menschen und Götter,
> es atmen durch eine Mutter die beiden,
> doch trennt uns verschiedene Macht —
> Dennoch sind den Unsterblichen wir
> durch die Kraft des Geistes und der Natur
> wohl ein wenig verwandt . . ."

Das ist eigentlich ein Aufstand. Er begann schon früher und richtete sich — der „verschiedenen Macht" entsprechend — zunächst gegen die Dinge, die von den Göttern waren: die Schrift, die Schriften. Mit einem beispiellosen Haß, der sonst durch nichts zu erklären ist. Dieser Haß vernichtete leider fast alles, was uns aus der Vorzeit überkommen und überliefert war:

Im Jahr 47 v. Chr. steckte Julius Caesar die Museion-Bibliothek in Alexandria in Brand. Es verbrannten 700 000 Schriftrollen, das beinahe gesamte gesammelte Wissen des Altertums. 200 000 Bände blieben erhalten (Antonius schenkte sie der Kleopatra), doch auch diese fielem dem Eifer des christlichen Patriarchen Theophilus zum Opfer. Und den allerletzten Rest besorgten die Araber, als sie 641 n. Chr. Alexandrien stürmten (W. Zakkenberg: Historia mundi, München 1954).

Vorher war es auch nicht viel besser. Im 17. Jahrhundert v. Chr. zerstörte Hammurabi von Babylon im Palast des Fürsten von Mari am Euphrat eine riesige Bibliothek von akkadischen, sumerischen und hurritischen Schrifttafeln — das Erbe von Tausenden von Jahren. Joakim, Fürst von Juda, verbrannte die Buchrollen des Jeremias. Alexander, der angeblich große, ließ in den Trümmern des Palastes von Persepolis den gesamten Text der persischen „Großen Avesta“ untergehen, die in goldener (!) Schrift auf 12 000 Ochsenhäuten aufgezeichnet war. Und noch Kaiser Septimius Severus (193 bis 211 n. Chr.) ließ sämtliche Bücher mit „geheimem Inhalt“ aus den ägyptischen Tempeln holen und vernichten (Will Durant: Die Geschichte der Zivilisation, Bern 1952). Eine ähnliche Säuberungswelle ordnete Diokletian (248 bis 305 n. Chr.) an, und im oströmischen Reich ließ Theodosius II. (408 bis 445 n. Chr.) alle Schriften, die mit der christlichen Lehre nicht übereinstimmten, zerstören.

Eine Liste des Wahnsinns, die sich bis in die Gegenwart fortsetzen ließe und der gewiß über 90 Prozent all dessen, was je schriftlich überliefert war, zum Opfer fiel.

Einzige Erklärung: der Haß der Menschen gegen das Erbe der Götter. Wäre es gewahrt geblieben, wären wir heute vielleicht einige hundert Jahre weiter und keinen falschen Weg gegangen.

Was uns geblieben ist, ist die Suche nach den letzten Resten. Nach Scherben, aus denen wir mühsam die „alten Tafeln“ zu rekonstruieren versuchen. Die Tafeln mit den Namen, den Formeln und Zeichen, die einst die Maschinen und Fahrzeuge der Götter programmierten und die genetische Erbmasse des Menschen.

Ein trauriges Erbteil — aber mehr haben wir eben nicht. Nur noch unsere Intelligenz, die wunderbarerweise und vermutlich durch eine Eigenschaltung der Erbmasse wieder erwacht ist und uns den Weg von allem Anfang an wieder gehen läßt.

Tastend und suchend wie Blinde, die sich in einer neuen Welt erst zurechtfinden müssen. Zum Beispiel in den sogenannten Ursachen.

II

ZUFALL UND SCHICKSAL

Am 29. November 1972 brannte in New Orleans in Amerika ein siebzehnstöckiges Wohnhaus nieder. Es gab zwölf Tote.

Am 30. November 1972 wurde in Rom ein neunstöckiges Appartementhaus durch Feuer zerstört. Es gab vierzehn Tote.

Am 2. Dezember 1972 stand in Seoul in Südkorea die Stadthalle in Flammen — es gab fünfzig Tote.

Die einzelnen Ereignisse haben nichts miteinander gemeinsam, außer daß jeweils zahlreiche Menschen in brennenden Gebäuden ums Leben kamen. Und das in insgesamt vier Tagen. Man nennt so etwas eine Serie und spricht von einem „Gesetz der Serie". Was das ist, weiß man allerdings nicht.

Noch krasser wird das „zufällige" Zusammentreffen ganz bestimmter Ereignisse am Beispiel von zwei Zugunglücken sichtbar, die sich im Sommer 1972 ereigneten. In Frankreich fuhren in einem Tunnel zwei Züge aufeinander, beziehungsweise gegen die Gesteinsmassen der gerade eingestürzten Tunnelwand. Es gab Dutzende von Toten. Vier Tage danach stieß in Spanien ein Zug in einem Tunnel gegen herabfallende Felsbrocken, und wieder gab es viele Tote.

Daß ein Zug in einem Tunnel gegen einstürzende Wände fährt, ist ein ganz ungewöhnliches Ereignis, das höchstens alle paar Jahrzehnte einmal vorkommt. Daß derartiges zweimal unmittelbar nacheinander (und noch dazu in geographischer Nachbarschaft) geschieht, liegt weit über jeder Grenze der Wahrscheinlichkeit. Aber es hat sich ereignet.

Noch ein Beispiel ähnlicher Art (laut Pressemeldung): Am 3. Dezember 1972 brachte in Wien der Zahnarzt Erwin Mackay (der Name stimmt und ist so geschrieben!) seine 20jährige Geliebte um. Und am gleichen Tag, dem 3. Dezember 1972, wurde in Wien der 22jährige jugoslawische Gastarbeiter Chervat Mackay (genau so geschrieben) das Opfer eines Raubmordes. Am gleichen Tag in der gleichen Stadt: ein Mörder und ein Ermordeter, die beide den ganz sicher nicht alltäglichen Namen „Mackay" tragen! (Kurier, Wien vom 4. Dezember 1972). Zufall?

In seinem Buch „Premonitions" (New York 1972) geht der Schriftsteller Herbert B. Greenhouse eigenartigen Parallelen im Schicksal der amerikanischen Präsidenten Abraham Lincoln und John F. Kennedy nach. Beide Präsidenten starben durch Mord. Abraham Lincoln wurde 1860 Präsident der USA, Kennedy genau hundert Jahre später. Beide Präsidenten wurden von Fanatikern erschossen und beide erlebten während ihrer Amtszeit den tragischen Tod eines ihrer Kinder. Lincolns Sekretär hieß — Kennedy. Kennedys Sekretär hieß — Lincoln.

Beide Staatsmänner wurden an einem Freitag getötet und beide vor den Augen ihrer Frauen. Und beide Mörder wurden ihrerseits getötet, ehe es zu einer Gerichtsverhandlung kam. Der Mörder Lincolns, ein Mann namens Booth, war 1839 geboren; der Mörder Kennedys, Lee Harvey, 1939, genau hundert Jahre später. Booth erschoß Lincoln in einem Theater, der Kennedy-Mörder Harvey floh nach dem Mord in ein Kino. Lincolns Vizepräsident hieß Johnson, Kennedys Vizepräsident hieß Johnson. Andrew Johnson (der „Vize" Lincolns) wurde 1808 geboren, Lyndon B. Johnson, der „Vize" Kennedys, 1908, genau hundert Jahre später.

Alles Zufall?

*

Man braucht aber gar nicht so „hoch" zu greifen, um auf Seltsamkeiten ähnlicher Art zu stoßen. Ich, zum Beispiel (und das weiß ich ja nun wirklich genau), bin am neunzehnten Neunten Neunzehnhundertzwanzig geboren. Meine erste Frau war an einem 19. Dezember geboren, meine Tochter aus dieser Ehe an einem 19. Dezember. Und mein erster Enkel ist ebenfalls an einem Neunzehnten geboren, genau wie mein Schwager Rudi. Und die Neunzehnerserie geht noch weiter: Beide deutschen Verlage, mit denen ich bisher zu tun hatte, befinden sich in München 19, und die Zeitung, mit der ich in Wien zusammenarbeite, in — Wien 19. Und jetzt sagen Sie bitte, daß das purer Zufall ist.

Vorgestern war ich wieder einmal auf meinem gewohnten Frühmorgens-Einkaufsspaziergang (meine Art von Fitneßtraining . . .) auf unserem hiesigen Markt (daß er übrigens „Hannover-Markt" heißt und ich längere Zeit in Hannover gearbeitet habe, das ist schon weniger verblüffend, aber immerhin —), und dabei fiel mir plötzlich der Name eines Kollegen ein und was er wohl mache. Der Mensch heißt Kiesbauer und ich hatte ihn lange nicht gesehen.

An den dachte ich also, und in diesen Gedanken ging ich unachtsam über die Straße — und wäre beinahe von einem Lieferauto überfahren worden. Und was stand groß auf diesem Auto? Der Name „Wiesbauer", das ist eine hiesige Wurst- und Konservenfirma. Ein Erlebnis, das sicher viele von Ihnen in ähnlicher Form auch schon erfahren haben.

Am 3. Oktober 1973 berichteten die Wiener Zeitungen von einer Ruhrepidemie in Niederösterreich. Sie war durch einen Schausteller verursacht worden, der seinen Latrinenwagen neben einem Dorfbrunnen aufgestellt hatte. Der Mann hieß Schorn. Am gleichen Tage rannte ein eifersüchtiger Liebhaber in Wien seinem Nebenbuhler eine Feile in den Bauch. Der Täter hieß Schorn. Und beide Fälle haben etwas mit dem Bauch zu tun . . .

Arthur Koestler hat sich mit diesen Problemen in seinem Buch „Die Wurzeln des Zufalls" (Bern 1972) herumgeschlagen. Leider ist das Buch etwas kompliziert und schwer lesbar. Er redet von „Synchronizität" und „Koinzidenz" — spanische Dörfer für unsereinen.

Ich möchte mich — und Sie — mit diesen „Dörfern" etwas näher befassen. Weil das alles schließlich und endlich damit zusammenhängt, ob es ein „Jenseits" gibt, ein Leben nach dem Tod, eine andere Welt außer der unseren und alle solchen Sachen, die uns doch irgendwie interessieren — früher oder später hat jeder von uns damit zu tun.

Und da möchte ich jetzt zunächst einmal ganz abschalten mit allen Zufalls- oder Nicht-Zufalls-Geschichten (die viele von Ihnen ganz sicher um viele weitere ergänzen könnten, denn wir leben ja alle in einer Zufallswelt) — lassen Sie uns also zurückschalten und nehmen Sie bitte einen Bogen Papier, eine Schere und Kleister und einen Kugelschreiber zur Hand. Damit wir wiederholen können, was der Mathematiker August F. Möbius im vorigen Jahrhundert getan hat, als er das „Möbius-Band" erfand.

Das Band des August F. Möbius

August Friedrich Möbius lebte von 1790 bis 1886, hat also ein ganz schönes Alter erreicht. Er war ein Mathematiker, und die denken bekanntlich an Dinge, wie die Mengenlehre und derartiges, was uns geistigen Fußgängern oft nicht ganz klar ist.

Da hat ja zum Beispiel auch der Herr Gauß, der vor dem Möbius lebte, schon so verrückte Sachen gedacht, wie etwa, daß zweimal zwei nicht immer unbedingt vier sein muß und daß die Geometrie in anderen Dimensionen eine ganz andere ist, daß dort Dreiecke mehr als 180 Grad (oder weniger) Winkelsumme haben und Parallelen einander in der Unendlichkeit doch kreuzen . . .

Na ja — hier also haben wir das Papier und die Schere und den Kleister. Und jetzt schneiden wir aus dem Papier ein Band. Zwei oder drei Zentimeter breit und 30 oder 40 Zentimeter lang, wie man will.

Und drehen das Band um eine halbe Wendung und kleben es wieder zusammen.

Und stechen jetzt mit der Schere hinein und schneiden es der Länge nach auf.

Was geschieht? Wir bekommen *einen* doppel-langen, geschlossenen Streifen. Das ist aber noch nicht.

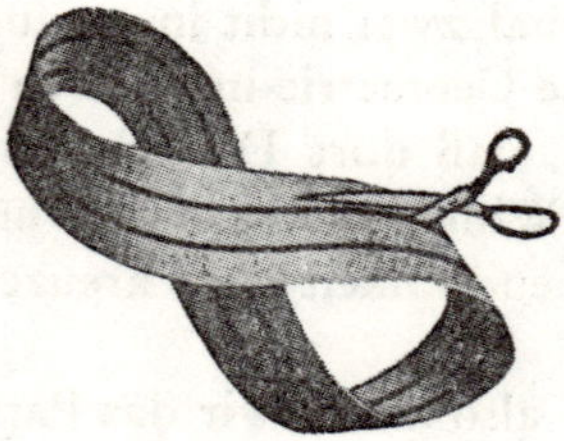

Wenn wir das Band *zweimal* parallel durchschneiden — kriegen wir *zwei* ineinander verschlungene Bänder. Eines davon ist ein ganz gewöhnlicher Streifen — und das andere wieder ein neues Möbius-Band mit verkanteten Seiten.

Was soll dieses Spiel? Es zeigt nichts anderes, als daß scheinbar einfache Dinge in Wirklichkeit sehr kompliziert sind. Würden wir zum Beispiel auf einem normalen Papierstreifen auf der einen Seite rote Männchen hinmalen und auf der anderen grüne, so könnten sich diese

Männchen niemals „treffen" — sie sind ja jeweils auf einer „anderen Seite" ihrer Wirklichkeit. Wenn wir das Band aber im Möbius'schen Sinne wenden und halb-verkehrt zusammenkleben, dann treffen die Männchen einander. Nur: Für den „roten" Mann steht der „grüne" auf dem Kopf und umgekehrt. Und beide würden der Meinung sein, daß sie allein die „richtige" Stellung haben.

Woraus man sieht, daß die Dinge alle nicht so simpel sind, wie sie scheinen, daß die diversen „Welten" einander auf ganz seltsame Weise durchdringen und überschneiden. Im übrigen: Es haben Generationen von Mathematikern schon über das Band des August F. Möbius nachgedacht, und bis heute sind sie sich nicht restlos im klaren, wie es „funktioniert" und warum das so und nicht anders ist.

Für uns war es ein Spiel, das zeigen sollte, daß es mit scheinbar einfachen Sachen wie „links" und „rechts" und „oben" und „unten" gar nicht so einfach ist.

Aber weil wir gerade Papier und Schere und Kleister beieinander haben, wollen wir noch einen — ganz anderen — Versuch starten. Dazu brauchen wir zusätzlich noch ein Holzklötzchen oder etwas ähnliches und eine Stecknadel.

Wir schneiden aus dem Papier ein breites Band — 15 oder 20 Zentimeter. Und kleben es zu einem Zylinder zusammen. Und machen oben herum zwei einander kreuzende Streifen.

Durch den Kreuzungspunkt der Streifen stecken wir die Nadel und stülpen das ganze Ding auf den Holzklotz, so daß es sich leicht nach allen Seiten drehen kann, wie eine Windrose.

Und nun halten wir — in einem Abstand von etwa zwei oder drei Zentimetern die Hände dran, als ob wir uns wärmen wollten — und dann geschieht in 70 von

100 Fällen etwas bestimmtes: Der Papierzylinder beginnt sich zu drehen, zu rotieren. Einmal links rum, einmal rechts. Und wenn Sie Ihren Willen ein bißchen konzentrieren und diesem Papierding den „Befehl" geben, dann stoppt es auf Wunsch und dreht anders herum. Je nachdem.

Wie gesagt, es tut es in ungefähr 70 Prozent aller Fälle und Versuche. Und man kann sagen, daß ungefähr jeder zweite dazu „begabt" ist.

Was „dreht" den Zylinder? Die Wärme, die von den Händen ausgeht? Ja und nein. Das erklärt noch lange nicht, warum und wie man dem Ding auch den „Gegenbefehl" geben kann.

Nein und ohne Spaß — da sind die sogenannten PSI-Kräfte am Werk, die Kräfte der Fernbewegung, der Telekinese. Fast jeder hat sie und kann sie anwenden — zumindest auf diese bescheidene Weise. Was „PSI" ist, darüber wollen wir uns erst gar nicht lange aufhalten. Darüber sind schon so viele Bücher geschrieben worden, daß man kein weiteres braucht.

„PSI" ist nichts als ein Buchstabe im griechischen Alphabet — das „PS" — und damit wird alles bezeichnet, was über unseren Horizont geht. Das Hellsehen, Gedankenlesen, und eben die Fernbewegung, die wir hier ganz einfach versuchen und demonstrieren können. Ohne Zauberei, ohne verdunkeltes Zimmer und Kerzen und solchen Unsinn. „PSI" ist eine Kraft wie jede andere auch. Wie die Wärme oder die Atomenergie. Nur, daß sie von uns, von unserem Gehirn ausgeht. Der eine hat sie, das heißt er kann sie aktivieren, der andere nicht.

Und wenn sich Ihr Zylinder nicht dreht, wie Sie wollen, so ist das auch kein Malheur. Vielleicht hat Ihr Mann, hat Ihre Frau, hat Ihr Sohn oder Onkel diese Fähigkeit, — Sie können es erproben. Und was es zeigt, wenn es funktioniert, ist auch nicht mehr, als daß es eben Dinge und Kräfte gibt, die über das hinausgehen, was wir gemeinhin für möglich halten.

Tote Kaninchen und nervöse Blumen

Was kann uns das mysteriöse „PSI" praktisch nützen? Vorläufig nicht viel oder gar nichts. Um so überraschender, daß sich — neben vielen Amateuren — auch die einschlägigen Institute der Großmächte sehr dafür interessieren und Forschungen in dieser Richtung betreiben. Die Russen etwa machten folgenden Versuch: Sie sperrten eine Kaninchenmutter, die gerade geworfen hatte, in einen Käfig und schlossen sie an ein Gerät an, das ihre Hirnströme maß. Dann verfrachtete man die Jungen viele Kilometer weg und schlachtete sie der Reihe nach ab. Und jedesmal (die Stationen standen ja in Verbindung), wenn eines der jungen Kaninchen starb, gab es in den Gehirn- und Nervenströmen der Kaninchenmutter, die davon natürlich nichts „wußte" oder bemerken konnte, einen wilden Ausschlag. Wer hatte die stummen Todesimpulse der Jungen auf die Mutter übertragen? PSI . . .

Die Amerikaner halten es diesbezüglich mehr mit Pflanzen, so hat es den Anschein. Jedenfalls gibt es an der Stanford-Universität von Kalifornien eine Wissenschaftlergruppe, die sich mit dem Gefühls- und „Seelen"-Leben von Blumen und Pflanzen befaßt. Mit dem sogenannten „Backster-Effekt". Der hat seinen Namen von dem Amerikaner Cleve Backster, der 1966 zum erstenmal bemerkte, daß Pflanzen anscheinend auch so etwas wie Gefühle entwickeln. Und das kam so: Mr. Backster ist an sich Spezialist für „Polygraphen", zu deutsch: Lügendetektoren, die jeder aus irgendeinem Krimi schon kennt.

Es sind ebenfalls elektrische Meßgeräte, die nervöse Erregungszustände von Menschen registrieren, wenn man sie an das Ding ankoppelt.

Wer auf eine Frage eine unwahre Antwort gibt, verkrampft sich dabei, ohne daß er es will oder kontrollieren kann, auf irgendeine Weise, sein körpereigenes Spannungsfeld verändert sich — und der „Polygraph" hält dies auf einem laufenden Papierband als Ausschlag fest. Jedenfalls ist das meistens so — bei uns sind Lügendetektoren vor Gericht als Beweismittel nicht zugelassen, weil es doch Fehlerquellen geben kann; in Amerika benützt man sie eifrig, und Herr Backster unterrichtet amerikanische Polizisten in ihrem Gebrauch.

Nebenbei ist er auch Pflanzenfreund, und so kam er eines Tages auf die Idee festzustellen, wie lange es dauern könnte, bis das Wasser aus dem Blumentopf in die Blätter einer Pflanze gestiegen wäre. Er schloß also ein Blatt an die beiden Elektroden eines Polygraphen und wartete. Dabei hatte er noch einen Einfall: Was die Pflanze wohl „sagen" würde, wenn er ein Blatt mit einem Streichholz versengen würde?! Kaum hatte er das gedacht und ein Streichholz angezündet, da gab der Polygraph einen Ausschlag — die Pflanze hatte bereits vor der „Tat" reagiert und sozusagen „Angst" gezeigt! Das jedenfalls behauptete Mr. Cleve Backster in zahlreichen Publikationen amerikanischer Zeitschriften, und noch viel mehr: Im Laufe weiterer Versuche will er daraufgekommen sein, daß seine Pflanzen auch dann Aufregung signalisierten, wenn in ihrer Nähe eine lebende Zelle beschädigt oder zerstört wurde, ihr „Herr" sich etwa einmal in den Finger schnitt oder ein anderes Mal lebende Garnelen zum Kochen in siedendes Wasser warf. Ebenso „nervös" waren sie, wenn unbekannte Besucher oder gar Hunde ins Zimmer kamen — gewissermaßen „Freude" in Form ruhiger

Kurven und Linien sollen sie jedoch gezeigt haben, wenn ihr Freund und Besitzer sich näherte.

Es haben indessen auch andere Forscher solche Versuche gemacht — angeblich mit dem gleichen Effekt. Zur Stanford-Forschungsgruppe gehören unter anderem Dr. William Tiller, der Geräte zur Messung psychischer (seelischer) Energien zu konstruieren versucht, Dr. Marcel Vogel, der ebenfalls Pflanzenexperimente unternimmt, und Dr. Edgar D. Mitchell, der amerikanische Astronaut, soll — so sagt er selbst, ohne näheres bekanntzugeben — ein ungewöhnliches „religiöses Erleben" gehabt haben, und seitdem befaßt er sich mit parapsychologischen (grenzwissenschaftlichen) Untersuchungen und Forschungen und hat der Raumfahrerei den Rücken gekehrt.

In Europa hat man sich bisher leider herzlich wenig mit diesen Dingen befaßt, obwohl es doch kein großes Problem sein sollte, wenigstens die Pflanzenversuche des Mr. Backster zu wiederholen und ihn entweder zu bestätigen oder Lügen zu strafen. Die Arroganz unserer Schulwissenschaft verhindert das.

Ja, um nicht zu vergessen: An der Stanford-Universität (wie übrigens auch in der Sowjetunion) experimentiert man nicht nur mit Pflanzen und Kaninchen, sondern auch mit Menschen auf dem PSI-Gebiet. Die Russen haben eine Reihe vor allem weiblicher „Paradestücke" als Produzentinnen von PSI-Kräften. Man erfährt immer wieder davon, daß sie etwa Streichholzschachteln unter einer Käseglocke nur durch die Kraft des Willens bewegen können. Die Amerikaner präsentierten 1973 Uri Geller. Aus England kam ein neues Medium: Matthew Manning (Matthew Manning: Der Psychokinet, H. Bauer Verlag, Freiburg 1975).

Wer es nicht gesehen hat, wird es wahrscheinlich nicht glauben, aber das ist bei allen diesen Dingen so.

Immerhin wäre es ein riesiger praktischer Vorteil, wenn man beispielsweise die Gedankenübertragung (als eine der PSI-Möglichkeiten) praktisch auswerten könnte — das käme bedeutend billiger als jede Funkverbindung und wäre von jedweder Störung unabhängig. Umsonst interessieren sich die Großmächte nicht dafür!

Wie gesagt, das sind alles nur Beispiele, und wer mehr wissen und Unterlagen will, kann sich in vielen Büchern darüber informieren — es gibt sogar schon welche, die beschreiben, wie man sich mit Hilfe der PSI-Kräfte selbst heilen kann (was die Ärzte allerdings etwas krumm nehmen dürften, denn das stört ihr Geschäft).

Nur eines findet man in allen diesen Büchern leider nicht: eine Erklärung, was diese PSI-Energie tatsächlich ist, oder nicht ist — und das scheint doch eigentlich das wesentlichste zu sein.

Prinzipiell läßt sich vorderhand folgendes konstatieren: PSI ist eine eigene Energieform oder -art, die mit Elektrizität und anderen bekannten Energieformen nichts zu tun hat.

PSI ist unabhängig von Raum und Zeit — Gedankenübertragungen etwa erfahren durch Entfernung keinerlei Abschwächung oder Verzögerung und sie werden durch keine andere Energie gestört oder unterbrochen. PSI scheint mit allem Lebendigen irgendwie verbunden und nicht nur mit dem Menschen und seinem Gehirn — die Tier- und Pflanzenversuche zeigen es.

PSI ist eine Para-, eine „Über"-Kraft. Wenn ich jemand eine herunterhaue, kann das auch mit sehr viel Kraft geschehen (und das kostet dann vor dem Richter entsprechend mehr) — aber PSI ist das deshalb nicht. PSI wäre es hingegen, wenn ich mit Hilfe der Telekinese (Fernbewegung) meinem Gegner ein Messer entwinde, ohne ihn zu berühren. Wie es der Uri Geller angeblich mit den Gabeln macht, die er verbiegt. Seine israelischen Landsleute haben sich bisher auf Kanonen und Panzer verlassen müssen — was wiederum keineswegs PSI ist.

Der Trick mit der Gießkanne

Wir sind bisher, wie man so treffend sagt, scheinbar (aber nur *scheinbar*) „kunterbunt durch den Gemüsegarten" gefahren — haben uns mit Zufällen und PSI-Kräften befaßt. Vielleicht sollte man jetzt so etwas wie Ordnung und Systematik in die Sache bringen.

Worum ging es bisher? Darum, gewisse Merkwürdigkeiten und Seltsamkeiten aufzuzeigen und festzuhalten. Einen Hinweis darauf zu geben, daß es Dinge gibt, die über den Horizont von Otto Normalverbraucher hinausgehen, aber dennoch real und wirklich sind, — so wirklich, daß sich die Supermächte mit gutem Grund um sie kümmern.

Nun aber kommt, spätestens, die berechtigte Frage an den Autor: Was sollen wir davon halten, wie erklärst Du uns das? Zum Beispiel die Sache mit den mehr als komischen Zufällen?

Bitte — da muß ich Sie allerdings bitten, ein klein wenig Theorie anzuhören und anzusehen. Bezüglich der „Zufälle".

Da haben wir im letzterwähnten Fall (der beiden Männer namens „Schorn") Namen und Ereignisse, die zwar zeitlich zusammenfallen, sonst aber (außer dem nicht ganz gewöhnlichen Namen) keinerlei Beziehung miteinander haben. Außer der mit dem Bauch noch — der eine „Schorn" verursachte mit seinem Latrinenwagen den Menschen Ruhr und Bauchweh, der andere „Schorn" rannte seinem Nebenbuhler eine Feile in den Bauch.

Theoretisch-logisch festgehalten: Die „Bezugspunkte" sind a) der Name, b) der Zeitpunkt, c) der Bauch (die Bäuche).

Wie im Fall Kennedy-Lincoln die Namen und Daten und im Fall der im Tunnel gegen Felsen fahrenden Züge Datum und Ungewöhnlichkeit des Unfalls.

Und jetzt lassen wir das alles einmal weg und stellen uns nur eine große Gießkanne vor, so eine, wie wir sie vielleicht im Garten haben —

Und diese Gießkanne lassen wir mit gefärbtem Wasser gefüllt sein, mit grünem zum Beispiel. Wir neigen sie, und ihre Strahlen treffen auf eine Unterlage — nicht den Gartenboden freilich, sondern eine Art Papierband, das unten vorbeirollt. Das soll — in unserer Sicht — die „Zeit" sein, unsere Welt in der Zeit.

Was wird geschehen?

Die Strahlen werden da und dort auf das Papierband auftreffen.

Und wir, die wir auf dem Papierband sind (in unserer Welt und unserem Schicksal) können dann nur registrieren: *da* trifft ein grüner Tropfen auf — und *da* einer. Nebeneinander oder hintereinander. Und sie scheinen nichts, aber auch gar nichts miteinander zu tun zu haben. Außer, daß es eben „grüne" Tropfen sind — oder Strahlen. Der eine ist nicht die Ursache des anderen, sie haben keinen kausalen Zusammenhang — bis auf den, daß sie aus der gleichen Gießkanne kommen (dem Schicksal).

Wenn sie nebeneinander auftreffen (in der Zeit) sprechen wir von einer Parallelität oder „Koinzidenz" — wenn sie *nacheinander* auftreffen, von einer Post-Koinzidenz, einer Nacheinanderfolge ganz bestimmter Ereignisse. Ganz einfach gesagt: Ich denke an den „Kiesbauer", und ein Wagen mit der Aufschrift „Wiesbauer" fährt mich beinahe um — das ist eine Post-Koinzidenz. Oder Da brennt ein Hotel oder Hochhaus — und dort eines. Gleichzeitig. Unter gleichen Umständen, wenn auch aus verschiedenen Ursachen — das ist eine absolute Koinzidenz oder Synchronizität.

Der Witz dabei ist, daß alle diese Ereignisse zwar nicht miteinander zusammenhängen, aber die gleiche „Ursache" haben: die Gießkanne. Die wir natürlich nicht „sehen" können.

Und die Gießkanne ist das Schicksal — der „Zu-Fall".

Von ihr aus gesehen, ist alles völlig klar und einfach: Die „Kausalität", die Ursächlichkeit, ist durchaus vorhanden — nur eben eine Ebene, eine Stufe „höher". Sie besteht zwischen den scheinbar unzusammenhängenden Dingen und Ereignissen nebeneinander — und sie besteht zwischen den Dingen und Ereignissen *hintereinander*. Sofern sie „grün" sind.

Die Menschen haben das zwar bisher nie begriffen, aber sie haben sich doch darüber Gedanken gemacht. Sie sind (durch Erfahrung) darauf gekommen, daß mitunter ein bestimmtes Ereignis ein anderes „nach sich ziehen" kann. Es gewissermaßen vorankündigen.

Kunststück: Wenn ich (am Beispiel der Gießkanne) sehe, daß *jetzt* ein grüner Strahl auftrifft, darf ich vermuten, daß es demnächst ein sehr ähnlicher auch tun wird. Weil ja beide aus derselben „Brause" stammen!

Praktisch: Ich höre heute von einem „Flugzeugabsturz in den Bergen". Und wenn ich morgen von einem sehr ähnlichen höre oder lese — dann kann ich ziemlich sicher sein, daß dieses Ereignis zwar keineswegs die „Folge" des ersten ist, aber eine Koinzidenz, eine Serialität aus der gleichen Gießkanne.

Wenn ich jetzt den Herrn Meier treffe und Sekunden später wieder einen Herrn Meier (obwohl es äußerst unwahrscheinlich ist, daß ich ihn getroffen haben könnte oder sollte), dann ist das „Serialität" — ein Guß aus einer Kanne. Grün. Oder rot, oder gelb.

Was uns daran verwirrt, ist allein der Umstand, daß es keine *direkte* Beziehung zwischen diesen Dingen und Ereignissen zu geben scheint — und doch gibt es sehr wohl eine, die auch bestimmten Gesetzen unterliegt, nur sind sie anders als die uns bekannten, hiesigen. Sie sind von einer anderen Logik — aber immerhin von einer bestimmten Logik.

Wie erwähnt, hat die Erfahrung die Menschen gelehrt, solche Zusammenhänge und Logiken zum Teil zu erahnen. Das nennt man dann „Prophetie" oder so ähnlich.

Denn es ist ja nichts anderes als der (anders-)logische Schluß von einem bestimmten Ereignis auf ein bestimmtes anderes. Ob es nun gleich-„zeitig" ist oder nicht.

Von da bis zur „Voraussage" bestimmter Ereignisse auf Grund bestimmter Ereignisse ist nur ein Schritt — ein absolut logischer Schritt. Daß etwas Bestimmtes eintrifft, das sich vorher „angekündigt" hat, liegt an Gesetzmäßigkeiten höherer Art.

Oft sind sie wirklich sehr verblüffend. Zum Beispiel: Die erste große „Kesselschlacht" der Weltgeschichte fand 216 v. Chr. bei Cannae in Italien statt, wo die Karthager ein römisches Heer vernichteten. 60 000 Römer fielen. Und den Oberbefehl über das römische Heer hatte an diesem Tag ein Konsul und General namens *Paullus*.

1943 gab es wieder eine große Kesselschlacht in einem großen Krieg. Sie fand bei Stalingrad statt und es wurde wieder eine ganze Armee vernichtet. Es fielen über 200 000 Mann. Und der Oberbefehlshaber der deutschen Armee hieß — *Paulus*.

Hätte man das vorher wissen können, die Armee evakuieren, den „gefährlichen" Namensträger abziehen? Vielleicht — wenn man eine Ahnung von den großen

Schicksalsgesetzen gehabt hätte. Und auf sie gehört. Vielleicht wäre — hätte er einen um sie wissenden Berater gehabt — auch der Präsident Kennedy der USA durch die vielen Parallelitäten mit seinem (ermordeten) Vorgänger Lincoln gewarnt gewesen?!

Gibt, gab es in der Historie ähnliche Vorzeichen und Warnungen?

Aber natürlich. Man denke etwa nur an die berühmte Sage vom „Rattenfänger von Hameln", der im Jahr 1284 hundertdreißig Kinder aus der Stadt auf Nimmerwiedersehen entführt haben soll, als ihm die Bürger den Lohn für seine Rattenvernichtungsarbeit schuldig blieben. Er soll ein „Fremder" gewesen sein mit einem seltsamen bunten Hut. Und er und die Kinder sollen im Koppenberg verschwunden sein, der nahe bei Hameln liegt.

Nun, 650 Jahre später gab es wieder einen „Fremden", der einen seltsamen „Hut" auf hatte und die Leute mit Sirenenklängen verführte — er hieß Adolf Hitler, und eine der Stätten, wo er besonders gerne seine Lockrufe erschallen ließ, war der Bückeberg. Ganz in der Nähe von Hameln. Damals — bei den dort alljährlich stattfindenden „Erntedankfesten" hat allerdings niemand auf diese Parallelität geachtet. Die Menschen waren blind und betäubt von den Rattenfängerklängen des „Fremden" aus Österreich.

Gibt es Vorzeichen, die in eine noch nicht erfüllte Zukunft weisen? Auf die wir heute vielleicht hören und sehen sollten? Auch das gibt es. Am 9. Dezember 1946 sank im Hafen von Le Havre der 56 000-Tonnen-Dampfer „Europa", das zweitgrößte Schiff der vormaligen deutschen Handelsflotte, das 1945 an die Franzosen ausgeliefert hatte werden müssen und von da an den Namen „Liberté" (Freiheit) trug. In der Nacht zum 9. Dezember

1946 riß sich der Ozeanriese von seiner Verankerung los und kollidierte im Sturm mit dem Dampfer „Paris“.

„Europa“ stieß mit „Paris“ zusammen — und Europa sank. Wer nur ein wenig denken kann, sieht die Ähnlichkeiten in der geschichtlichen Entwicklung, die erst zum Teil erfüllt ist: Europa scheitert am Eigensinn und Hegemoniedenken von „Paris“. Eine Entwicklung, die noch im Gange ist. Das „Zeichen“ aber war da.

Sie können sicher sein: Es hat niemand darauf geachtet und wird niemand darauf achten. Bis es soweit ist. Dann sind alle gescheiter.

Als am 14. Oktober 1904 ein russisches Geschwader von Kriegsschiffen im Hafen von Libau Dampf aufmachte, um in den damaligen Krieg gegen Japan zu fahren (es wurde in der berühmten Seeschlacht von Tsushima restlos vernichtet) gab es eine Panne: Tang und Algen hatten sich um die Schrauben der Linienschiffe gewickelt und wollten sie nicht frei drehen lassen. Es dauerte von 9 Uhr morgens bis um 4 Uhr nachmittags, bis die Schiffe loskamen, und die („abergläubischen“) Seeleute sagten: Das Meer will die Schiffe haben. Es hat sie bekommen (Frank Thiess: „Tsushima“, Berlin 1936).

Um bei den Schiffen zu bleiben: Die Holländer, die einst ein sehr großes Kolonialreich hatten, tauften viele ihrer Dampfer auf den Namen von indonesischen Vulkanen („Dempo“, „Sibajak“, „Palveran“, „Slamat“, „Indrapoea“ usw.) — als hätten sie vorausgeahnt, daß ihr Kolonialreich in einem „Ausbruch“ zugrunde gehen würde (The Lloyd-Mail 1939).

Ein kleines und beinahe amüsantes Namensspiel des Schicksals sei im Zusammenhang mit der Seefahrt und den Schiffen auch noch erwähnt: 1897, als Deutschland nach dem chinesischen „Boxer-Aufstand“ seine chinesische Kolonie (sie ging 1914 endgültig verloren) Tsingtau wiederbekommen hatte, erhielt das deutsche Schiff „Iltis" den Auftrag, dorthin zu fahren. Die „Iltis" ging in einem Taifun unter. Ihr Kapitän war ein Herr *von Braun.*

Und 1945 war es ein Herr von Braun, der auch über das große Wasser ging und den Amis die Segnungen der Raketenkultur brachte . . .

Immer wieder war und ist es das sogenannte „einfache Volk", das auf Vorzeichen hellhörig ist und sie registriert. Darüber könnte man Dutzende, ja Hunderte von Beispielen anführen. Etwa: Im Sommer 1916 (als ja noch niemand den Ausgang des Ersten Weltkrieges voraussehen konnte) schlug ein Blitz in das große deutsche Nationaldenkmal am „Niederwald" ein, zerstörte Krone und Schwert der Figur, sprengte den Reichsadler und brachte das Postament ins Wanken.

Am 20. Mai 1935 fuhr ein Blitz in das von einem mehrere Zentner schweren Bronzeadler gekrönte Fliegerdenkmal auf der Wasserkuppe in der Rhön. Der Adler wurde 15 Meter weit fortgeschleudert, der Sockel zerspalten und zerstört — wie ein paar Jahre später die ganze deutsche Luftwaffe.

Am 8. September 1898 ging Kaiserin Elisabeth von Österreich mit ihrem Vorleser Friedrich Barker in der Nähe der Landungsbrücke von Territet am Genfer See spazieren. Sie schälte einen Pfirsich und wollte diesen ihrem Begleiter reichen, als plötzlich ein Rabe aufflog und ihr die Frucht aus der Hand schlug. Barker beschwor die Kaiserin, dies als Warnung anzusehen, aber sie soll ihm (A. Oller: „Die andere Welt", Berlin 1932) geantwortet haben: „Ich fürchte mich vor nichts, denn ich weiß, daß nichts mich davor bewahren kann. Alle Menschen müssen sich aufmachen, ihrem Schicksal an einem bestimmten Tag zu begegnen." Kaiserin Elisabeth wurde am 10. September 1898 in Genf von einem Anarchisten erstochen.

Der „Rabe“ als Unglückssymbol spielt — das sei am Rande erwähnt — in der Geschichte der Habsburger überhaupt eine große Rolle. Am Krönungstag von Kaiser Franz Josef soll eine Schar Raben über der Krönungsstadt Olmütz gekreist haben, und als der unglückliche Erzherzog Maximilian (den man später in Mexiko erschoß) das Schiff dorthin besteigen wollte, wurde er von „Raben“ begleitet.

Ist an allen diesen Dingen etwas Unheimliches und Unwahrscheinliches? Aber nein! Bei klarem Nachdenken kann man darin nur eine Logik sehen, die „von oben“ kommt und nur uns manchmal un-logisch erscheint. Da trifft ein „Strahl grün“ auf — und dort einer. Und mögen auch Hunderte Jahre (unserer Zeitrechnung) dazwischenliegen.

Die ganze Kunst wäre es, aus *einem* Strahl (einem Ereignis) auf andere (und zum Teil spätere) zu schließen. Dazu aber müßte man eben die Gesetze und Gesetzmäßigkeiten dieser Ereignisse kennen und verstehen

Vorläufig kann man nur eines von ihnen sagen: Es gibt (höchstwahrscheinlich) ein Schicksalsgesetz, das auch „Ursache“ und „Wirkung“ kennt — nur in einem anderen Zusammenhang, einer anderen Logik. Das Schicksal tritt keineswegs „blind“ in unserer Welt auf — es folgt seinen eigenen und immanenten Gesetzen. Sie „stimmen“ immer und überall wie die Regeln des Schachspiels.

Wer nicht Schachspielen kann, wird auch nie begreifen, warum man mit einem Springer so und mit einem Läufer oder Turm anders ziehen muß und kann.

Da taucht dann eben ein „Rabe“ auf oder ein „Blitz“, oder es fällt ein Name — und wir stehen dann ganz dumm davor und staunen. Und halten das womöglich für Aberglauben, weil es nicht in unsere Welt zu passen scheint. Dabei paßt es sogar sehr gut — wenn wir uns dazu bequemen, die Regeln des höheren Schachspiels zu beachten — die Logik der scheinbaren Un-Logik, die doch gar nicht so sehr anders ist.

Es ist interessant, unter diesem Blickpunkt, sich einmal kurz mit der vielumstrittenen Astrologie zu befassen.

Was ist Astrologie eigentlich?

Kürzlich haben amerikanische Ärzte in langen Serien-Tests nachgewiesen, daß Kinder, die im Winter geboren werden, im großen Durchschnitt merklich andere Eigenschaften und Fähigkeiten zeigen als „Sommerkinder". Warum, vermochten sie bisher nicht zu sagen. Es scheinen neben den maßgeblichen Erbfaktoren eben auch die Zeiten der Geburt (oder auch Empfängnis) eine Rolle zu spielen, Einflüsse von Strahlungen zu diesen Zeiten.

Wenn das stimmt, was die Mediziner in den USA festgestellt haben wollen, so könnte man also in einem gewissen Sinne sehr wohl von „Astrologie" sprechen. Ein Mensch würde also — je nach dem Zeitpunkt der Geburt — und natürlich nach seiner Veranlagung, anders reagieren als ein anderer, zu einer anderen Zeit auf die Welt gekommener.

Damit wären wir bereits der „Typenlehre" nahegekommen, nach deren Überlieferung die Menschen, je nach zur Zeit ihrer Geburt „regierenden" Sternzeichen in zwölf Grundtypen eingeteilt werden, die angeblich verschiedene typische Wesensmerkmale aufweisen. Hier beginnen auch schon die Schwierigkeiten. Um sie zu verstehen, müssen wir vorerst wissen, was der „Tierkreis" überhaupt ist. Jedes Lexikon oder astronomische Handbuch gibt darüber Auskunft: Der Tierkreis (Zodiakus) ist jene den Himmel umschließende Zone, in deren Mitte die scheinbare Bahn der Sonne (Ekliptik) verläuft. Er enthält zwölf Sternbilder: Widder, Stier, Zwillinge, Krebs, Löwe, Jungfrau, Waage, Skorpion, Schütze, Steinbock, Wassermann,

Fische. Diesen Sternbildern entsprechend, wird der Tierkreis in zwölf gleiche Abschnitte („Zeichen“) zerlegt, das jeweils 30 der Grade des gesamten Kreises umfaßt. Im Altertum enthielt jedes Tierkreis*zeichen* tatsächlich das gleichnamige Stern*bild*, seither jedoch ist infolge der Schwankungen der Erdachse (Präzession und Nutation) eine Verschiebung eingetreten, so daß sich heute das Sternbild Widder zum Beispiel im Zeichen des Stier und der Stier seinerseits im Zeichen der Zwillinge befindet.

Gerade dieser Umstand wird von den Gegnern der Astrologie immer wieder ins Treffen geführt, denn, so sagen sie, dies beweise, daß die ganze Tierkreis-Typen-Einteilung ja gar nicht stimmen könne.

Die Verteidiger der Astrologie weisen dagegen darauf hin, daß es nicht die sichtbaren Stern*bilder* seien, die für das Schicksal maßgeblich wären, sondern die (unsichtbaren) „Zeichen“ beziehungsweise „Gegenden“ des Himmels.

Man muß berücksichtigen, daß die Astrologie (wörtlich: Lehre von den Sternen) eine reine Erfahrungswissenschaft ist. Auch die Mehrzahl der Astrologen selbst nimmt nicht an, daß bestimmte „Strahlen“ von den Sternen oder Sternbildern ausgehen und auf uns wirken, sondern sie betrachten den Sternenhimmel als eine gewaltige Uhr des Schicksals, nach der sie sich bei ihren Berechnungen auf Grund jahrtausendalter Erfahrung richten.

Die Astrologie wurde schon in Urzeiten überall betrieben: in Indien, China, Ägypten, bei den Inkas und Babyloniern, die den Lauf der Sterne und Planeten mit erstaunlicher Exaktheit zu berechnen verstanden — aber dies allein zum Zweck der Schicksalsdeutung.

Die Namen der Sternbilder stammen aus dem vorderen Orient und Griechenland. Wenn man sie betrachtet, fällt einem sofort auf, daß man in den einzelnen zwölf Sterngruppen nur mit sehr viel Phantasie das „Bild“ hineindenken kann, das ihre Verbindungslinien angeblich ergeben. Dies spricht dafür, daß mit den zwölf geheimnisvollen Tiernamen *nicht* die sichtbaren Sterngruppierungen gemeint waren, sondern tatsächlich die „Zeichen“, die „Häuser“, in denen sie standen. Schließlich haben ja die Chinesen einen „Tierkreis“ von zwölf Zeichen, der mit Sternbildern nichts zu tun hat, sondern zwölf Jahre (die Umlaufzeit des Jupiter um die Sonne) umfaßt, wobei jedem Jahr ein Symbol zugeordnet wird („Schwein“, „Hund“, „Hahn“ usw.).

Nach Europa kam die Astrologie vor allem durch die Araber und wurde hier zur Mutter der Astronomie, der exakten Wissenschaft vom Wesen und Sein der Sterne ohne Bezugnahme auf Mensch und Schicksal.

Für die Astrologie scheinen manche ganz verblüffende Voraussagen zu sprechen, wie sie etwa der deutsche Astrologe C. H. Huter 1958 über das künftige Schicksal Nikita Chruschtschows in allen Einzelheiten aufstellte. Sie rundweg zu leugnen, wäre falsch. Ihre Zahl ist aber dennoch relativ gering, daß es sich auch ganz gut um Zufallstreffer oder — Hellsehen handeln könnte. Nur Massenuntersuchungen könnten wirklich Aufschluß geben, wobei sich wiederum die Schwierigkeit ergibt, daß man aus ein und derselben im Horoskop errechneten Tatsache verschiedene Schlüsse ziehen kann ...

Wenn wir vom Standpunkt des heutigen Wissens ausgehen, so wäre zu sagen:

Ganz zweifellos gibt es einen Einfluß des Kosmos auf die Erde. Die Sonne mit ihren Strahlungen bestimmt alles Leben, Krankheiten, Katastrophen, Pflanzenwachstum, Wetter und den Tod. Und die Tätigkeit der Sonne wird — so hat es den Anschein — ziemlich stark vom Umlauf der Großplaneten beeinflußt.

In welchem Ausmaß die gerade herrschenden Umwelteinflüsse bei Zeugung und Geburt eines Menschen eine Rolle spielen, wird noch zu erforschen sein. Sie scheinen aber ebenfalls vorhanden, und auch in dieser Tatsache könnte man eine Art „Astrologie" sehen.

Was darüber hinausgeht, ist und bleibt vorläufig Annahme und Glaube.

Ginge es beispielsweise wirklich nach den verbreiteten Angaben über die einzelnen Menschentypen, müßte jeder zwölfte Mensch ein sehr ähnliches Wesen haben. Was er aber ganz bestimmt nicht hat.

Dennoch bleiben manchmal verblüffende Übereinstimmungen, und es gibt nicht wenige Menschen, die mit erstaunlicher Genauigkeit zu sagen wissen, in welchem „Zeichen" jemand geboren ist.

Nochmals: Die Astrologie beruht — bisher — einzig und allein auf Erfahrung. Was nicht unbedingt ein Nachteil sein muß.

Nichts wäre falscher, als alles, was „nur" Erfahrung ist, abzutun, nur, weil man noch nicht eine logische Erklärung dafür gefunden hat. Schließlich und endlich beruht auch die Graphologie, die neuerdings sogar offiziell gelehrt und betrieben wird — die Menschenkenntnis aus der Schrift — auf reiner Erfahrung. Warum ein Mensch mit einem bestimmten Charakter eine ganz bestimmte Schrift hat, ist nicht im mindesten erklärt, aber man nimmt die Graphologie heutzutage überall zur Hilfe, obwohl sie ursprünglich auch als „Aberglaube" galt, genau übrigens auch wie die Handlesekunst (Chirologie), seltsamerweise noch immer.

Aber jetzt sehen wir die Astrologie doch einmal anders an: so wie es viele Astrologen heute tun, die — wie schon erwähnt — längst nicht mehr von einem „Einfluß" der Sterne auf den Menschen (und die Menschheit) sprechen, sondern (auf Grund der Erfahrung) in den Konstellationen der Gestirne eben eine Art Uhr des Schicksals sehen, die sie abzulesen und zu deuten versuchen. Da gibt es — wie im Fall des „Zufalls" — nicht „Ursache" auf der einen und „Wirkung" auf der anderen Seite, sondern ein Gleichzeitig-Sein, eine Parallelität.

Und die wahre „Ursache", die beides bewirkt — den bestimmten Lauf und Stand der Gestirne und das bestimmte Schicksal des Menschen — liegt ganz woanders.

Ein praktisches Beispiel, auch wenn es vielleicht nicht ganz genau stimmt: Wenn ich im Auto fahre und am Tachometer ablese, daß ich mich mit 90 Stundenkilometern bewege, dann ist das eine sehr reale Tatsache. Aber: Weder „macht" der Tachometer die Geschwindigkeit, noch wirke ich direkt auf den Tacho ein, so daß er zu seiner Anzeige kommt, sondern die Anzeige des Tachos und meine eigene Fortbewegung mit einer bestimmten Geschwindigkeit wird vom Motor des Autos bewirkt — er ist die wahre, gemeinsame Ursache beider Tatsachen. Und so „machen" eben die Sterne nicht das Schicksal, aber man kann (wie die Erfahrung es immerhin zeigt) aus ihnen doch dies oder jenes ablesen. Auf Irrwege geraten wir nur, wenn wir versuchen, eine kausale (ursächliche) Verbindung herzustellen. Die gibt es nämlich nicht.

Der Grund-Irrtum der bisher vorherrschenden rein materialistischen Wissenschaft beruht darin, daß sie versucht, das Gesetz von Ursache und Wirkung, das in einem beschränkten Bereich unseres Daseins absolut richtig ist, auf a l l e Erscheinungen des Seins zu übertragen. Auch auf solche, wo es keine Gültigkeit hat.

Die Alten wußten (oder ahnten) es besser: „Wie oben, so unten" — so lautete ein alter Weisheitsspruch, der auf den mythischen Weisheitslehrer der Ägypter, den „Hermes trismegistos", zurückgeführt wird. Das heißt: Die Ereignisse „am Himmel“ haben dieselben Ursachen wie jene auf Erden, ohne daß sie in direktem Zusammenhang stehen. Die Ursachen aber liegen auf einer anderen Ebene, in einer anderen Dimension.

Betrachten wir doch die heutige Weltlage: extreme Erscheinungen im Leben der Menschen, und extreme Erscheinungen in der Natur. Ein Zufall? Sicher nicht. Sicher gibt es nicht extreme Wetterlagen und Klimawechsel und immer mehr Naturkatastrophen, *weil* die Menschen zunehmend mehr verrückt oder „böse“ sind, und umgekehrt wird ganz gewiß die politische und wirtschaftliche Lage nicht immer verworrener und absurder, *weil* die Natur durcheinandergeraten ist. Nein, beide Entwicklungen laufen einfach parallel — „wie oben, so unten ...“

Es gibt, das zeigt die Befassung mit den scheinbaren Zufällen und das zeigt das Beispiel der Astrologie, eben Dinge, die — von uns aus gesehen — akausal sind, das heißt ohne Ursache-Wirkung-Zusammenhang.

Was übrigens längst auch von der theoretischen und der Kernphysik entdeckt wurde. Im Verhalten der kleinsten Teilchen der Materie zum Beispiel gelten ebenfalls die Gesetze von Ursache und Wirkung nicht immer und überall: Für „Sprünge“ von Elektronen oder anderen Teilchen von einer Bahn auf eine andere ist keine „Ursache“ erkennbar, sie geschehen eben und man kann sie also auch nicht vorausberechnen, sondern nur noch statistisch (ihrer Häufigkeit nach) ungefähr voraussagen (W. Heisenberg: Das Naturbild der modernen Physik, Reinbek 1968).

Um das so klar wie möglich zu erklären: Es ist ausgeschlossen, das Verhalten eines bestimmten Teilchens, etwa eines Elektrons zu berechnen, weil es sich „akausal“ verhält. Man kann lediglich aus dem Verhalten einer riesigen Zahl von Elektronen einen hohen Grad von Wahrscheinlichkeit ihres weiteren Verhaltens errechnen, mehr nicht. Was für den praktischen Gebrauch der Physik völlig genügt, eine absolute Gewißheit aber gibt es nicht. Und kein absolutes Gesetz von Ursache und Wirkung.

Wir haben bisher vier Wegweiser in Welten, Zustände oder Dimensionen gefunden, die „jenseits" oder abseits unserer sehr beschränkten und sehr kleinen Alltagswelt liegen, die noch immer von den meisten Menschen als die einzig „wahre" und „reale" angesehen wird:

a) den Zufall, der keiner ist, sondern anderen, uns noch unbekannten Gesetzen unterliegt;

b) die Astrologie, die ebenfalls nicht auf dem einfachen Ursache-Wirkung-Gesetz beruht;

c) die PSI-Kräfte, die weder von Raum, noch von Zeit beschränkt werden und

d) die moderne Physik, die genauso in Bereiche „jenseits" der angeblich „normalen" Welt führt.

Wobei man zum letzten Punkt auch noch das durchaus absonderliche Verhalten der toten oder „schwarzen" Sonnen dazuzählen könnte.

Es gibt aber noch einen Weg, einen Zugang zum „anderen Teil" des Seins — und damit näher zum großen Geheimnis des Todes: Es ist der Traum, der ja nicht umsonst (als Schlaf) „Bruder des Todes" genannt wird.

III

SEGEL IM TRAUMWIND

Sieben bis acht (oder auch neun) Stunden von vierundzwanzig verbringen wir in einem Zustand, der mit den restlichen fünfzehn bis siebzehn Stunden unseres täglichen Seins nichts zu tun hat. Wir schlafen. Und träumen.

Auch wer glaubt, er träume nicht, tut es gleichwohl, er erinnert sich nur nicht daran.

Ein gutes Drittel des Lebens wird von uns mehr oder minder negiert, nicht zur Kenntnis genommen, und wenn, dann nur nebenbei, am Rande sozusagen.

Das Seltsamste aber: Während wir sonst um jede Minute des Daseins weiß Gott was für Aufhebens machen, dieses Dasein-Drittel ist bislang für uns nicht existent, einfach nicht vorhanden.

Noch kein Freizeit-Manager hat sich je darum gekümmert. Abgesehen von einigen Traumforschern von Freud bis C. G. Jung — aber auch die nur, wenn und weil man aus Träumen auf irgendwelche Komplexe (angeblich) schließen kann.

Seit der Mensch auf dieser Erde lebt, hat er geträumt. Das ist eine Tatsache, und der Mensch hat sie einfach zur Kenntnis genommen wie das Lieben oder Essen (das er ja meist auch ohne sonderliches Bewußtwerden tut). Oder den Tod.

Dann kam um die Wende dieses Jahrhunderts Sigmund Freud. Er war Arzt und Psychiater. Und begann als erster, sich wissenschaftlich mit dem Träumen zu befassen. Nicht, weil er davon so viel gehalten hätte, für ihn waren die Träume sozusagen ein Tor zur Seele des Menschen, besser gesagt: seiner Patienten. Und die kamen zu ihm mit ihren Einbildungen und Komplexen.

Heute weiß jeder, was ein Komplex ist — damals wußte man es nicht so genau. Ein Komplex ist, wenn ... nun ja, wenn einer eben einen Tick hat und sich zum Beispiel einbildet, daß er nur dann lieben kann, wenn seine Frau schwarze Strümpfe anzieht. Die regen ihn an, nicht die Frau. Das ist ein Komplex. Wir würden heute vielleicht sagen: Na, dann soll sie sich eben schwarze Strümpfe anziehen, aber der Freud nahm das ernster. In diesem Fall und ähnlichen bohrte er mit Intensität in seinen Patienten herum: Wo lag der Grund der schwarzen Strümpfe? Und dann kam er drauf: Weil einmal die Großmutter des Patienten (als dieser noch ein Baby war) sich umgezogen und dabei schwarze Strümpfe angehabt hatte — das löste in diesem Kind anscheinend einen solchen Effekt aus, daß es den „Schwarz-Strumpf-Komplex" kriegte.

Das war und ist die Heilmethode des Dr. Sigmund Freud: aus Träumen auf verborgene Störungen im Seelenleben der Patienten zu schließen, diese freizulegen und damit auch zu heilen.

Etwa so, daß der geheilte Schwarz-Strumpf-Patient nur noch auf grüne Strümpfe anspricht.

Immerhin: Freud hat den Traum wenigstens als Tatsache anerkannt. Als eine wirkungsvolle Tatsache, als eine Realität.

Während Freud die Träume seiner Patienten analysierte und einen Komplex nach dem anderen entdeckte — währenddem gab es bis dato in Sachen Traum und Träume nur mehr oder minder obskure Traumbüchlein, die etwa besagten, daß eine „große Angst" im (österreichischen) Zahlenlotto gleich der Zahl 90 zu setzen sei und ein fescher junger Mann gleich der 23. Eine Ratte, im Traum gesehen, bedeutete natürlich böse Feinde und ein wackliger Zahn den Verlust eines Familienangehörigen.

Derartige Traumdeutungen kannten schon die Griechen und Römer.

Freud starb in der englischen Emigration, seine Enkelin hat kürzlich als extravagantes Fotomodell Furore gemacht.

Ein Schüler von Freud — mit diesem aber bald zerstritten — war der Schweizer C. G. Jung. Er war sozusagen der zweite Pionier auf dem Gebiet der Traumanalyse.

Pastorensohn und Eidgenosse, nahm er die Sache vielleicht noch ernster als sein Lehrmeister, bohrte tiefer: bis zu den „Archetypen", den „Urbildern" im Underground des Traums. Die angeblich immer und überall gleich sind — der „Alte", die „Frau", der Spiegel, der See und alles mögliche andere.

Auch C. G. Jung hat, wie Freud, Tausende von Träumen katalogisiert und ausrecherchiert. In mehreren Büchern. Er hat Symbole gefunden, die immer wieder auftauchen und eben symbolisch sind und noch viel mehr. Und hat seine Patienten — mit Hilfe der entlarvten Träume — von Magengeschwüren und sonstigen Leiden befreit.

Freud und Jung haben zweifelsohne der Forschung einen großen Impuls gegeben, von dem heute noch Hunderte von Psychiatern leben. Sie sind zu Heiligen auf dem Podest der Traumforschung geworden, der die „Wissenschaft" sonst nur Mißtrauen entgegenbringt.

Obwohl Träumen nämlich — das haben die Mediziner erst jetzt festgestellt — eine echte und höchst anstrengende Tätigkeit ist: In keiner Phase des Daseins ist das Gehirn so aktiv und rege, wie gerade, wenn es sich angeblich und anscheinend ausruht.

Na also — und das nehmen wir einfach nicht zur Kenntnis!? Dabei gäbe es nichts Spannenderes, Aufregenderes als das Träumen. Die Abenteuer des Traums — das weiß jeder — sind zumindest ebenso wirklich und real, wie die des angeblichen Wachseins.

Warum der Unterschied? Er ist durch nichts begründet, außer durch die Vorstellung, daß der eine Zustand „wirklich", der andere aber Einbildung ist. Was bei Gott kein Beweis ist. Würden wir etwa aus irgendeinem Traum nicht mehr aufwachen — wir blieben ewig in ihm und wüßten nichts von einer angeblich realen Welt.

Ein Spaß? Nein, das ist kein Spaß, das ist wahr.

Wer stirbt, geht wahrscheinlich in einer Art von Traum hinüber — und das tut schließlich jeder früher oder später.

Fazit: Der Traum ist kein Blödsinn, nur weil er „anders" ist. Und deshalb ist es höchste Eisenbahn, daß wir uns mit ihm zu befassen beginnen. Wie gesagt: nicht als Wissenschaftler mit Uhr und Meßband, sondern als Hobby-Träumer, als Amateure.

Das Interessante dabei ist, daß auch der Amateur-Träumer zu ungewöhnlichen Ergebnissen kommen kann (wie ein Hobby-Briefmarkensammler zu einem seltenen Stück), die ihn weit, weit über das Alltägliche hinausführen. Bis an fremde und ferne Ufer abseits der Zeit und dem Spiel von Ursache und Wirkung.

Träumen, bewußt träumen, kann ein Hobby sein (billig ist es auf jeden Fall), aber noch viel mehr: eines der größten Abenteuer des Menschseins überhaupt.

Zeit — Traum — Reisen

Mein Sohn Johannes ist siebzehn Jahre alt und geht in die siebente Klasse des Realgymnasiums. Er ist ein mittelmäßiger Schüler, aber auch kein Nachhinker, der Hauslehrer braucht. Mein Sohn Johannes ist gesund und völlig normal, von mir — so gut ich es kann — aufgeklärt, er trinkt und raucht (bisher) nicht, ist kein Halbstarker, aber auch kein Duckmäuser.

Und doch ist mein Sohn Johannes anders als meine anderen Kinder. Das habe ich erst nach und nach bemerkt. Er hat seltsame Träume und unternimmt in ihnen Zeitreisen. Vielleicht hätte man ihn früher als „Medium" bezeichnet.

Auf seine eigenartigen parapsychologischen „Beziehungen" draufgekommen bin ich vor etwa fünf Jahren, als er mir von seinem „Geist" zu erzählen begann, mit dem er sich öfters unterhielt. Nun, das tun (wenn man den Psychologen glauben darf) 60 bis 80 Prozent aller Kinder, nur sprechen sie nicht davon, um nicht ausgelacht zu werden. 60 bis 80 Prozent aller Kinder haben solche „Geister" — Abspaltungen der eigenen Persönlichkeit, die mit dem Eintritt der Pubertät wieder verschwinden.

Der Geist meines Sohnes Johannes hörte auf den komischen Namen „Kwurzel" und gab ihm nicht nur positive Ratschläge (wie die Lösung mathematischer Aufgaben in der Schule), sondern auch mitunter böse Tips zum Anstiften von Unfug aller Art. Es war also ein recht menschlicher Geist.

Wie es sich für einen modernen Vater gehört, nahm ich den „Kwurzel" durchaus ernst und ließ mir von Johannes erzählen, was er sage und treibe. Bis er — wie zu erwarten — eines Tages auf Nimmerwiedersehen verschwand. Womit die Sache ja erledigt gewesen wäre.

Aber dann kam mein Sohn Johannes — eingedenk des ihm von mir geschenkten Vertrauens — eines Tages und erzählte mir eine andere Geschichte, die wesentlich anders war, denn in ihr ging es nicht um einen unsichtbaren Geist namens „Kwurzel", sondern . . .

„Weißt Du, Papsch", sagte Johannes, „der ‚Kwurzel' ist ja weg, aber ich träume jetzt immer wieder die gleiche Geschichte: Ich bin in diesem Traum nicht ich, sondern heiße Charlie Overhusen und bin ein Sergeant bei den ‚Royal-Riffles' im Ersten Weltkrieg. Ich bin da ungefähr 35 Jahre alt, habe einen Bart und gerade Urlaub in London gemacht, wo meine Frau wohnt. Und im Traum ist es immer wieder die gleiche Situation: Ich stehe in einem Schützengraben an der Westfront. Es regnet und alles ist schlammig. Hinter mir sehe ich zerfallene Häuserfronten, es muß in Belgien oder Holland sein. Der Graben ist ungefähr zwei Meter tief — vor uns sind die Deutschen. Es ist Herbst und kalt. Ich habe ein Blatt der ‚Daily-Mail' in der Hand und drehe mir daraus eine Zigarette. Der Tabak ist auch feucht und will nicht brennen. Ich bin sehr zornig und schimpfe mit den Leuten meiner Gruppe herum. Die Zeitung dürfte vom November 1917 sein — wir haben kein Zigarettenpapier, nur Tabak.

Alles ärgert mich, vor allem der Schlamm. Ich denke noch zurück an meinen Urlaub und sehe die engen Straßen von London und die doppelstöckigen Omnibusse dort herumfahren. Meine Frau heißt Maud.

Und dann kommt auch immer wieder dasselbe: Die Deutschen schießen und greifen an. Einer meiner Männer rennt nach vorne. Eine Granate kommt und heult herab. Der Mann fällt, die Granate explodiert, und dann ist alles nur noch Bersten und Krachen und finster . . ."

Diesen Traum hat mir mein Sohn Johannes ungefähr zwanzigmal erzählt. Mit immer neuen Einzelheiten —

über das Gewehr, die Zeitung, die Uniform, die er als Charlie Overhusen anhatte und so weiter. So gut ich konnte, habe ich mich bemüht, seine Erzählung zu verifizieren — oder zu widerlegen.

1973 kam ich in Bad Ischl mit einem alten Engländer zusammen — zufällig bei einer Theatervorstellung (meine Frau wirkt dort jedes Jahr mit und deshalb sind wir im Sommer dort) — der Mann war im Ersten Weltkrieg an der Westfront gewesen. Ganz vorsichtig fragte ich ihn aus — über die Uniformen (Farbe und Aussehen der Knöpfe und die Rangabzeichen und so weiter) und er staunte immer mehr, woher ich das wüßte.

Tatsache: die „Royal-Riffles" waren 1914/1917 an der Westfront in Belgien, und es gab tatsächlich eine Zeit, da gab es kein Zigarettenpapier, und sie drehten sich ihre Zigaretten aus Zeitungsblättern — „oh — es schmeckte nicht gut . .." sagte mein Engländer. Was ich ihm glaube. Aber was soll ich meinem Sohn Johannes glauben? Ist er, war er Charlie Overhusen (das muß wohl ein holländischer Name sein, der eines eingewanderten Niederländers)? Der 1917 von einer deutschen Granate getötet wurde?

Eine Familie dieses Namens war in London nicht feststellbar.

Eigenartig in diesem Zusammenhang ist vielleicht noch eines: Meine Tochter Sylvia (24) aus erster Ehe ist seit 1962 in London, sie arbeitet dort als Sekretärin in einem Klub. Und sie erzählt mir immer wieder (wenn sie einmal nach Wien kommt), daß London die einzige Stadt sei, in der sie leben möchte. Sie hat jetzt dort ein Haus gekauft und wird nie mehr zurückkommen. Dabei ist sie in Tirol aufgewachsen und nur ganz zufällig nach London geraten.

Und mein Sohn Johannes hat in Englisch eine „4“ und er haßt diese Sprache — die er im Traum spricht. Als Charlie Overhusen.

Und jetzt bitte ich Sie — wie Sie hier sitzen und lesen: Geben Sie mir eine Antwort, was ich von meinem Sohn und dem Charlie Overhusen halten soll ...

Nur eine mögliche Antwort bitte ich auszulassen: es ist die mit der „Wiedergeburt“. Vielleicht gibt es sie in Einzelfällen, aber sehr glaubhaft und wahrscheinlich ist diese Theorie nicht. Stellen Sie sich doch nur eines vor: Wir haben heute ungefähr drei Milliarden Menschen auf der Erde (gleichzeitig). Noch vor hundert Jahren waren es ein paar hundert Millionen. Woher kämen denn alle anderen?

Es dürfte das ganze doch etwas komplizierter sein.

Nachdem mir mein Sohn Johannes die Geschichte des Charlie Overhusen zum neunzehntenmal erzählt hatte, sagte ich ihm: „Jetzt könntest Du aber eigentlich einmal in eine andere Zeit reisen, von diesem Schützengrabendreck haben wir langsam genug ...“

Er tat es, und vor mir liegt ein schriftliches Protokoll, das ich mit ihm aufgenommen habe. Es stammt vom 8. Dezember 1972 und schildert in Schlagworten den Traum, den Johannes in der Nacht zuvor hatte.

In diesem (eigentlich programmierten) Traum geschah folgendes:

Johannes stieg mit einem Unbekannten in einen Lift. Der Fremde mochte ungefähr 40 Jahre alt sein und trug eine Art „Mao-Gewand“, einen Overall also oder dergleichen.

Der Fremde drückte auf den „fünften Stock“ und der Lift fuhr an. Hielt.

Der Fremde sagte: „Das ist das Jahr 2000.“ Draußen war es kalt und unwirtlich. Johannes ging mit dem Unbekannten in den Lift zurück und dieser drückte einen anderen Knopf. Eine Leuchttafel zeigte wieder ein Datum an: den 13. August 1623.

Johannes und der Fremde gingen aus dem Lift hinaus (der unsichtbar wurde, aber doch „da" war), und Johannes sah eine Landschaft mit einem verfallenen Dorf, vor dem auf einer Wiese zwei Pferde grasten. Johannes und der Fremde bestiegen die Pferde und ritten ins Dorf, das leer und unbewohnt war. Es roch nach Mist und Stall, aber es war kein Mensch zu sehen. Sie ritten zurück zu jener Stelle, an der der „Lift" „markiert" war, ohne daß man ihn sehen konnte.

Der Unbekannte im Mao-Look gab die Anweisung, einen anderen Knopf zu drücken. Johannes tat es, der Lift fuhr mit merklichem Andruck an. Die Leuchttafel zeigte das Jahr 400 nach Christi.

Sie stiegen aus. In der Nähe hielt ein seltsamer Wagen mit Pferd. Ein römischer Reisewagen (wozu zu bemerken ist, daß Johannes zum Zeitpunkt dieses Traumes im Realgymnasium noch keine römische Geschichte gelernt hatte), der die Anhalter mitnahm. Sie kamen in ein Lager, ein Legionslager (das konnte Johannes erst ein Jahr später konstatieren). Soldaten in ziemlich schäbigen Uniformen liefen herum und achteten kaum auf die Fremden. Zum Teil zeigten sie sich ausgesprochen mißtrauisch.

Der Fremde sagte zu Johannes: „Wir müssen hier wieder weg, sonst werden wir noch verhaftet und verhört. Die da sind ängstlich und mißtrauisch und haben Angst vor den Barbaren.

Und sag' ja nichts über die Technik, die Du kennst, und Deine Zeit — das könnte böse Folgen haben. Wir müssen wieder zurück!"

Sie gingen aus dem Lager, der Fuhrwerker wartete. Im (wieder sichtbar werdenden) Lift programmierte der Mann im Mao-Gewand eine andere Taste, das Leuchtblatt zeigte das Jahr 1900 vor Christi Geburt.

Eine flache, römische Landschaft, Pferde. Ein Ritt zum riechbar nahen Meer. Eine Landestelle, ein kleines Schiff. Ein Boot mit kleinen Segeln, etwa 20 Meter lang. Keine Ruderer sichtbar, also keine Galeere. Der Fahrpreis ist das eine der beiden Pferde.

Nach Tagen landen sie in einer ägyptischen Stadt, einer kleinen Stadt am Meer. Es ist Markttag. Halbnackte Kinder rennen den beiden seltsamen Fremden nach und betteln sie an, einige Leute fragen, woher sie kämen. Johannes versteht ihre Sprache. Sein Begleiter sagt ausweichend: „Wir kommen aus den Nordstaaten . . .“

Am Markt ist Hochbetrieb. Johannes hätte gerne ein Andenken mitgenommen. Er sieht sich den Stand eines Händlers an, der Amulette mit „Nilschlüsseln“ (gegen alle Krankheiten) und auf Holz gemalte Hieroglyphen feilbietet.

Johannes möchte so ein Täfelchen haben, hat aber kein Geld. Er will seine Uhr dafür hergeben. Der Unbekannte aus dem Lift verbietet das: das könnte Zeit-Folgen haben, eine Uhr darf im alten Ägypten nicht auftauchen. Johannes findet in seiner Tasche eine Sicherheitsnadel. Die bietet er dem Händler zum Tausch an — dagegen hat der Fremde nichts, das wird man übersehen. Der Händler nimmt die Sicherheitsnadel, beißt prüfend in sie hinein (ob sie nicht aus minderwertigem Metall ist), akzeptiert sie und gibt ein Täfelchen dafür her.

Johannes und der Fremde kehren (wie, ist nicht ersichtlich) zum „Lift“ zurück. Versuchen, in die Jetztzeit zu kommen — landen aber zunächst im Jahr 1979 — gehen zu Fuß durch einen Wald, sehen ein Dorf und treffen einen Bauer, der sagt, daß in den großen Städten Aufstände toben und die Luft ganz schlecht sei.

Sie gehen also zum Lift zurück und diesmal klappt es — 1972, die Jetztzeit kommt. Der Fremde bleibt im Lift, der verschwindet. Johannes wacht auf. Vermutete Dauer des Traumes: zwei Stunden.

Natürlich hat er die Tafel nicht mitgebracht — und ob aus seiner Tasche eine Sicherheitsnadel fehlt, ist nicht mehr festzustellen. Tatsache: Die ersten „Fibeln" (sicherheitsartige Klammern für Gewänder) tauchen um das Jahr 1900 vor Christi in Ägypten auf — hat der schlaue Händler von „damals" sie nachfabriziert? Ist Johannes damit indirekt zum „Erfinder" einer Technik von vorgestern geworden?

Wer war der Fremde im Lift?

Johannes geht jetzt in die siebente Klasse des Gymnasiums. Unter den Büchern, die er (gratis) bekommen hat, ist auch ein Geschichtsbuch. Und darin kann man lesen, daß um das Jahr 400 die Römer zum erstenmal vor den Einfällen der „Barbaren" bangten — auch das stimmt also. Damals überrannten die Germanen die Grenzen im Norden, fiel Carnuntum und fiel Vindobona. Und die Legionen waren nur noch schlecht armiert, verpflegt und gekleidet. Auch das stimmt also.

P. S.: Kürzlich sprach ich mit einem Historiker und fragte ihn, was der Ausdruck „Nordstaaten" in Ägypten wohl bedeutet haben mag. „Ach, mein Gott, das war für die Ägypter (jedenfalls im mittleren Reich) etwas ganz fernes und fremdes und unbekanntes — Sibirien oder der Nordpol, aber noch viel ferner . . ."

„Mhh —" sagte ich, und sonst nichts mehr. Jetzt gerade war mein Sohn Johannes bei mir an der Schreibmaschine. „Weißt Du, was die ‚Nordstaaten' sind?" „Nein . . ." „Aber das hast Du mir doch erzählt, hier ist das Protokoll . . ." „Ach so . . .?"

Er hat das also selbst schon vergessen. Samt seiner Sicherheitsnadel. Es ist nur komisch, daß er genau den Ausdruck verwendet hat — oder hat das sein Begleiter getan — der passend gewesen wäre, wenn damals (um 1900 vor Christi) irgendwer seine Abkunft hätte verschleiern wollen. In Ägypten.

Die römische Ohrfeige

„Nein — sie waren bunt, ganz bunt bemalt . . .“ „Wer?“ „Die Häuser in Rom . . .“

„Bist Du schon wieder in der Zeit gereist . . .?“

„Ja, Paps — und es war sehr komisch.“

„Also dann erzähl“ (das Folgende ist eine Tonbandwiedergabe):

„Also, die Häuser waren bunt und ich war in Rom und der Fremde war auch wieder da. Die Häuser hatten zum Teil drei und vier Stockwerke. Und in den Gassen stank es fürchterlich nach Fischen. Aber da war ein Haus, das war nicht bunt, sondern weiß — es gehörte einem Bildhauer. Ein alter Meister, der unerhört stolz war, daß eine Statue von ihm in einem Tempel am Forum stand. Er machte viele Statuen, sozusagen in Serie. Laren, Hausgötter, am laufenden Band. Fünf Gesellen halfen ihm dabei.

Als ich mit dem Fremden (in meinem Traum) dorthin kam, hieb der Meister einem von ihnen gerade eine fürchterliche Ohrfeige herunter: Der Bursche hatte vom Dreizack eines bestellten Neptuns eine Zacke abgebrochen. Gleichzeitig knarrte ein Karren mit Steinen heran — neues Material für den Bildhauer. Der Fuhrwerker und Inhaber der Steine verhandelte lange und zähe mit dem Meister, der nur die Hälfte des geforderten Preises bieten wollte. Wie es sich so ergibt, nannte der Verkäufer (irrtümlich) zuletzt einen zu niederen Preis, der Meister der Neptun-Serienproduktion schlug ein — und der Verkäufer wurde bleich. Er beschwor Jupiter und alle anderen Götter, er schrie nach der Miliz, der Stadtpolizei, aber es gab Zeugen, und der grauhaarige Meister ließ die Steine, die er so billig eingekauft hatte, abladen.

Es war urkomisch und wir lachten sehr. Ich und der Fremde.

In diesem Fall war der Fremde zudem noch ein Römer und lud mich zu einer Segelfahrt nach Spanien ein. Wir fuhren mit einer Galeere. Gleichzeitig war das auch ein Handelsschiff.

Das Deck war groß und breit und unter dem Gitter in der Mitte konnte man die Sklaven sehen, die unten ruderten.

Die Luft war lau, das Wetter prächtig, und in der Sonne funkelte mein vergoldeter Brustpanzer, den mir mein Freund geschenkt hatte.

Eigentlich wollten wir nach Afrika, aber schon kurz nach der Ausfahrt sahen wir, wie nur einige hundert Meter von uns entfernt ein anderes Kauffahrtsschiff von Piraten überfallen wurde. Wir machten also einen großen Bogen und nahmen Kurs nach Spanien. Und kamen gut an. Ohne Piraten. Die Ladung wurde gelöscht und wir fuhren in ein Lager. Dort wartete der Fremde auf mich und wir gingen weg . . ."

Ich habe einen in Ehren ergrauten Gymnasialprofessor (weshalb ich seinen Namen auch nicht nennen darf, aber es stimmt) gefragt, was eine Tonne Marmor in Rom ungefähr gekostet haben mag.

„Sechzehn bis siebzehn Talente . . ."

„Und für acht hat sie der Dummkopf hergegeben . . ."

„Wer?"

Es wäre zu umständlich gewesen, ihm zu erklären — warum der Meister so böse war (weil der Geselle die Zacke abgebrochen hatte) und deshalb so hart verhandelte, und wie es dazu kam, daß der Verkäufer sich irrte. Und nach der Polizei rief.

Nachbemerkt: Es stimmte nach den Erläuterungen des Gymnasialprofessors i. R. auch alles andere, was Johannes berichtet hatte — Art und Farbe des ihm geschenkten Brustpanzers, sein Gewand, das Aussehen der Häuser in Rom und das „rostrum", das Gitter im Deck des Schiffes, unter dem die Sklaven ruderten — Johannes kannte alle diese Dinge nicht.

Im übrigen: Seit seinen Ausflügen in die ägyptisch-römische Vergangenheit hat er keine solchen Traum-Zeit-Reisen mehr unternommen und mir erzählt, er ist also doch kein „Medium".

Kumorah und Qumran

Wir wollen uns jetzt gar nicht mit Spekulationen aufhalten, ob mein Sohn Johannes nur „geträumt" hat (was auf jeden Fall sehr seltsam und nicht minder unerklärlich wäre), oder tatsächlich Zeit-Reisen erlebt. Ich möchte jetzt eine andere Geschichte erzählen, die keine Geschichte ist und die jeder, aber auch wirklich jeder, nach Belieben nachprüfen kann: Als ich am Manuskript zu meinem Buch „Jesus Christus — Erbe der Astronauten" arbeitete, das 1973 im Verlag Kremayr & Scheriau in Wien erschienen ist, lieh mir der Lektor des Verlages, Herr Dr. Mayr, das „Buch Mormon". Das ist sozusagen die Bibel der Mormonen, der „Kirche Jesu Christi der Heiligen der letzten Tage" (erstmals veröffentlicht 1830).

Um es kurz zu sagen: Es sind die Visionen (die Mormonen halten sie für Realitäten) des amerikanischen Farmersohnes Joseph Smith, der Anfang des 19. Jahrhunderts in Amerika lebte und meinte, von einem Engel „goldene Platten“ mit einer ganz anderen als der christlichen Bibel empfangen zu haben. Wonach — um nur etwas zu erwähnen — die Ureinwohner Amerikas einer der verschollenen Stämme Judas sein sollen.

Das hat aber gar keinen Belang für und zu unserer Betrachtung — ich konnte mit dem Buch Mormon nicht viel anfangen, da ich ohnedies ein ungläubiger Ketzer im kirchlichen Sinne bin; aber ich stieß in dieser mehr als seltsamen Geschichte auf eine Stelle, in der Joseph Smith (er diktierte das Buch in medialem Zustand und hinter einem Vorhang hervor verschiedenen Leuten) von einer „Schlacht“ spricht, die irgendwann einmal in Amerika zwischen den (angeblich) eingewanderten Juden und anderen Menschen bei einem Hügel namens *„Kumorah“* stattgefunden haben soll — wo er (Smith) dann (angeblich) auch die „goldenen Platten des Mormon“ gefunden haben will.

Das alles für einen Blödsinn zu halten, ist das gute Recht jedes Menschen, sofern er kein Mormone ist.

Was mich nachdenklich stimmte, war nicht das Buch an sich, sondern war und ist der Name des Hügels, in dem der Farmersohn Joseph Smith 1823 die „goldenen Platten des Mormon“ gefunden haben will. So habe ich das jedenfalls verstanden. Interessant und entscheidend ist allein der Name, den Smith in seinem Diktat erwähnt. Der Hügel heißt (bei ihm), wie schon erwähnt, „Kumorah“.

Und jetzt kommt das seltsame: 1960 wurden auf der Halbinsel Sinaï jahrtausendealte Schriftrollen der vorchristlichen Sekte der Essener gefunden. Sie befinden sich heute im jüdischen Nationalmuseum in Tel Aviv und sind nebenbei geeignet, einige christliche Lehren und Ansichten zu widerlegen. Auch das hat hier keinen Belang. Entscheidend ist wieder der Name des Ortes, des Hügels bei und in dem diese Schriftrollen gefunden wurden. Er heißt nämlich „Qumran" (phonetisch: Kumran), und als „Funde von Qumran" sind die Schriftrollen in der Wissenschaft bekannt.

Der Name „Kumorah" wurde 1823 von Joseph Smith erstmals gedacht oder gefunden — der Name „Qumran" tauchte 1960 erstmals auf, vorher kannte ihn niemand. Über hundert Jahre nach dem Tod des Mormonen Smith.

Hat er den Namen sich nur eingebildet — oder vorausgesehen? Hat er, der behauptete, daß ein Stamm der Juden in vorgeschichtlicher Zeit nach Amerika gekommen wäre, vorweggenommen (so wie 1971 der Wiener Jude Wiesenthal in einem Buch behauptete, Kolumbus sei auch ein Jude gewesen und habe auf der Suche nach einem verschollenen Stamm des Hauses Israel Amerika entdeckt)?

Das „Buch Mormon" (1852 erstmals ins Deutsche übersetzt) liegt hier vor mir. Ich gestehe, daß ich es nicht ganz durchgelesen habe; ich halte nichts davon, das ist meine persönliche Ansicht. Ich muß es jetzt dem Dr. Mayr endlich zurückgeben. Mitsamt der weiterhin ungeklärten Frage, wie der recht unbedarfte Amerikaner Joseph Smith im Jahre des Heils 1823 auf den Namen „Kumorah" kam, der erst wieder 1960 (als Qumran) literarische Bedeutung bekam. Nachdem man dort die alten Papyri gefunden hatte.

Aber wir wollen auch dabei noch nicht halt machen, sondern weitergehen in der Aufzählung von scheinbaren alogischen Merkwürdigkeiten.

Um den „Gag" jetzt schon vorwegzunehmen: Es gibt keine A-Logik und keine Anti-Logik, es gibt nur Dinge und Ereignisse von *verschiedener* Logik.

Zu den Dingen von einer „anderen“ Logik gehört die (durch eine Reihe von Berichten belegte) Geschichte von jenem deutschen Fliegerleutnant, der im Ersten Weltkrieg etwas Merkwürdiges erlebte. Er befand sich im Jahr 1918 als Aufklärer auf einem Erkundungsflug über Frankreich. Er kam zurück und meldete, daß auf dem Bahnhof „X“ eine Menge von Panzern ausgeladen würde. Das habe er selbst gesehen. Die deutsche Heeresführung wollte nicht so recht daran glauben. Man sandte Spähtrupps aus, und die stellten fest: auf dem Bahnhof „X“ wurden keine Panzer ausgeladen, nichts dergleichen hatte dort stattgefunden.

Dem Fliegerleutnant drohte das Kriegsgericht wegen bewußter Falschmeldung. Er hatte Glück: Ein paar Wochen später unternahmen die Deutschen einen Vorstoß und eroberten dabei auch den Bahnhof „X“ (wo der Leutnant die Panzer gesehen haben wollte).

Und dort fand man Unterlagen der französischen Heeresführung, aus denen hervorging, daß genau an dem Tag, an dem der Leutnant mit seinem Flugzeug unterwegs war, Panzer und Truppen im Bahnhof „X“ *hätten ausgeladen werden sollen;* sie wurden aber nicht transportiert und ausgeladen, weil die ganze Planung geändert worden war! Der Leutnant hatte also etwas gesehen, was Wahrheit hätte werden sollen und können, aber keine wurde . . .

Diese Geschichte ist ein Gegenstück zum Fall des Mormonen-Sektengründers Smith: der dachte (oder träumte) einen Namen, den es zu seiner Zeit als Realität noch gar nicht gab — und er wurde später im Zusammenhang mit religiösen Dingen eine „Wirklichkeit“; der deutsche Fliegerleutnant des Ersten Weltkriegs sah eine *mögliche* (aber nie realisierte) Zukunft.

Vielleicht klingt es jetzt weniger komisch, wenn ich die Vermutung ausspreche, daß mein Sohn Johannes die

Sicherheitsnadel „erfunden“ haben könnte — (indem er sie einem altägyptischen Händler verkaufte). Bei allen solchen Sachen, die an das (scheinbar) Irreale grenzen, bleiben die Autoren gerne den Beweis schuldig. Ich kann ihn im Fall des deutschen Weltkrieg-Fliegers natürlich nicht führen, denn der Mann ist längst tot. Mein Sohn Johannes aber lebt Gott sei Dank, und seine Träume habe ich auf Tonband genommen. Und: Das „Buch Mormon“ mit dem komischen Namen „Kumorah“ ist überall käuflich, und die Mormonen werden sich sicher freuen, wenn Sie es erwerben sollten, um darin nachzulesen.

Eigentlich sollten ja in diesem Buch keine der Geschichten erzählt werden, wie sie oft erzählt werden, um damit ein Jenseits oder ein Fortleben nach dem Tode zu untermauern oder gar zu „beweisen“. Wurde soeben gegen diesen Vorsatz gesündigt? Nein — denn mit den Zeitreise-Träumen meines Sohnes und der Geschichte des Mormonen Smith ist ja keineswegs etwas bewiesen oder bestätigt.

Es ist damit aber eines geschehen: Ein Hinweis auf eine weitere Merkwürdigkeit unserer eigenen Persönlichkeit erfolgt. Daß sie nämlich allem Anschein nach in der Lage ist, zumindest im Traum die Barrieren der Zeit zu überwinden, daß sie selbst also zeit-los ist, wie auch die PSI-Energien nicht an Zeit und Raum gebunden sind.

Am Rande ergibt sich dabei die interessante Frage, ob mein Sohn nun wirklich und leiblich — als Zeitreisender — in der römischen und griechischen Geschichte herumschwirrte oder ob er das gewissermaßen nur als „Geist“ tat. Und man könnte sehr provokant weiterfragen, ob es nicht vorstellbar wäre, daß wir ab und zu irgendwo Menschen begegnen, die eigentlich auch nicht von da und „jetzt“ sind, sondern Gäste aus einer anderen Zeit — die sich natürlich auch unauffällig bewegen und benehmen würden, um kein Zeit-Paradoxon, keine Zeit-Unmöglichkeit zu setzen. Eine Spekulation, mehr nicht.

Und noch eine Frage: Gibt es eine Möglichkeit, daß wir auch in die Zukunft träumen — und was sehen wir dann? Die Zukunft, wie sie sein wird, oder eine mögliche Zukunft, die sein kann, aber nicht sein muß? Gibt es also mehrere, ja eine ganze Reihe von „Zukünften"?

Die Bejahung dieser Frage wäre eine Antwort auf die Tatsache, daß Hellseher manchmal mit absoluter Sicherheit Zukünftiges voraussagen, manchmal aber ebenso total irren — wie jener Fliegeroffizier im Ersten Weltkrieg.

Je weiter wir uns in die Bereiche begeben, die buchstäblich „am Rande" unserer schein-realen Welt liegen, desto abenteuerlicher wird es. Dabei brauchen wir gar nicht zu phantasieren und spekulieren, sondern nur unser Bewußtsein aus seiner Starre lösen und beweglicher machen.

Das ist gewiß nicht immer leicht und angenehm — aber letzten Endes bleibt es uns nicht erspart; einmal, am Ende unseres hiesigen Daseins, geschieht es so und so. Zumal es ja das noch immer im Grunde ungelöste Problem des Träumens gibt, das eingangs dieses Kapitels angeschnitten wurde und mit dem wir Tag für Tag oder: Nacht für Nacht, konfrontiert sind.

Wir können uns ihm entziehen, es nicht zur Kenntnis nehmen — oder versuchen, etwas damit anzufangen. Den Beginn eines neuen Denkens und eines neuen Sehens der Welt. Der ganzen „Welt" und nicht nur der, in die wir tagsüber eingekapselt sind.

Und wie ein Hobby-Bastler oder Hobby-Astronom durch seine Beschäftigung eine ganz neue Sicht der Zusammenhänge und Gesetze seines Fachgebietes erlangt, kann der „Hobby-Träumer" auch zu hochinteressanten Erkenntnissen und Antworten auf ihn berührende Fragen kommen: etwa eine Antwort auf die immer wieder gestellte Frage finden, ob der Mensch (also er auch) „nur“ eine Art höhere Maschine sei, oder doch etwas mehr. Ob künftighin vielleicht Computer den Menschen „ersetzen“ und ein eigenes Bewußtsein entwickeln könnten.

Wir brauchen nur dem Traumweg zu folgen ...

Warum Hellseher irren

Im Sommer 1944 hatte ich einen Traum: Ich sah mich inmitten eines tobenden Kampfes am Ufer der Moldau in Prag in Deckung liegen und fühlte körperlich-deutlich, wie ich von mehreren Schüssen getroffen wurde. Damals dachte niemand daran, daß es in Prag zu Kämpfen kommen könnte. Die Stadt galt als der ruhigste und sicherste Ort in Mitteleuropa. Anfang 1945 sollte ich nach Prag versetzt werden, konnte dies aber verhindern. Das geschah nicht des Traumes wegen, sondern aus rein privaten Gründen. Vier Monate später brach in Prag der Aufstand los und fast alle Angehörigen der Dienststelle, zu der ich hätte versetzt werden sollen, fanden den Tod. Im Kampf am Moldauufer, genau wie ich es „erlebt“ hatte. Der Traum wäre also eine völlig zutreffende Zukunftsschau gewesen, wenn ich nicht aus eigenem Willen den Dingen einen anderen Ablauf gegeben hätte.

Der Fall zeigt deutlicher als lange Erklärungen, warum Hellseher bei Voraussagen so oft irren.

Das Geschehen der Zukunft ist einem weitverzweigten Schienennetz vergleichbar. Es gibt viele Abzweigungen, und welche Strecke ein Zug nehmen wird, hängt von einer Reihe freier Willensentscheidungen ab. Jener der Bahndirektion, des Fahrdienstleiters und des Zugführers zum

Beispiel. Der Außenstehende kann sie nicht voraussehen. Er „sieht“ vielleicht ein einzelnes Geleise, das der Zug nehmen kann, aber nicht muß. Fährt er dort ein, ist sein Weg bis zur nächsten Weiche bestimmt und klar — die Vorausschau trifft zu. Wurde jedoch eine Weiche anders gestellt, so „gibt“ es zwar das Geleise genauso, aber als unerfüllte Möglichkeit — und die Voraussage war „falsch“.

Die Schicksalsspuren scheinen festgelegt zu sein; ihre Wahl jedoch ist — zumindest von unserem zeitlichen Standpunkt aus betrachtet — ganz frei.

Es ist ähnlich wie beim Schach, das nicht umsonst als das „königliche“ Spiel bezeichnet wird und nach indischer Überlieferung ein uraltes Gleichnis für das Schicksal ist.

Am Anfang ist die Partie völlig offen, mit jedem Zug aber legt sich der Spieler in eine bestimmte Richtung fest. Dennoch hat er immer die Wahl zwischen verschiedenen Möglichkeiten — bis zum „Matt“, das keine freie Entscheidung mehr zuläßt.

Nicht viel anders ist es im Leben. Dauernd werden wir vor Entscheidungen gestellt; vor große oder kleine. Die Wahl ist frei, doch wenn wir gewählt haben, gibt es kein Zurück auf dem gleichen Wege, aber bald eine neue Wegkreuzung mit neuen Auswahlmöglichkeiten, deren Zahl beliebig groß, aber auch fast Null sein kann.

Jesus von Nazareth, von seinen Jüngern über Zeit und Umstände des von ihm angekündigten Weltendes befragt, sagte (nach Markus): „Um jeden Tag oder die Stunde weiß niemand. Weder die Engel im Himmel noch der Sohn, als allein der Vater.“

Nur für „Gott“ liegt die Zukunft fest, nur von der absoluten Zeitlosigkeit her präsentiert sich alles Geschehen nicht als ein Ablauf, sondern als ein seiendes Ganzes. Als ein gigantischer Teppich mit Myriaden verschlungener

Fäden. Wir und alle Dinge sind die Fäden, die ununterbrochen gewirkt werden und sich selber wirken — und doch ist der Teppich immer auch „fertig".

Beides ist — je nach dem Standpunkt — „wahr": die absolute Freiheit der Entscheidung und die absolute Vorherbestimmung, ein Paradoxon, das unserem vierdimensionalen Verstand für immer unfaßbar sein wird.

Demgegenüber ist die Erklärung, wie ein Blick in die Zukunft zustande kommen kann, ziemlich einfach. Der amerikanische Mathematiker Francis Martin verwendet hierfür das schon bekannte Beispiel der Kugel, auf deren Oberfläche wir leben: Das Leben fließt gewissermaßen um die Kugel herum und die Zukunft liegt infolge der Krümmung hinter dem Horizont. Gelänge es jemand, sich über die Oberfläche zu erheben oder durch die Kugel hindurchzusehen, würde er ein Stück „Zukunft" wahrnehmen. Undeutlich zwar, aber doch.

Es bleibt allerdings die Frage, *welche* Zukunft er sähe ...

Unsere bisherige Erfahrung läßt nämlich vermuten, daß es nicht nur eine, sondern mehrere (oder sogar sehr viele) „potentielle Zukünfte" gibt, die alle gleichermaßen wahr und richtig sein können. Jedenfalls von unserem Standpunkt aus.

Wenn jemand v o r dem anrollenden Zug (der Zeit) die Zukunft erreichte, könnte er (indem er das „dortige" Geschehen beeinflußt) die Weichen nach Belieben stellen und damit die Entwicklung vorherbestimmen. Vorausgesetzt, daß ihm unsere zukünftigen Nachkommen Gelegenheit dazu böten.

Immerhin ist dies alles noch irgendwie denkbar. Ungleich komplizierter ist die Sache mit der in vielen utopischen Geschichten so gerne geschilderten Reise in die Vergangenheit. Es ist gewiß sehr amüsant zu lesen, was heutige Zeitreisende etwa in der Antike oder im Mittelalter alles erleben und an Abenteuern bestehen würden, zumal mit der angenehmen Rückversicherung, daß sie jederzeit in die Gegenwart zurückkehren könnten.

Die möglichen Konsequenzen eines solchen Unternehmens sind jedoch geradezu ungeheuerlich, denn

> jede Handlung, die in der — für uns ja festliegenden — Vergangenheit gesetzt würde, müßte Folgen für unsere Gegenwart haben, könnte sie unter Umständen sogar überhaupt in Frage stellen und zu Nichts werden lassen.

Dazu wäre es nicht einmal nötig, so spektakuläre Eingriffe vorzunehmen, wie zum Beispiel die Ermordung von Julius Caesar zu verhindern, oder Ludwig XVI. vor dem Schafott zu retten — es könnte durchaus genügen, irgend jemand von einer Reise abzuhalten (oder ihn dazu zu veranlassen), um eine wahre Lawine unvorhergesehener — und tatsächlich ungeschehener — Ereignisse heraufzubeschwören, die in letzter Folge auch verhindern könnten, daß einer der Zeitreisenden überhaupt geboren würde. Mit einem Wort, es gäbe ein furchtbares Durcheinander mit unabsehbaren Folgen.

Um ein solches „Paradoxon“ wenigstens theoretisch auszuschließen, bleibt nur die — einige Gedankenakrobatik erfordernde — Annahme, daß die Schicksalsspuren der Vergangenheit fest in den „Zeit-Boden“ eingegrabenen Wagenspuren gleichen und eine „Landung“ nur in ihnen und nicht außerhalb von ihnen erfolgen könnte.

Dann nämlich wären die Zeitreisenden und ihre Handlungen sozusagen im historischen Ablauf bereits mit „eingeplant“, das heißt, sie m ü ß t e n Wirklichkeit werden, um die Geschichte so zu gestalten, wie sie (für uns) „ist“.

Allerdings werden wir selbst bei genauester Durchforschung der Historie kaum auf die Spuren von „Zeit-Läufern" stoßen und auch so mysteriös auftauchende und verschwindende Persönlichkeiten, wie einen Nostradamus oder Cagliostro nicht als Besucher aus der Zukunft betrachten dürfen. Mit einer Ausnahme vielleicht:

Es wäre in keiner Weise absurd, anzunehmen, daß *ein Teil* jener „Götter", die in der Vergangenheit in die Entwicklung der Erde und der Menschen eingegriffen haben, *nicht* aus dem Weltraum kam, sondern aus unserer eigenen Zukunft!

Wie und warum sie das getan hätten, bliebe jedoch unklar. Um die Vergangenheit zu ändern, um die eigene Entwicklung zu beeinflussen? Wir wissen es nicht.

Die Wahrscheinlichkeit, daß ein solcher Eingriff aus der Zukunft erfolgte (oder, anders gesagt, erfolgen wird; es kommt bei der Definition nur auf den Zeit-Standpunkt an), ist übrigens nicht allzu groß. Denn die vielleicht zeitreisenden Nachfahren von uns könnten ja damit — von ihrer Gegenwart aus gesehen — ebenfalls „Paradoxa" schaffen. Völlig auszuschließen ist der Gedanke trotzdem nicht.

Vielleicht aber auch stehen Zeitreisen dieser Art uns noch ganz unbekannte Hindernisse entgegen, und sie werden nie möglich sein. Die Phantasie der Menschen werden sie sicherlich weiterhin beschäftigen.

Die Beschäftigung mit Zeitproblemen auf Grund der modernen mathematischen Theorien läßt nebenbei auch manch andere Dinge an ihrem Rande in einem neuen Licht erscheinen. 1960 ging die Geschichte eines biederen bayrischen Dorfschmieds durch die Zeitungen. Dieser Mann wollte in aufeinanderfolgenden Wahrträumen ein ganzes Dasein mit- oder nacherlebt haben, das er im Mittelalter als Raubritter auf einer Burg geführt hätte. Er suchte die Burg und fand sie und in alten Chroniken alle ihm bekannten Einzelheiten seines „zweiten Lebens“ bestätigt.

Diese völlig glaubwürdige Geschichte (sie ist sicher kein Einzelfall) hätte bisher als ein klassischer Beweis für die Wiedergeburtslehre gegolten. Unsere jetzigen Kenntnisse von der Variabilität der Zeit lassen aber auch eine andere Deutung zu:

Der bayrische Raubritter-Schmied könnte — um einen passenden Ausdruck zu verwenden — so etwas wie ein „Zeit-Variant“ sein, dessen Ich ein Doppel-Leben auf zwei verschiedenen temporären Ebenen gleich-„zeitig“ geführt hat.

Eine Erklärungsmöglichkeit vielleicht auch für andere Fälle angeblicher Reinkarnation.

Wien, 28. Dezember 1974

Warum wir träumen

Man sagt, daß Linsen schlecht bekömmlich sind und Magendrücken verursachen. Das trifft bei mir nicht zu. Ich vertrage Linsen sogar am Abend recht gut — obwohl meine Galle nicht die beste ist, von der Leber ganz zu schweigen. Trotzdem also esse ich Linsen für mein Leben gerne, der Esau muß ein Verwandter von mir gewesen sein.

Heute haben sie mich anscheinend doch geärgert, die Linsen. Oder waren es die Würstchen? Jedenfalls wachte ich auf, mit dem berühmten „Völlegefühl“ im Magen und völlig verschwitzt. Das heißt: Es war mir nur mühsam gelungen, halbwegs wach zu werden. Denn vorher hatte ich einen bösen Traum gehabt. Ich befand mich in einer fremden Stadt vor einem exotisch-altertümlich wirkenden Gebäude. Plötzlich begann ein Erdbeben. Ich merkte es daran, daß die großen Torflügel des Hauses erzitterten, sich nach vorne wölbten und auf die Straße fielen. Dann kam die Fassade nach und ein Stein auf mich zu. Und dann war es finster und der gleiche Traum begann nochmals von vorne, so daß ich — im Traum — zu mir sagte: „Das träume ich doch schon zum zweitenmal ..." Wieder kam der Stein, aber da gelang es mir endlich, den Schleier des Traums zu zerreißen und aus ihm aufzutauchen. Noch voller Angst griff ich nach dem nächstliegenden Ding. Es war meine Frau.

„Das hast Du von Deinen Linsen!" war ihr nicht übermäßig freundlicher Kommentar zu meinem Gestöhne, denn sie hatte anscheinend besser geschlafen und geträumt.

„Das sind nicht die Linsen, das sind die Würstchen, die waren zu fett ...", versuchte ich zu widersprechen, gab es aber auf, da meine Nächstliegende sich bereits wieder abgewandt hatte und weiterschlief. Mein Schlaf hingegen war, zumindest zunächst, am Ende und deshalb raffte ich mich auf und schlurfte in die Küche, um so ein Brause-Dingsda zu suchen, das in solchen Fällen angeblich hilft. Den Herstellern ganz gewiß. Übrigens war keines da.

Was macht man nach 2 Uhr morgens in einer Küche, so ganz allein? Man nimmt sich ein Bier — das schmeckt sowieso besser als jedes Brausepulver — und, zwecks weiterer Untergrabung der Gesundheit, eine Zigarette und liest die Zeitung von gestern nochmals. Oder man denkt nach, wenn man zum Lesen zu faul ist. Ich habe begonnen nachzudenken ...

Warum, so überlegte ich, hat meine Frau gesagt: „Das sind die Linsen!"? Nun, wahrscheinlich deshalb, weil sie, wie die meisten Menschen, der Meinung ist, daß schwere Speisen schlechte Träume machen.

An diesem Punkt dieser Überlegung bin ich schon hängengeblieben. Können Speisen, kann der Magen oder sonst ein Organ, Träume „machen“? Weder in Linsen, noch in Würstchen oder den Magenschleimhäuten sind irgendwelche Spukgestalten verborgen, das dürfte doch klar sein. Die logische Folge wäre vielmehr: Magen, Darm, Leber, Galle usw., die überlastet sind, wirken auf bestimmte Nerven und diese wiederum auf das Gehirn und dort — ja, was geschieht denn dort? Wieso ist das Gehirn in der Lage, auf ein bestimmtes Signal hin gewisse Ereignisse, Bilder und Gestalten zu produzieren und uns vorzugaukeln, die wir in Wirklichkeit nie gesehen und erlebt haben? Woher kommen diese Vorstellungen und Bilder? Und wieso bringen wir es manchmal fertig, uns selbst aufzuwecken, wenn der Traum zu schlimm war?

Wäre das, was wir als unser „ICH“ betrachten, wesensgleich mit dem Gehirn, oder nur eine Art „Ausschwitzung“ von ihm (wie es die Materialisten sehen) — dann könnten wir uns doch niemals selbst aus einem solchen Traum-Horror-Film befreien und die Vorführung durch einen Willensimpuls stoppen. Wer also erzeugt und erfindet diese Filme?

Ob es nun Linsen sind, oder ein kalter Luftzug oder ein Buch, auf das wir im Schlaf zu liegen kommen — zweifellos können durch diese äußeren Impulse Träume sogar ganz bestimmter Art ausgelöst werden, das ist hinreichend bewiesen, — nicht aber, wer sie „macht“. Auch der Vorführer in einem Kino macht die Filme nicht, er führt sie nur vor. Ich habe, so fällt mir ein, im Traum oftmals Gemälde und Zeichnungen „gesehen“, die so grandios und perfekt waren, daß ich viel Geld hätte verdienen können, wenn es mir gelungen wäre, sie im Wachzustand nachzumachen. Und doch weiß ich mit letzter Sicherheit, daß ich solche Gemälde und Zeichnungen im Leben niemals sah; wahrscheinlich haben sie nie existiert und werden nie existieren.

Ich nehme an, daß andere das auch schon erfahren haben: Sie haben im Traum Romane oder Theaterstücke gelesen und gesehen, die großartig waren — die aber nie geschrieben wurden oder geschrieben werden. Wir sehen im Traum Landschaften — oft sind es immer wieder dieselben, schon bekannten — die wir nie in Wirklichkeit sahen, und selbst wenn einzelne Teile von ihnen uns irgendwie, irgendwann hätten bekannt sein können — wer ist der „Bühnenbildner", der sie zusammenstellt?

Es fällt schwer, ja es ist unlogisch, anzunehmen, daß die Moleküle der DNS-Säure und andere Verbindungen, aus denen die Schalt- und Speicherelemente des Gehirns bestehen, alle diese Dinge zufällig und „von selbst" produziert haben könnten. Wie denn?

— Kein Computer der Welt *erzeugt* „Informationen". Er kombiniert diejenigen, die ihm eingespeichert wurden.

— Ein Computer kann Schach spielen (wenn er darauf programmiert wurde) — er wird aber nie ein neues Spiel „erfinden".

— Ein Computer kann „zeichnen" und unter Millionen von Kombinationen, die er produziert, mag die eine oder andere sein, die einigermaßen sinnvoll erscheint (was angesichts der heutigen Kunstproduktion auch gar nicht so erstaunlich ist). Trotzdem wird ein Computer niemals eine total neue Malweise hervorbringen, deren Elemente er nicht „kennt".

— Ein Computer wird nie Angst und Freude empfinden. Er hat keine Gefühle.

Man kann — die Kybernetiker, die Fachleute für Steuerungsmechanik (griechisch „Kybernétes", der Steuermann) haben es im Experiment gezeigt — eine Denkmaschine so weit bringen, daß sie zum Beispiel wie in einer „Panik" reagiert. Man hat „künstliche Ratten" gebaut, die auf Rädern laufen und fähig sind, zu „lernen", das heißt

Umweltreize in Form von Stromstößen oder dem Anstoß an Hindernissen in gespeicherte Erfahrung umzusetzen. Sie benehmen sich dann sozusagen „vernünftig", weichen einmal erkannten Hindernissen aus und finden den richtigen Weg. Erhöht man die Zahl der Impulse über das der mechanischen „Ratte" erträgliche Maß, beginnt sie falsch zu reagieren und zu handeln, bis ihre Sicherungen durchbrennen und sie stehenbleibt. Nicht anders wie ein Mensch bei einem Nervenzusammenbruch. Trotzdem ist dies keine echte Panik und keine echte Angst — es ist nur eine am Modell nachgeahmte, simulierte. Zwischen „Simulation" und Wirklichkeit klafft aber ein himmelweiter Unterschied.

Mortimer Taube drückt dies in seinem Buch „Der Mythos der Denkmaschine" (Computers and common sense — The Myth of Thinking Machines; deutsch im Rowohlt-Taschenbuch-Verlag, Reinbek 1966) so aus:

„Man kann z. B. ein Pfund Käse ‚simulieren', indem man es auf die Waage legt und auf die andere Waagschale ein Metallstück von einem Pfund Gewicht plaziert. Das bedeutet: Das Gewicht des Käses ist ‚simuliert', nicht aber sein Geschmack, sein Aroma oder seine Nährqualität. Man kann argumentieren, das Gewicht sei am Käse das wesentlichste Merkmal, und wenn sein Gewicht simuliert sei, dann könne man alle anderen Eigenschaften als nebensächlich bezeichnen . . ."

Gleichwohl aber ist auch das menschliche Gehirn im Grunde ein Computer, ein biologischer Computer perfektester Bauart, so kompliziert und vollkommen, daß eine vergleichbare mechanische Denkmaschine die Größe eines Wolkenkratzers haben müßte. Auch unser Nervensystem funktioniert in vieler Hinsicht „mechanisch" — aber, und damit kommen wir auf den allein entscheidenden Unterschied: Selbst wenn wir in bestimmten Situationen falsch reagieren und nichts dagegen tun können, so *wissen* wir doch im selben Moment, daß wir falsch reagieren. Und können es manchmal sogar korrigieren. Uns etwa auch aus einem Traum aufwecken. Ein Computer kann das nicht.

— Der Mensch kann sich teilweise über seine automatischen Funktionen und Reflexe erheben — eine Maschine nie. Roboter werden uns vielleicht einmal 90 Prozent der Alltagsfunktionen abnehmen — sie werden kochen, nähen, waschen, Autos bauen, Flugzeuge steuern und sogar als automatische Ärzte fungieren. Sie werden „sprechen" lernen — in allen Sprachen der Welt. Aber sie werden niemals träumen und fühlen, niemals in unserem Sinne „denken". Weil sie eben kein „Ich" haben, das etwas anderes ist als sie.

Um das ganz simpel und einfach auszudrücken: Im Wachzustand verwende *ich* meine Denkmaschine nach Belieben (oder meist jedenfalls). Ich lasse sie sprechen, hören, Eindrücke aufnehmen. Ich schalte sie auf „Sendung" oder „Empfang". Wenn meine Frau schimpft, schalte ich ab und weiß nachher nichts mehr davon.

Im Schlaf und Traum aber sitze ich gewissermaßen tatenlos da und sehe der Vorführung von Filmen zu, teils solcher aus Eigenproduktion, das heißt eigener Eindrücken und Erinnerungen, teils solcher aus „Psycho-Eurovisionen".

Zum Teil basteln wir wahrscheinlich unsere Träume selbst, zum Teil übernehmen wir die Streifen aus anderen Bereichen und Welten. Was hindert uns daran, diese Vorstellung als Theorie anzunehmen, wenn sie die Zusammenhänge und Erscheinungen einfacher und logischer darlegt? Nichts, außer der durch ebenfalls nichts bewiesenen Einbildung, daß nur unsere Welt „wirklich" sei. Obwohl sich das Gegenteil nicht weniger schlüssig „beweisen" ließe!

Die wirkliche Wirklichkeit des Seins hat zwei (ja, vielleicht auch noch mehr) Seiten, und es ist einer der grundlegendsten Irrtümer im bisherigen Denken, nur die e i n e Seite als echt und wirklich anzusehen.

Der Philosoph Johann Gottlieb Fichte (1762 bis 1814) hielt die ganze Außenwelt für ein Erzeugnis des Ichs, und selbst für Philosophen des 20. Jahrhunderts, wie Hermann Cohen, Paul Natorp und Hans Vaihinger gibt es „für das Denken kein Sein, das nicht im Denken selbst gesetzt würde“ (Hermann Cohen, Paris 1972).

Und im Schöpfungslied der Uitoto-Indianer heißt es: „Ein Wahngebilde nur, nichts andres war vorhanden. An einem Träumefaden hielt der Träumevater den Trug mit seinem Hauche fest und prüfte, wo der Grund des leeren Truggebildes sei, doch nichts war da. Er nahm das Leere, knüpfte es an Leeres, und dann suchte er fort. An Träumefäden hing er alles Leere an und drückte den Zauberstoff, der Arabaika heißt, darauf. Was so entstand, war Truggrund, den er stampfte, und dann ließ er sich auf erträumter Erde nieder und er trat sie glatt. Geblieben aber ist die ganze Schöpfung Traum und Trug.“ (Nach Hermann Adler: Der Traum als Königsweg ins Unbewußte.)

Gemessen an historischen Zeitmaßen halten wir uns nicht wesentlich länger als eine Eintagsfliege auf jener Ebene auf, die wir als die einzig existente anzusehen gewohnt sind. Und selbst von dieser Zeit verbringen wir ein Viertel bis ein Drittel „neben“ ihr: im Traumzustand.

In Wahrheit ist nichts unrealistischer, als der „anderen Welt“, aus der wir kamen und in die wir gehen, die Realität abzusprechen. Sie ist die umfassendere und größere.

Daß wir von ihrem Vorhandensein so wenig merken, liegt daran, daß ihre Signale und Sendungen von unserem Computer (der ja nur für die „Tagwelt“ geschaffen ist) nicht aufgenommen werden — und wenn wir selbst direkte Impulse empfangen, dann halten wir sie deshalb vielfach für Täuschung oder Einbildung.

Eine Einstellung, die sich nur mit jener eines Menschen vergleichen läßt, der behauptet, es gäbe keine Infrarotstrahlen, weil sie nicht sichtbar sind — und wenn er sie zehnmal, unter einem Infrarotstrahler stehend, als Hitze auf der Haut fühlt. Und die Hitze ist „real" und kann ihn verbrennen!

Wir stehen diesbezüglich am Ufer eines scheinbar endlosen Meeres, das der Erkundung harrt. Es kann uns nicht gleichgültig sein, wie das Meer beschaffen ist und wie seine Kräfte. Aus zweierlei Gründen:

1. Weil ohne seine Erforschung unser Wissen und Bewußtsein unvollkommen bleibt, und

2. weil wir die Kräfte, die in ihm ruhen, früher oder später auch zur Bewältigung „dieser" Welt brauchen werden.

Aus Sagen, Mythen und anderen Überlieferungen weht uns ahnungsvoll der Hauch eines Wissens an, das einmal vorhanden gewesen sein muß.

Jede Religion ist ursprünglich nur der Versuch, es *wieder*-zuerlangen, wie schon ihr Name — re-ligio = „Rück-Bindung" — sagt. Es war einmal da! Aber wir haben es verkauft für das „Linsengericht" einer reinen „Diesseitigkeit", einer totalen Verhaftung nur an die *eine* Seite der kompletten „Welt". Der Rückkauf wird uns recht teuer zu stehen kommen.

30. Dezember 1974

Die Zeitungen brachten heute die Meldung über das große Erdbeben in Indien/Pakistan. Es ereignete sich um 3 Uhr Ortszeit oder 15 Uhr mitteleuropäischer Zeit, also rund dreizehn Stunden nach meinem Traum. Habe ich es vorausgesehen? Ich träume sonst nie von Erdbeben. Oder waren es die Linsen?

Wir stehen am Ufer eines unbekannten Meeres.

Die Erde — eine Strafkolonie?

Ab und zu flattern wir ein Stückchen hoch und sehen etwas mehr. Von der Vergangenheit und von der Zukunft. Sehr wenig, aber trotzdem: wenn wir auch nur für Sekunden in der Lage wären, uns bewußtseinsmäßig über die Zeit zu erheben, dann wäre — nein: dann ist damit bereits auch bewiesen, daß wir jedenfalls mit einem Teil unserer Persönlichkeit zeit-los und damit auch unsterblich sind.

Man kann einem Autofahrer sein Vehikel wegnehmen — deswegen bleibt er doch ein Autofahrer. Man kann uns den Körper wegnehmen — deswegen bleiben wir doch wir.

Das ist schön und gut, trotzdem fragen wir uns: Warum ist das so, warum „dürfen" wir nicht auch in unserem hiesigen und jetzigen Leben das Wissen, das Bewußtsein, die Sicherheit haben, daß wir unsterblich und ewig sind?

Niemand anderer als der Vater (oder einer der Väter) der Raketenraumfahrt, der 1974 seinen achtzigsten Geburtstag feierte, Professor Oberth; ein Mann also, der ganz gewiß sehr „realistisch" dachte und denkt, stellte aus diesem Anlaß sich und seinen Mitmenschen in einem Interview mit einer großen deutschen Illustrierten die Frage, ob nicht diese ganze Erde, auf der wir eigentlich doch recht mühselig leben und sterben, eine Art „Strafkolonie" sei und keineswegs ein Paradies.

Im hohen Alter kam der Wissenschaftler, der nebenbei noch immer regen Anteil an der technologischen Entwicklung nimmt, zu der Auffassung, daß wir, die Menschheit, nicht allein in diesem Kosmos leben, sondern daß es noch viele andere „Menschheiten" gibt, wobei unserer Erde nicht eben die beste Rolle zugedacht ist: in einem Kreislauf von „Körperwerdungen" (man könnte auch sagen: Wiedergeburten) fiele ihr, so Professor Oberth, die Rolle einer Hilfsschule zu, in der zurückgebliebene Intelligenzen nachholen müßten, was sie versäumt haben.

Ist diese Meinung so absurd?

Nun, sie war eigentlich schon immer da.

Nach alten Überlieferungen (H. C. Puech: Le Manichéisme, son fondateurs, sa doctrine, Paris 1949) wären die „Götter", die einstmals die Erde besiedelten und kolonisierten, Verbannte gewesen, von einem geheimnisvollen „Weltengott" nach einer versuchten Revolution verstoßen und hierher geschickt, wie einst die Engländer ihre Kriminellen nach Australien verschickten.

Die Bibel hat diesen Gedanken aufgenommen und spricht von „gefallenen Engeln", und die Kirche betrachtete konsequenterweise die Erde als ein „Jammertal". Das stimmt also alles überein. Vielleicht auch noch in einem anderen, höheren Sinne, daß auf diesem Planeten geistige Existenzen zeitweise „nachsitzen" müßten, bevor sie wieder in ihre wahre Heimat zurückkehren können.

Das fast jedem Menschen innewohnende Ahnen und Gefühl, daß seine Heimat ganz woanders liege, daß er hier nur „Gast" sei, seine Sehnsucht nach dem heimischen „Paradies — alles das würde durchaus in diese Richtung deuten.

Mehr noch: In der Menschheit insgesamt gibt es ein ahnendes Wissen um eine vorübergehende Existenz nicht nur des Einzelnen, sondern der ganzen Menschheit.

Ist das nur Einbildung? Die Tatsachen sprechen eine andere Sprache.

IV

AM ENDE ALLER ZEITEN

„Danach aber wird die Welt öde und leer sein und es lange Zeit bleiben . . .“

(Etruskische Weissagung, gefunden auf dem Bruchstück einer Stelle in Cerveteri bei Rom etwa aus dem Jahr 600 v. Chr. Die Etrusker teilten — wie auch die Sumerer und Maya — den Ablauf der Geschichte in Abschnitte von jeweils zweitausend Jahren ein. Sie wußten, lange bevor es die Weltmacht Rom gab, von ihrer Vernichtung durch diese und haben sie exakt vorausgesagt.

Der obige Spruch bezieht sich nach dem Zeitkalender der Etrusker auf ungefähr die Jahre zwischen 1980 und 2100.)

Sie sind nackt und leben — noch — am Amazonas. Einige Stämme der Xingu-Indios, wie jener der nur wenige Dutzend Köpfe zählenden Kamaiurà, hatten bis in die Gegenwart überhaupt keinen Kontakt mit der übrigen Welt. Daß wir von ihnen wissen, ist allein einigen Forschern zu verdanken, die sich jahrelang mit ihnen befaßten, um Kunde von diesen Menschen zu geben, bevor sie demnächst und unweigerlich der sogenannten Zivilisation zum Opfer fallen.

Dabei stießen die Ethnologen (Orlando Villas Boas und Claudio Villas Boas: Xingu — The Indians, Their Myths, New York 1974) auf Sonderbares: Die Kamaiurà zum Beispiel haben eine Vorstellung vom Werden und Vergehen der Menschheit, die frappant an die ganz ferner Völker erinnert, der Sumerer etwa oder der Juden (und damit auch der Bibel).

„Am Anfang war alles dunkel, es gab keinen Tag. Alles war durcheinander . . ." beginnt die „Schöpfungsgeschichte" der Kamaiurà-Indianer. Fast wörtlich wie im Alten Testament. Und wie dort, bekommt der erste Mann — bei den Indios heißt er Mavutsinim — erst später eine Frau. Nicht aus einem Knochen von ihm: Sie taucht aus einer Muschel auf, wie bei den Griechen Aphrodite. Wovon die Kamaiurà kaum etwas wissen konnten, denn sie sind ja in kein Gymnasium gegangen. Dementsprechend simpel ist auch der Schluß ihrer Kosmogonie — es wird einfach wieder finster, wie vorher.

Etwas differenzierter sehen ihre Nachbarn, die Kuikùru, das Weltende: „Eines Tages werden die Bäume sterben, dann werden auch die Indianer sterben." Oder die Jruna: Ihr mythischer Held Sinaà, so meinen sie, wird „an jenem Tag, da unser Volk ausstirbt", einen gewaltigen Gabelstock, der bis dahin den Himmel stützte, einreißen. Dann wird auch der Himmel einstürzen und alles vergehen.

Was die völkerforschenden Brüder Boas am Amazonas und Rio Xingu erkundeten, ist in der Tat einmalig und „unschätzbar", wie es der Anthropologe Shelton H. Davis der Harvard-Universität bezeichnete: Da leben Menschen seit undenklichen Zeiten völlig isoliert von allen übrigen und entwickeln eine Weltsicht, die sowohl den religiös-mythischen Traditionen des Abendlandes entspricht, als auch äußerst modern wirkt: Wenn die Bäume sterben, werden auch die Menschen sterben . . .

Bleibt noch hinzuzufügen: Als der französische Professor Claude Lévi-Strauss einen alten Xingu-Indio fragte, wann denn der sagenhafte Sinaà „den Stock wegziehen" würde, antwortete dieser: „Nicht einmal ein Menschenalter nach mir . . ." Die Befragung erfolgte 1972.

Am 17. Februar des Jahres 3102 v. Chr. hat nach dem Glauben der brahminischen Inder ein neues, das letzte Weltzeitalter begonnen. Es wird in dem um das Jahr 1000 n. Chr. schriftlich niedergelegten „Vishnupurana" (Vishnupurana IV, Übersetzung: F. J. Thomas, London 1923) als „Kaliyuga" — der Zerstörungsgöttin Kali geweiht — bezeichnet, und in ihm heißt es, in die Sprache unserer Zeit übertragen u. a.:

„Während der letzten Zeit regieren Barbaren . . . Mit dem von Tag zu Tag fortschreitenden Verfall von Wohlstand, Sitte und Gesetz taumelt die Menschheit ihrem unabwendbaren Ende entgegen . . . Das Verhältnis zwischen Mann und Weib beruht nur mehr auf reiner Geschlechtlichkeit. Allein um des Körpers willen werden Frauen geliebt, die Erde ihrer Bodenschätze wegen . . . Auf Ehrlosigkeit beruht die Existenz, des Lebens Sicherheit auf Schwäche . . . Wenn das Kaliyuga zu Ende geht, wird Brahma, der Weltenherr, in seiner Verkörperung als Kalki erscheinen und alle Barbaren und Gewalttätigkeiten auslöschen . . ."

Das Vishnupurana ist als mündliche Überlieferung viele tausend Jahre alt, seine Schilderung der Zustände der Endzeit könnte eine Reportage von heute sein.

Vier Zeitalter insgesamt kannte das Vishnupurana — in vier Abschnitte teilte auch die altpersische Lehre des Zoroaster (Zarathustra) im 8. Jahrhundert v. Chr. den Ablauf der irdischen Ereignisse ein. Und auch nach ihr stünden wir gegenwärtig am Ende des letzten Abschnitts, der mit einem Knalleffekt schließen soll, abgemildert nur durch das Erscheinen einer Wiedergeburt des Zarathustra (Franz König: Christus und die Religionen der Erde, Wien/Freiburg 1951).

Fünffach unterteilt ist die Zeittabelle der Azteken, der kulturellen Erben der Tolteken und Maya in Mittelamerika. Sie nannten die einzelnen Weltzeitalter „Sonnen“, und ein jedes schloß mit einer Katastrophe ab. Das vorletzte mit einer Art Sintflut, das letzte — jetzige — soll im Feuer vergehen (W. Krickeberg: Märchen der Azteken und Inka-Peruaner, Maya und Muisca, Jena 1928). Katastrophal ist nicht minder das Ende der gegenwärtigen Menschheit nach der Auffassung und Voraussage der Griechen: Diese Rasse, die sie die „eiserne“ nennen (zum Unterschied von einer „goldenen“, „silbernen“ und „bronzenen“ vorher) und als grausam, ungerecht und bösartig charakterisierten — was für Propheten! — wird sich selbst vernichten (Hesiod: Werke und Tage. Übersetzung von Wilamowitz-Moellendorff, Berlin 1928).

Die Krone der Voraussage der Zukunft — und zwar der zum Teil bereits eingetroffenen — gebührt jedoch jenem seltsamen Volk, das irgendwann im 8. oder 9. Jahrhundert v. Chr. vermutlich aus dem vorderen Orient nach Italien einwanderte und dort überhaupt erst die Voraussetzungen für die spätere römische Kultur schuf: den Etruskern.

Herkunft und Wesen dieses Volkes sind bis heute nicht völlig geklärt, sicher aber ist eines: Das ganze Leben der Etrusker war restlos von einem Glauben an ein vorprogrammiertes Schicksal bestimmt, sehr ähnlich, wie es im persischen Pehlewi-Text aus dem letzten Jahrhundert v. Chr. heißt: „Sämtliche Vorgänge dieser Welt vollziehen sich durch Schicksal und Zeit ...“

Die herrschende Kaste der Lukumonen waren Könige und Priester zugleich, keine Stadt wurde gegründet und nichts unternommen ohne den Ratschluß der „haruspices“, der Orakelpriester und Opferbeschauer. Und man hielt sich an die Prophezeiungen der Begoe, einer Art etruskischen Sibylle und des von ihr inspirierten sagenhaften Tages (das ist ein Name!), die so ziemlich alles über Zeit und Zukunft vorausgesagt hatten (Plutarch, Sulla 7). Ein Teil dieser Prophetien wurde im 1. Jahrhundert n. Chr. ins Lateinische übersetzt und ist in verschiedenen Schriften, wie den „Libri fatalis“ (Schicksalsbücher) oder den „Libri Tagesti“ (Bücher des Tages) erhalten geblieben. Aus ihnen geht hervor, daß die Etrusker acht Zeitalter kannten und sich selbst im siebenten davon aufhältlich hielten. Es war ihnen schon zur Zeit, als Rom noch ein erbärmliches Bauerndorf war, klar, daß ihre blühenden und mächtigen Städte in der Toskana von diesem Rom erobert und vernichtet würden. Und nur so — aus diesem Ahnen und teilweisen Wissen — ist erklärlich, daß letztlich die Römer die ihnen geistig weit überlegenen Etrusker besiegen konnten.

Das ist ein ganz anderer Vorgang wie etwa bei den Inka, die den Spaniern zunächst auch keinen Widerstand leisteten. Die taten es, weil sie die eindringenden Weißen für wiederkehrende Götter hielten — die Etrusker gaben sich auf, weil es ihr Schicksal war. Ein Vorgang, der in der Geschichte wohl einmalig ist.

Um so beinahe unheimlicher der Spruch auf einer etruskischen Stele aus ungefähr dem 4. Jahrhundert v. Chr., der sich auf das achte, das letzte Zeitalter bezieht (das unsere) und aussagt, daß nach ihm die Welt lange Zeit öde und leer sein werde. Jedenfalls hat man die Inschrift so gedeutet, denn bislang ist die etruskische Sprache und Schrift noch keineswegs völlig erforscht.

Was die Voraussagen der Etrusker betrifft, geht die Vermutung neuerdings dahin, daß sie engen Kontakt mit der chaldäisch-babylonischen Priesterschaft gehabt hätten, die als Astrologen und Prognostiker bekannt waren und unter anderem auch recht genau das Auftreten eines Heilands („sothér“) lange vor der Geburt des Jesus von Nazareth ankündigten.

Letztes Nachwehen etruskischen Vorauswissens: Der römische Dichter Horaz (Quintus Horatius Flaccus, 65 bis 8 v. Chr.) sagte den Untergang Roms voraus und riet zur rechtzeitigen Auswanderung (Karl Kerényi: Apollon, Düsseldorf 1953). Horaz irrte sich dabei zwar um einige Jahrhunderte, aber das passierte dem obenerwähnten Jesus, der sich unmittelbar vor dem Weltende wähnte und darauf viele Sprüche münzte, schließlich auch.

Was sich aus dem bisher Gesagten an Tatsacheninhalt herausfiltrieren läßt:

Völker und Stämme und Menschen aller Zeiten wußten völlig unabhängig voneinander um einen gesetzmäßigen Ablauf des irdischen Geschehens, einen Anfang und ein Ende.

Die Herkunft dieses Wissens scheint vorderhand unerklärlich, denn weder die gleichmäßig dahinlebenden Indios am Amazonas, noch die Etrusker in ihrer Blütezeit hätten verstandesgemäß irgendeinen Grund gehabt, an ein Ende aller Zeiten zu denken, vor allem nicht an ihr eigenes.

Nach allen Überlieferungen und Traditionen und Prophetien ist die — oder eine — Endzeit jetzt angebrochen, und was an Typischem vor Tausenden Jahren von ihr gesagt wurde, trifft zu.

Mit diesen Tatsachen haben wir uns auseinanderzusetzen.

Von Jesus bis zum letzten Papst

Problematisch und eher mit Vorsicht zu genießen sind — was Hinweise auf eine Endzeit betrifft — die Aussagen der christlichen Bibel. Obwohl reichlich vorhanden (die Jesus-Worte über seine angebliche Wiederkehr zum Weltgericht und vor allem die Geschichte des Johannes von Patmos in der Apokalypse), ist dabei in Betracht zu ziehen, daß ein großer, wenn nicht überwiegender Teil des „Neuen Testaments“ mit der historischen Wirklichkeit der Person des Jehoschuah von Nazareth nichts zu tun hat, sondern erst Jahrzehnte und Jahrhunderte später von diversen Schriftstellern mit ihm in Zusammenhang gebracht wurde.

Fast alles, was Jesus gesagt haben soll, ist, wie die neueste Forschung ergeben hat, schon viel früher von anderen Göttern, Gottmenschen oder Heroen gesagt worden — das geht bis hin zu seinen letzten Worten: „Es ist vollbracht . . .“, die hat nämlich fast wörtlich der griechische Sagenheld Herakles bei seinem Abschied von der Erde am Berg Oite gesprochen (Steinhäuser: Jesus Christus, Erbe der Astronauten, Wien 1973).

Beinahe alles, was wir heute von der *geschichtlichen* Gestalt Jesu (die nicht identisch ist mit der Idee, die ihr unterschoben wurde) wissen, deutet darauf hin, daß er viel eher ein national-jüdischer Revolutionär denn ein Welt-Messias war.

Jesus scheint fest davon überzeugt gewesen zu sein, daß mit seiner Kreuzigung bereits alles erfüllt gewesen wäre, was die jüdischen Propheten verkündet hatten (Erich Zehren: Der gehenkte Gott, Berlin 1959) und ebenso von seiner Auferstehung. Er fühlt sich berufen, das Reich Israel, das vor damals 750 Jahren zerstört worden war (was wiederum genau der altpersischen Einteilung der Zeit in Weltenmonate zu 750 Jahren entsprach) wieder aufzurichten.

Seine Jünger fragen ihn ausdrücklich: „Herr, richtest Du in dieser Zeit das Reich Israel wieder auf?“ (Apostelgeschichte I/6). Und er verneint das keineswegs, sondern sagt nur: „Euch kommt es nicht zu, Zeit und Stunde zu wissen!“ (Apostelgeschichte I/7). Da ist kein Wort vom Reich, das „nicht von dieser Welt“ ist.

Praktisch alles, was in der Jesus-Legende an Hinweisen auf ein Jenseits vorhanden ist, war früher schon bekannt und wurde später ihm zugeschrieben. Die Wirklichkeit ist viel eher, daß die Juden ein sehr irdisches „Paradies" erwarteten — ihr neuerstandenes eigenes Reich nämlich — und Jesus sich für den Erfüller dieser Hoffnungen hielt.

Deshalb ist die Bibel als Quelle von Zukunftshinweisen von unserem zeitlichen Standpunkt aus nur wenig geeignet. Das betrifft auch die so gerne und immer wieder und in den wildesten Kombinationen zitierten Sprüche der „Apokalypse des Johannes": Sie sind ein Sammelsurium von viel älteren sumerischen, chaldäischen und ägyptischen Überlieferungen, die ganz sicher hochinteressantes Material über längst vergangene Umwälzungen auf dieser Erde enthalten — aber kaum eine Vision von morgen.

Daß Visionäre und Propheten späterer Zeiten sich (vor allem, wenn es Priester oder Nonnen waren) immer wieder auf die legendären Gestalten der Bibel bezogen, ist nur verständlich: Sie hatten ja keinen anderen Bezugspunkt. Ihre Aussagen sind aber deshalb nicht weniger wert, auch wenn sie christlich „eingefärbt" sind.

Entscheidend vielmehr ist, ob sie mit denen anderer Menschen, von denen sie nichts wissen konnten — die entweder vor oder nach ihnen lebten — übereinstimmen.

Übereinstimmungen zum Teil verblüffender Art finden sich in der Tat in vielen Prophetien vom Mittelalter bis in die Neuzeit. Da ist zum Beispiel die Nonne Katharina Emmerich (1774 bis 1824), die für die Zeit von „fünfzig Jahren vor dem Jahr 2000 angefangen" Zerstörung und Verwüstung voraussagte.

Ihre Gesichte hat der Dichter Clemens von Brentano in einem Buch festgehalten.

Die Nonne Ludmilla aus Prag (C. G. Jung: Die Beziehungen zwischen dem Ich und dem Unbewußten,

Zürich 1949) sah Anfang des 19. Jahrhunderts (damals gehörte Böhmen noch zu Österreich) das Entstehen eines tschechischen Nationalstaates voraus, aber auch den späteren Untergang von Prag am Beginn eines schrecklichen Krieges, genau wie ihn bereits die Nonne Michalda um das Jahr 1500 prophezeit hatte. Die endgültige Zerstörung von Prag „am Ende der Zeit" spielt überhaupt eine große Rolle auch in der tschechischen Volksmythologie.

Eine Prophetie unbekannten Ursprungs besagt, daß „dann" ein Bauer mit einem Pflug über eine wüste Fläche gehen und auf die Frage eines „Fremden" antworten würde: Hier war einst Prag.

Mit der düsteren Aussicht auf die brennende und untergehende Stadt des Heiligen Wenzel versuchten Anfang 1945 sogar noch die deutschen Besatzer Effekte zu erzielen: Wenn die Russen kämen, so verkündeten sie auf Plakaten, würde das Schreckliche eintreten. Es trat nicht ein — noch existiert Prag, aber die dunkle Botschaft von seinem Ende lebt weiter.

Im Mai 1967 besuchte Papst Paul VI. das berühmte Marienheiligtum von Fatima in Portugal, genau ein halbes Jahrhundert, nachdem dort drei Kindern die Jungfrau Maria erschienen sein soll, die ihnen bedeutungsvolle Voraussagen der Zukunft machte.

Noch vor der Pilgerfahrt nach Fatima erklärte Paul VI., er sei tief besorgt um die Erhaltung des Weltfriedens — über welche Äußerung viel gerätselt wurde. Es gibt Behauptungen, wonach der Papst Kenntnis vom sogenannten „dritten Geheimnis von Fatima" hätte, das in den Archiven des Vatikans aufbewahrt würde und von dem nur wenige Menschen Kenntnis haben.

Johannes XXIII., Vorgänger von Paul VI., soll erbleicht sein, als er von der 1917 erfolgten Verkündigung

Kenntnis erhielt. Von ihr wußte, so wird behauptet, auch der amerikanische Kardinal Spellman, der schon 1950 erklärte: „Wir hoffen und streben nach Frieden, doch müssen wir bereit sein, zu sterben. Die Anzeichen, die den Greuel der Verwüstung ankündigen, mehren sich . . .“

Über das „dritte Geheimnis von Fatima“ — das zweite (richtige) enthielt Voraussagen über den Zweiten Weltkrieg —, das die Gottesmutter dem damals zehnjährigen Hirtenmädchen Lucia (die später als Nonne starb) gemacht haben soll, läßt sich nur vermuten. Es ist offiziell niemals als echt bestätigt worden, obwohl der italienische Physiker und Historiker Professor Bachero („Il segreto di Fatima“, Mailand 1973) zu dem „Dossier Fatima“ Zutritt gehabt und es gesehen haben will. Aus dem, was bekannt ist, läßt sich lediglich schließen, daß es sich bei „Fatima III“ um die Ankündigung noch weit schlimmerer Ereignisse handelt, als die der letzte Weltkrieg brachte — und zwar für eine recht nahe Zukunft. Sind also Äußerungen von Papst Paul VI. im September 1974 („Die Kirche ist in Schwierigkeiten . . . Sie scheint zum Aussterben verurteilt“ — laut dem deutschen Nachrichtenmagazin „Spiegel“ Nr. 42 vom 14. Oktober 1974) in diesem Sinne zu verstehen?

Es gibt eine angebliche Prophetie des schottischen Mönches Malachias aus dem späten Mittelalter, die eine Liste sämtlicher Päpste seit dem Apostel Petrus mit jeweils einer lateinischen Bemerkung enthält. Demnach hätte zum Beispiel Pius XI. den Beinamen „pastor angelicus“ (engelgleicher Hirte) gehabt, was zweifellos auf ihn zutraf. Johannes XXIII. wäre als „pastor et nauta“ (Hirte und Seefahrer) charakterisiert gewesen: In der Tat machte und plante er als erster Papst weitere Reisen. Paul VI., der jetzige Papst, würde nach Malachias den Beinamen „de medietate lunae“ („von der Mitte des

Mondes") tragen — ein Hinweis auf die ersten Mondfahrten zu seiner Zeit?

Anschließend käme ein Papst mit der Typisierung „de laborae solis" („von der Mühsal der Sonne") — soll man darunter kosmische Ereignisse verstehen?

Als allerletzter Papst figuriert bei Malachias ein Petrus II. Ohne jeden Kommentar.

Ist es jener, der nach der Weissagung der Nonne Perpetua aus Aachen (F. J. Doelger: Gladiatorenblut und Märtyrerblut, Warburg 1926) vom Jahr 1600 aus dem brennenden Rom „über die Leichen seiner Brüder" flüchten und sich fortan verborgen halten mußte? Wäre der Petrus II. des Malachias demnach wieder das, was sein Namensvetter Petrus I. war: ein Katakomben-Papst? Der Kreis hätte sich geschlossen. Und im übrigen scheint es gerade in heutiger Sicht nicht mehr so ausgeschlossen, daß chaotische Zustände in Italien den Nachfolger von Paul VI. zur Emigration veranlassen könnten.

Nachbemerkung: Die absolute Echtheit der Malachias-Liste ist exakt nicht beweisbar. Sicher ist jedoch, daß sie schon lange vor der 1922 beginnenden Regierungszeit von Pius XI. existierte und daß dieser Papst nicht nur in der Tat beinahe heiligmäßig („angelicus") war, sondern darüber hinaus aus dem Geschlecht derer „di Angeli" stammte. Was ein Mönch von viel früher sicher nicht hätte wissen können oder dürfen . . .

Nostradamus und die Waldpropheten

Ungefähr 100 Jahre nach dem Mönch Malachias lebte in Frankreich ein Jude, der heute noch bekannt ist und häufig genannt wird: Nostradamus. Michele de Notredame wurde am 14. Dezember 1503 in St. Remy in der

Provence geboren (er starb am 2. Juli 1566 in Salon) und machte sich zunächst als Arzt bei der Bekämpfung der großen Pestseuche des Jahres 1546 einen Namen. Erst später und nach vielen Reisen schrieb er in Salon seine berühmt gewordenen Prophezeiungen in Versform, die sogenannten „Quatrains", die Voraussagen der Weltereignisse in „Centurien" (zu je hundert), angefangen von seiner Zeit bis über das Jahr 2000 hinaus.

Was *über* Nostradamus geschrieben wurde, ist ein Vielfaches dessen, was er selbst geschrieben hat, und über kaum eine andere Zukunftsvoraussage gibt es mehr Deutungen als über die seine. Weshalb hier keine weitere seiner größtenteils in verschlüsselter und verschlungener Form niedergelegten Prognosen versucht werden soll.

Für seine Glaubwürdigkeit soll nur ein Beispiel zitiert werden: in einem Brief an König Heinrich II. (1547 bis 1559) kündigte Nostradamus — im Gegensatz zu seiner sonstigen Gepflogenheit — völlig offen und eindeutig für das Jahr 1792 folgendes an:

> „Und dann wird der Anfang sein von dem, was dauern wird und, in diesem Jahr beginnend, wird eine größere Verfolgung der christlichen Kirche stattfinden . . . Im gleichen Jahr 1792 wird man glauben, eine neue Zeitrechnung einzuführen . . ."

Die Kirchenverfolgung der französischen Revolution ist bekannt, und am 22. September 1792 wurde ein neuer Kalender mit anderen Monatsnamen und -zahlen eingeführt. Über zweihundert Jahre nach Nostradamus.

Für die uns interessante Zukunft sagte Nostradamus verschiedene „Antichristen" voraus, deren Auftauchen mit gewaltigen Umwälzungen, Seuchen und Kriegen verbunden sein soll, die über zwei Drittel der Menschheit hinwegraffen. Diese neue Apokalypse begänne nach Nostradamus um das Jahr 1991.

Michele de Notredame war ein sehr gebildeter Mann, der gewiß die Kabbalah und andere geheime Überlieferungen der Juden und anderer Völker kannte. Dies trifft ganz sicher nicht für eine Gruppe von „Propheten" zu, die man als Wald- oder Bauernpropheten bezeichnen könnte und die sich vor allem im 19. Jahrhundert bemerkbar machten. Im Bayrischen Wald vornehmlich, aber auch im österreichischen Waldviertel. Einer von ihnen, der Alois Irlmaier aus Bayern, sagte ähnlich wie andere vor ihm, einen Dritten Weltkrieg voraus, der seinen Ausgang von Prag nehmen sollte und in dessen Verlauf ein „gelber Staub" Teile Europas unbewohnbar machen würde (Dr. Kurt Becsi: Aufmarsch zur Apokalypse, Wien 1972).

Oder da gab es den Leonhard Auer in Oberösterreich, der 1935 verkündete, daß später einmal die Frauen Hosen tragen würden und Frisuren wie die Männer und sogar die „Bauernmenscher" Seidenstrümpfe. Was für seine Zeit etwas Unerhörtes war.

Derartige und andere Voraussagen sind zunächst meist nur mündlich überliefert worden und spätere „Korrekturen" daher denkbar. Keinen Zweifel jedoch kann es an einer Aussage geben, die um 1866 schriftlich festgehalten wurde und sich noch heute im Besitz des Schulleiters von Großreinprechts im österreichischen Waldviertel befindet. Sie ist von einem Mitarbeiter der „Kronenzeitung" — der größten Tageszeitung Österreichs — eingesehen worden, und ihr Inhalt ist in dieser Zeitung am 14. April 1974 veröffentlicht worden. Von ihrer Authentizität hat sich der Autor selbst überzeugt. Es handelt sich um ein Manuskript in Kurrentschrift mit dem Titel „Prophezeiung der Zeit nach 1866", und es heißt in ihm wörtlich:

„Wenn die Zeit kommen wird, wo die Menschen sich den Blitz und das Feuer des Himmels dienstbar machen werden, wo man einen Draht von Eisen um die Erde legen wird und die Menschen viele Meilen weit durch die Lüfte miteinander reden werden, dann werden viele rufen: wir sind die wahren Propheten, von Gott gesandt, und uns sollt Ihr hören . . . Es wird keine Ferne mehr geben auf dem Erdenrund und die Kräfte des Wassers und des Feuers der Erde und der Luft werden dem Menschen dienstbar sein. Große Kriegsheere werden furchtbare Waffen tragen und trotzdem wird man sagen, es sei Friede, ewiger Friede . . . Dann wird von Sonnenaufgang her ein großes Kriegsgeschrei erschallen und ein Blutvergießen wird sein . . . Der Krieg wird sich ausbreiten und kein Reich wird verschont bleiben. Städte und Ortschaften werden zerstört und zu Schutthaufen werden."

Mag sein, daß es sich bei dieser Voraussage um die Abschrift einer älteren handelt, aber das würde ihre Glaubwürdigkeit eher noch unterstreichen. Auf jeden Fall ist sie verblüffend und deckt sich (sogar abgesehen von den erstaunlichen Voraussagen über die Technik von heute) mit anderen, ähnlichen Bauernpropheten, deren eingehende Behandlung den Rahmen dieses Buches sprengen würde, die aber eine Reihe von charakteristischen Merkmalen gemeinsam haben:

Alle sprechen sie von einem Krieg, der nach zwei anderen kommt und der größte sein wird;

in den meisten von ihnen wird gesagt, daß dieser „letzte" Krieg „aus dem Osten" käme und eine „Front" mitten durch Europa laufen würde;

von „gelbem Staub“ oder einem „Gas, das die Menschen vergiftet“ ist in ihnen die Rede, und daß man alle Fenster und Türen dichtmachen müsse, um die drei gefährlichsten Tage zu überleben, nach denen nur noch wenige Menschen übrigbleiben. Erdbeben und Überschwemmungen werden als zusätzliche Übel genannt.

Die „drei Tage“ und ebenso der Rat zum Flüchten in die Berge usw. mögen aus der Bibel übernommen sein und von ihr inspiriert. Aber: Es ist doch wirklich verwunderlich, daß die prophetischen Waldbauern solches zu einer Zeit verkündeten, da wenigstens Europa durchaus friedlich war und von einem Weltkrieg nicht einmal eine vage Vorstellung existieren konnte. Geschweige denn eine Ahnung von tödlichen Gasen und einem tödlichen „Staub“.

Wer, so fragt sich, hat diesen „Primitiven“ von den Hängen des Bayrischen und Böhmerwalds, diesen süddeutschen „Spökenkiekern“, derartige Visionen vermittelt? Von Rundfunk und Fernsehen und Nylonstrümpfen und von einem kommenden Weltende?

Sie selbst wußten es nicht, sie waren nur Lautsprecher, aber nicht mehr. Und sind alt und friedlich gestorben.

Das Geheimnis der Pyramiden

Unsterblich — zumindest für unsere heutigen Begriffe — ragen bei Gizeh in Ägypten die Pyramiden hoch. So zeitlos, daß schon ein arabisches Sprichwort von ihnen sagte: Alles fürchtet sich vor der Zeit, aber die Zeit fürchtet sich vor den Pyramiden.

Wie alt wirklich etwa die dem Pharao Cheops zugeschriebene „große“ Pyramide ist (Cheops lebte um 2700 v. Chr.) weiß niemand. Neuere Forschungen (J. B. Carter:

Aegyptian Relicts, London 1970) lassen die Vermutung offen, daß sie gar nicht von ihm erbaut wurde, sondern bestenfalls vollendet, und also schon vorher in ihrer Basis und Konzeption existierte. Hunderte oder Tausende Jahre vor Cheops, der sich ihrer Erbauung nur rühmte (wie es Politiker von heute mit anderen Dingen ja auch tun).

Im August 1974 hat eine sehr seltsame Expedition begonnen: Sie betrifft die Pyramide des Chefren (der um 2600 v. Chr. lebte) und soll klären, ob in ihr bisher unentdeckte Geheimniskammern vorhanden sind, die schriftliche Dokumente und Voraussagen aus der Zeit ihrer Erbauung bergen könnten, wie sie der amerikanische Hellseher Cayce (1877 bis 1945) behauptet hat (Mary Ellen Carter: Prophezeiungen in Trance, Genf 1971). Geleitet wird die Expedition von Dr. Lambert Dolphin vom Stanford Research Institute, und sie ist mit den modernsten elektronischen Spürgeräten ausgestattet. Trotzdem ist nicht vor einem oder zwei Jahren mit einem Erfolg zu rechnen.

Eben diese Expedition zeigt wieder eines: Die Pyramiden sind kaum n u r als Grabmale zu verstehen, sondern waren, wenigstens nebenbei, noch etwas anderes: Dokumente in Stein eines Wissens, das vor vielen tausend Jahren vorhanden war und dann verlorenging.

Daß sie nur für einen einzigen König erbaut worden wären, ist ebenso lächerlich wie unwahrscheinlich.

Dazu nur die Daten der Pyramide des Cheops: Sie besteht aus 2,3 Millionen Steinblöcken von je 2,5 Tonnen Gewicht. Ihre ursprüngliche Seitenlänge wurde mit 232,8 Metern errechnet, ihre Höhe mit 147 Metern. Das Baumaterial für dieses Monstrum in Stein würde fünf Güterzüge von je einer Länge von Wien bis Paris füllen. Es stammt zum Teil aus Steinbrüchen, die 15 Kilometer entfernt sind, zum Teil aber auch aus solchen, die Hunderte Kilometer entfernt sind, und zum Teil wiegen einzelne Blöcke (aus diesen entfernten Steinbrüchen) bis zu 20 Tonnen.

Wie diese Bauleistung zustande kam und möglich war, ist bis heute nicht restlos geklärt. Denn selbst wenn — wie der griechische Geschichtsschreiber Herodot es annahm — 200 000 Sklaven jahrzehntelang am Werk gewesen wären: Wer hätte diese Armee verpflegt, und wie gelangten die Riesenblöcke an den Bauplatz? So, wie man es bisher immer erklärt, nämlich auf Rollen aus Baumstämmen, kaum. Die einzige im Niltal vorhandene Holzart ist die der Palme und deren Stämme sind viel zu weich. Sie würden von jedem größeren Gewicht zerquetscht. Doch das nur nebenbei. Die tiefsten Rätsel der Großen Pyramide ruhen in ihr selbst. Ihre Höhe zum Beispiel beträgt ganz genau den tausendmillionsten Teil der Entfernung der Erde von der Sonne, ihr Gewicht verhält sich zu dem der Erde in einem Verhältnis von 1:10 hoch 15. Die vier Kanten der Pyramide sind auf einen Grad genau nach den Himmelsrichtungen orientiert, der Längengrad, auf dem die Pyramide steht, geht (über die Pole verlängert) durch mehr Landgebiet und weniger Meere als jeder andere Meridian.

Dividiert man den Umfang der Grundfläche der Pyramide durch ihre doppelte Höhe, erhält man die Zahl 3,1416 — die bekannte Ludolffsche Zahl „pi“.

Der schräg aufwärts führende Gang ins Innere der Cheops-Pyramide weist in seiner gedachten Fortsetzung genau auf jenen Punkt am Himmel hin, wo vor viertausend Jahren der Polarstern stand. Dieser Seltsamkeiten, die man beim besten Willen nicht mehr als zufällig erklären kann, gibt es noch eine Menge (F. Klein: Die große Pyramide, Innsbruck 1947).

Da ist eben etwa der vorerwähnte schräge Gang zur sogenannten Grabkammer (wenn dies je eine solche war), der außer seiner Justierung auf den Polarstern noch andere Merkwürdigkeiten aufzuweisen hat: In unregelmäßigen Abständen zeigt er Unterschiede in der Höhe und Breite, die nicht vom Material her bestimmt scheinen, sondern vermutlich bewußt gesetzt wurden. Verschiedene Forscher haben denn auch in dieser Tatsache eine Art Chronologie besonderer Daten seit der Zeit der Erbauung der Pyramide sehen wollen, eine Art Geschichtsbuch in Stein.

Der Franzose George Barbarin errechnete 1937 folgende Daten: den August 1914 (Beginn des Ersten Weltkriegs), den November 1918 (sein Ende), das Jahr 1928 (Beginn der Weltwirtschaftskrise), den August 1938 (Abkommen von München), den September 1939 (Beginn des Zweiten Weltkriegs) und den Mai 1945 (sein Ende).

Man sollte sich nochmals vergegenwärtigen: Diese Daten wurden von Barbarin in seinem Buch „Le mystère de la Grande Pyramide", erschienen in der Edition Adyar in Paris, im Jahr 1937 genannt — als es weder ein Abkommen von München noch einen Zweiten Weltkrieg gab! Entweder war Barbarin ein Hellseher — oder die Erbauer der Pyramide des Cheops waren solche. Falls sie es waren und ihre Prognosen in Stein verewigt hätten, müßten wir freilich vor dem Jahr 1992 zittern, denn diesem entspräche die allerletzte Datierung im „schrägen Gang". Sie würde nur ein Jahr von der Endzeit-Prognose des Nostradamus (1991) abweichen. Wobei festzustellen ist, daß Michele de Notredame vom Innern der Cheops-Pyramide ebensowenig eine Ahnung haben konnte, wie wir heute eine solche vom Innern der Pyramide des Chefren haben und dem, was dort vielleicht verborgen liegt.

Wen es interessiert, der kann übrigens heute und ganz „live" die Verwirklichung einer uralten Prophezeiung erleben und verfolgen: Seit einigen Jahren gibt es eine Rückwanderung des jüdischen Volkes von gigantischen Ausmaßen.

Vor ungefähr zweieinhalbtausend Jahren sagte der jüdische Prophet Ezechiel: „Ich werde die Söhne Israels aus allen Völkern, wohin sie gezogen waren, wegholen und sie von allen Seiten her sammeln und in ihr Land zurückbringen . . .“ (Ezechiel II/37).

Damals war das alte Reich der Juden bereits zum Teil zerstört und sie selbst buchstäblich in alle Winde verstreut.

Heute sammeln sie sich wieder. Wobei der Lévi aus Kischiniew oder der Meyer aus Moskau kaum wissen, warum sie es tun. Sie folgen einem Instinkt, wie die Zugvögel es tun. Sie folgen einer Programmierung, die von allem Anfang an festlag und von der es in alten Prophetien heißt, daß der „ewige Jude“, der Ahasver, erst dann seine Ruhe (und sein Land) finden würde, wenn das Ende aller Zeiten gekommen wäre.

Dieses Ende scheint — zumindest was unsere Zeit betrifft — gekommen. Und das ahnen, außer den Juden, auch andere Völker, die natur- und instinkthaft geblieben sind, wie etwa die Zigeuner. Seit Jahren schon beginnen sie sich in Europa zu konzentrieren: in Österreich, in Wien vornehmlich. Als ob da eine Art „Luftschutzbunker“ für die nächste Apokalypse bestünde. Als ob die Prophetie der im Wappen der Habsburger vorhandenen Buchstaben A. E. I. O. U., die man immer wieder als die Anfangsbuchstaben des Satzes „Austria erit in orbe ultima“ (Österreich wird das Letzte in dieser Welt sein) deutete, eine Garantie wäre.

Die Zigeuner wissen vielleicht mehr, als sie sagen. Aber sie schweigen. Sie nisten sich in alten Abbruchhäusern ein — sie sind da und warten. Worauf?

Bestimmt ist ein Zigeuner, der sich aus dem letzten Winkel von Jugoslawien nach Wien geschmuggelt hat, deswegen noch kein Weiser und kein Prophet. Warum er hierher kam, weiß er vermutlich ebensowenig wie der vorerwähnte Lévi aus Kischiniew weiß, warum er um jeden Preis der Welt nach Israel will.

Sie tun es eben — mehr ist dazu nicht zu sagen. Außer, daß es ein Zeichen ist. Das man sehen kann oder auch nicht.

Es sagte um das Jahr 700 n. Chr. Ottilie, Tochter des Herzogs Adelrich (Eticho), Patron des Elsaß, nach der Überlieferung blind geboren, nach der Taufe durch den heiligen Erhard von Regensburg sehend geworden, Stifterin der Klöster Odilienberg und Niedermünster, voraus (über den letzten Krieg):

„... Der Krieg wird der schrecklichste sein — die Armeen werden Flammen werfen, die Helme der Soldaten werden starren von Spitzen, welche Blitze aussenden werden, während ihre Hände entzündete Fackeln schwingen werden. Es wird Siege auf der Erde, auf dem Meere und *selbst in der Luft* geben,

> denn man wird geflügelte Krieger in unvorstellbaren Fahrzeugen sich bis zum Firmament erheben sehen, um hier die Sterne zu ergreifen und das Feuer auf die Städte herabzuwerfen, um dort große Brände zu verursachen ...

Es wird eine Periode der „Entkräftigung" geben ... es wird wunderbare Dinge *im Orient* geben, aber die Völker werden sich zu früh freuen. Erst viel später kommt das Ende ..."

Diese Prophetie ist wörtlich wiedergegeben und ungefähr 1275 Jahre alt. Ottilie starb um das Jahr 720 (Prophezeiungen über das Schicksal Europas, aus dem

Nachlaß von P. Ellerhorst, OSB, Verlag Schnell und Steiner, München 1952).

Woher dieses Ahnen, dieses Wissen, woher diese Kenntnisse? Je tiefer wir schürfen, desto weniger kommen wir darum herum, daß irgend jemand alle diese Dinge den Menschen einmal mitgeteilt haben muß, zugleich vermutlich mit deren Programmierung auf ein Ende hin, auf eine zeitliche Begrenzung ihrer Existenz auf dem Planeten Erde.

Von allem Anfang an scheint die Menschheit nur für eine gewisse „Lebensdauer" vorgesehen gewesen zu sein — als Einzel-Existenz, aber ebenso als Gesamt-Existenz. Oder — und das ist die einzig andere Erklärung — die Menschen wurden zwar einmal von den vermeintlichen „Göttern" als zeitweilige Hilfs- und Sklaven-Wesen geschaffen und später sich selbst überlassen. Worauf sie sich selbst ziel- und planlos „entwickelten", aber immerhin und doch den Todeskeim dieser Fehlentwicklung in sich tragend. Anders ist die ganze heutige Situation nicht deutbar, anders nicht jener infernalische Haß, mit dem die Menschen alles verfolgten, was „schriftlich" niedergelegt, und also von den „Göttern" vorhanden war.

Hier und an diesem Punkt beginnt die wirkliche und wahre Erbsünde der Menschheit, der Verrat am Paradies: Unsere fernen Vorfahren vermischten Glauben und Wissen — das, was ihnen von Natur aus an psychischen (seelischen) Fähigkeiten und Kräften gegeben war, und das, was ihnen die „Götter" an äußerem Wissen beigebracht hatten. Sie „funktionierten" in ihrer Dummheit einfache Lehranweisungen zu heiligen und Zauber-Büchern um, technische Geräte zu Tier-Göttern und menschliche Astronauten zu Wesen aus anderen Sphären.

Wir sprachen wiederholt davon, daß zur Zeit der auf Erden weilenden Götter die Masse der Menschen noch auf einem halb-tierhaften Entwicklungsstand war. Das stimmt — doch gab es unter ihnen auch intelligentere Exemplare und schließlich und immer wieder leibliche Nachkommen der „Götter“, die sich (wie tausendfach berichtet) „mit den Töchtern der Menschen“ vermischt hatten. Die große Schar der Halbgötter, von Herkules angefangen, gehört dazu.

Das tragische an der Geschichte der Menschheit ist, daß sich diese „höheren Menschen“ dem niedrigeren Niveau ihrer Umwelt anpaßten und nicht umgekehrt, vor allem, nachdem die Götter wieder von der Erde verschwunden waren. Als ihre Nachfolger etablierten sich Clans und Geheimbünde angeblich „Wissender“ — eine Maffia der Vorzeit und der Geschichte, die das überkommene Wissen vor allem dazu verwendete, die übrigen Menschen zu mißbrauchen und auszunützen, gestützt auf deren einprogrammierte Hochachtung und Furcht vor den Göttern.

Daß dennoch Hochkulturen entstanden, deren Kunst und Zivilisation bewundernswert scheinen, ist lediglich ein Hinweis darauf, wie unendlich groß das ursprüngliche Wissen gewesen sein muß. In Wirklichkeit war alles Folgende nur ein Rück- und kein Fortschritt.

Man kann dies noch an unscheinbaren Kleinigkeiten erkennen, etwa daran, daß v o r der Bilderschrift (die noch immer als Ursprung der Schrift angesehen wird) eine echte und abstrakte „Linearschrift“, der unseren ganz ähnlich, existierte. Man findet sie auf vielen bemalten Felsen und Steinen der Vorzeit, wie jenen von Mas d'Azil. Von Sumer, Alt-Ägypten und den ersten Kulturen Mittelamerikas führt kein Weg nach „vorne“, sondern durch viele Jahrtausende einer zurück. Zurück zur Primitivität und Dummheit.

Die Allonge-Perücken, mit denen heute noch die Lords of England ins Oberhaus einziehen, sind nichts als Nachbildungen ägyptischer Königs-Kopftücher und -Masken und diese wiederum nichts als Nachbilder alter Raumfahrerhelme mit den typischen Schulterstützen.

Die Zepter der Könige „von Gottes Gnaden“ waren Imitationen jener geheimnisvollen Strahlwaffen, die einst die Götter für ihre „Wundertaten“ benützten und die „Reichsäpfel“ in ihren Händen Miniaturen von Raumfahrzeugen. Die Rüssel der Elefanten-Götter Indiens sind „vertierte“ Atemschläuche der ersten auf der Erde gelandeten Götter. In Akkad und Sumer war ein weißer Stab (oft gemeinsam mit einem roten Ring) das Gottes- und Herrschaftssymbol. Auf den Fragmenten eines Wandgemäldes im später zerstörten Riesenpalast des Königs Mari am Euphrat (3. Jahrtausend v. Chr.) hält die Sternengöttin Ischtar dem König einen weißen Stab mit *roten* Ringen entgegen (Pauly-Wissowa: Real-Enzyklopädie der klassischen Altertumswissenschaft, Stuttgart 1957).

Im homerischen Hymnos gibt der Griechengott Apollon seinem Bruder Hermes einen ähnlichen Stab mit den Worten: „Den Stab des Gedeihens und des Reichtums, den wunderschönen, will ich Dir schenken ...“

„Mit diesem Stab *schließt Hermes die Augen der Sterblichen* und *weckt die Schlummernden wieder auf!*“ (Heinrich Ackermann: Jesus, Göttingen 1952, und Rudolf Bultmann: Das Urchristentum im Rahmen der christlichen Religion, Zürich 1949).

Ein Stab, der einschläfert und aufweckt? Der ägyptisch-griechische Gott Dionysos besaß auch einen solchen, mit dem er den Giganten Eurytos „lähmte“. Er soll aus goldglänzendem Metall gewesen sein „und die Menschen fürchteten ihn sehr“ (Apollodores, Übersetzung von Chr. G. Moser 1828). Sowohl der griechische Berichterstatter Apollodores wie Herr Moser vom Anfang des 19. Jahrhunderts dürften frei vom Verdacht sein, Erinnerungen an echte Astronauten-Götter „hineingeheimnißt“ zu haben . . .

Notabene finden wir einen Wunderstab (der ihm von seinem Gott verliehen wurde) auch bei Moses und in unzähligen anderen Überlieferungen. Er läßt sich bei den alten Preußen in Osteuropa nachweisen und er taucht später in der Hand der altrömischen Auguren, der Opfer- und Zauberpriester wieder auf, bis er in den Besitz der christlichen Bischöfe übergeht. Marschällen und Feldherren späterer Zeiten — zuletzt Hermann Göring — war der gold- und edelsteinbesetzte Stab höchstes Zeichen ihrer Macht und Würde.

Er ist verwandt mit dem „goldenen Zauberschwert“ aus den Sagen und Traditionen aller Völker und Zeiten. Der indische Held Kashyab durchteilte mit ihm die Berge des Kaschmirtales, so daß das Wasser ablaufen konnte und fruchtbares Land entstand (H. de Terra: Durch Urwelten am Indus, Leipzig 1940).

Alle diese Stäbe und Schwerter waren ursprünglich nichts anderes, als eine Art von Handfeuerwaffen der „Götter“, ein Mehrzweck-Gewehr, das sie ab und zu an ihre Günstlinge ausliehen. Die Furcht vor ihnen aber war so nachhaltig, daß sich später alle Völker auch vor nachgeahmten Symbolen willig verneigten und ihnen folgten — selbst wenn sie nur noch auf Fahnen gemalt waren.

Nur so wird begreiflich, warum durch Hunderte und Tausende von Jahren Abermillionen wissentlich und unwissentlich fehlgeleiteter Menschen begeistert bereit waren, für lächerliche Imitationen von Macht-Symbolen und für „Ruhm und Ehre“ der Herrschenden zu krepieren, während diese selbst meist herrlich und in Freuden lebten.

Nur mit der anscheinend unausrottbaren Furcht-Programmierung der Menschen vor allem, was „Gott“ ließ (und was meist nur „Götter“ waren ...) läßt sich verstehen und erklären, wie die Menschen in Europa zweitausend Jahre lang einen angeblichen „Gott“ verehren konnten, der nach seiner offenkundigen Herkunft lediglich einer von vielen grausamen und blutdürstigen „Klein-Potentaten“ aus Kleinasien war, der die Menschen zu Zehntausenden hinzumetzeln pflegte, wie es das angeblich „heilige Buch“ des Alten Testaments hundertfach berichtet — in allen Einzelheiten.

Die früheren Götter auf Erden waren ganz gewiß keine Engel in unserem Sinne — aber sicher auch nicht für jeden „Unterführer“ verantwortlich, den die Eingeborenen später zu einem Pseudo-Gott machten, einem Zerrbild jener höchstdimensionalen Realität, nach der wir heute wieder erst zu suchen beginnen.

Ist es denn heute viel anders? In Südamerika rotten geld- und landgierige „weiße Herren“ ganze Indiostämme mit Bazillen, Giftgas und Maschinengewehren aus, während Entwicklungshelfer sich redlich abmühen, den Zurückgebliebenen zu helfen. Auch in Vietnam waren ganz gewiß nicht alle Amerikaner grausam und böse.

Wir brauchen dieses Bild nur in die Vergangenheit zu projizieren, dann wird vieles klar: Auch die Götter hatten ihre eigenen Probleme und Zwistigkeiten, und häufig dienten ihnen die abgerichteten Primitiven der Erde als Werkzeuge zu ihrer Austragung.

Wir können aber trotzdem sicher sein, daß zumindest einige von ihnen ihr Bestes taten, um den ihnen anvertrauten Menschen der Erde ein Minimum an Wissen beizubringen und vor allem einen Unterschied klarzumachen: den zwischen ihnen selbst samt ihrer ganzen technisch-wissenschaftlichen Überlegenheit — und dem „obersten Weltenherrn“ aus anderen Sphären und Ebenen, dem auch sie untertan waren.

Die Griechen bezeichneten ihn später als (weiblich) „Moira“, die Germanen folgerichtiger als (sächlich-ungeschlechtlich) „das“ Got. Anderswo hieß er Brahma, Tangaroa usw. (A. Ungnad: Die Religion der Babylonier und Assyrer, Jena 1921).

Bestimmt haben die „Götter“ versucht, den Menschen ihre Kenntnisse und ihr Wissen um andere Dimensionen und Bereiche von Raum und Zeit zu vermitteln und ihnen klarzumachen, was in etwa sie dort erwarte. Von Brahma wird (in seiner irdischen Personifikation) erzählt, daß er aus „einer Zeit ohne Grenzen“ gekommen sei, wie auch die griechische Göttin Thetis (Homer: Ilias, Übersetzung von J. H. Voss).

Der (zweifellos ebenfalls astronautische) Gott der Germanen Odin-Wotan soll die Fähigkeit besessen haben, seinen Geist auf Wanderschaft zu schicken und in anderen Menschen und Tieren zu materialisieren, während sein Körper wie schlafend dalag (P. Grimal: Mythen der Völker, Band III, Frankfurt 1967).

Solche Fähigkeiten scheinen nicht weiter verwunderlich, denn schließlich waren die Götter ja durch fünf- oder sechsdimensionale Bereiche (oder deren Zwischenzone) zu uns gekommen — anders wäre es gar nicht möglich gewesen — und so wußten sie wohl um deren Gesetze und Wirklichkeiten Bescheid.

Besaßen sie die Unsterblichkeit? In vielen Sagen, wie jenen der Cashinava in Südamerika (Th. Koch-Grünberg: Vom Roroima zum Orinoko, 1928) wird berichtet, daß sie „ihre Haut“ (ihren Körper?) zu wechseln vermochten „wie Schlangen“. In keiner Überlieferung ist hingegen von einem echten, leiblichen Tod eines Gottes die Rede. Götter — und von ihnen bevorzugte Menschen, wie Herkules und viele Gestalten der Bibel und anderer Sagen-Sammlungen — wurden immer nur „fortgeführt“ oder „entrückt“.

Waren solche „Himmelfahrten" nur ein psychologischer Trick der Götter, um Eindruck zu schinden — oder handelte es sich um echte Transformationen in andere Zustände beziehungsweise Transporte zu fernen Regenerationszentren?

Warum haben die Menschen gerade von diesen Dingen nichts behalten? Ganz einfach: Sie waren dazu nicht fähig. Versuchen sie doch einmal, einem Papua-Neger (oder auch nur Ihrem Bürokollegen) die Begriffe höherdimensionaler, nicht-euklidischer Mathematik und Geometrie klarzumachen!

Womöglich noch in einer anderen Sprache mit fremden Ausdrücken. Es geht nicht. Und so ging es da eben auch nicht. „Adam I." war nicht reif genug, der Versuch mußte vergeblich bleiben.

„Adam I." konnte nur einen ganz kleinen Teil seiner Umwelt bewußt erfassen — das, was sicht-, hör-, riech- und fühlbar war. Alles andere wurde zu Aberglauben und Magie. Eine unglückselige Zweiteilung, die bis heute geblieben ist: Die „konkrete Wissenschaft" befaßt sich nur mit den Kräften und Beziehungen der (beschränkten) vierdimensionalen Einstein-Welt, die uns unmittelbar umgibt, — was über diese Grenze hinausgeht, wird zur „Parapsychologie" gerechnet und gilt immer noch als verdächtig und fragwürdig.

Unsere heutige Technik beruht bisher allein auf 4-D-Kräften. Sie muß daher und logischerweise unvollkommen sein und ist es auch. Am Beispiel der Raumfahrt gezeigt: Mehr als bescheidene Ausflüge innerhalb des Sonnensystems sind hier nicht „drin". Weder an Antriebsmitteln, noch an der körperlichen Kondition der Menschen unter diesen Bedingungen. Alles was darüber hinausgeht, würde eine völlig andere Technik und Wissenschaft erfordern. Die aber haben wir nicht.

Wenn wir unsere jetzige Situation völlig ehrlich und unvoreingenommen betrachten, müssen wir erkennen, daß wir an der Schwelle des zweiten Jahrtausends unserer Zeitrechnung praktisch wieder dort sind, wo wir schon einmal waren: am Nullpunkt, vor den Toren eines Paradieses, das einst eine echte Möglichkeit war, aber verkauft und verraten wurde. Eingetauscht für eine traurige „Geschichte", die uns herzlich wenig genützt hat. Ihr Fazit ist in keiner Weise erhebend:

— Eine Sammlung von Jahreszahlen, zerfallende Waffen und Fahnen, alte Gebäude, Bücher und Bilder, überholte und veraltete Gedanken — das ist das kulturelle „Haben".

— Eine kaum zwei- oder dreihundert Jahre alte, aber bereits in eine ausweglose Sackgasse verrannte Wissenschaft und Technik — auch das ist kein Aktivposten.

— Dazu und vor allem die „totalste Unwissenheit aller Zeiten" um das einzig Wichtige und Entscheidende unseres Daseins: die Frage nach dem WOHER und WOHIN des Menschen. Gerade diesbezüglich sind wir Kinder geblieben, die in einer Sandkiste rasch zerfallende Kuchen backen und Burgen bauen. Aus Sand. Sie wissen nicht, wie sie in diese Kiste kamen und noch viel weniger, was nachher ist. Bewußtseinsmäßig sind sie nicht einen Schritt weiter als der erste Urmensch — dabei stünde ihnen der ganze Kosmos, die ganze Ewigkeit und Unsterblichkeit sperrangelweit offen. Wer kann und soll helfen?

Der Weg der Götter von einst ist leer geblieben — aber es gibt auch keinen Weg zurück in eine vermeintlich unschuldige Vergangenheit. Schuhe an unseren Füßen, Kunststoffe, Autos, Kühlschränke, Flugzeuge und Fernseher sind kein „Teufelswerk", und nichts wäre dümmer, als auf ihre Annehmlichkeiten verzichten zu wollen. Es sind harmlose Spielzeuge einer harmlosen Spieltechnik — solange sie als solche erkannt und nicht mißbraucht und vergötzt werden, wie es heute leider geschieht.

Technik und Wissenschaft sind nichts an sich „Böses" — ihre Gefahr liegt darin, daß das Erreichte als der letztmögliche Gipfelpunkt der Erkenntnis und des Fortschritts angesehen wird und man nicht versucht, darüber hinauszugehen. Dann nämlich wird der Glaube an den Fortschritt selbst zum Aberglauben.

1971 kam eine alarmierende Meldung aus Genf (Kurier Wien vom 11. September 1971): Die „Europäische Nuklear-Agentur" und die „Internationale Atomenergie-Organisation" teilten der erstaunten Weltöffentlichkeit mit, daß die Vorstellung von angeblich unerschöpflichen Vorräten an Atomkraft falsch sei. Wenn nicht baldigst neue Uranvorkommen gefunden und sparsamere Reaktoren entwickelt würden, dann gäbe es in keinen zwanzig Jahren einen gefährlichen Mangel an Kernbrennstoff für die Energieversorgung der Welt. Was dann? Diese Frage wurde in der Studie nicht beantwortet.

Das ist schlichtweg eine Bankrotterklärung seitens jener sonst so selbstzufriedenen Wissenschaft, die andererseits noch immer alles verdammt und verlacht, was über ihren beschränkten vierdimensionalen Horizont und ein vor etwa hundert Jahren festgelegtes „Weltbild" hinausgeht. Die nicht zur Kenntnis nehmen will, daß es neben der Welt, in der wir momentan uns aufhalten, noch andere Welten und Bereiche gibt, aus denen uns gerade in der heutigen verfahrenen Lage vielleicht Hoffnung und Rettung werden könnten.

Das Groteske an dieser Situation, die die Menschen weltweit in die Arme von Zauberpriestern und Teufelskulten treibt (kirchliche Kreise schätzen, daß 1,5 der 4 Millionen Einwohner von Buenos Aires in Brasilien dem magischen Macumba-Kult anhängen, Spiegel 3/1975), ist, daß es jedem, der nicht völlig vernagelt ist, klar und sichtbar sein muß, daß es in dieser und rund „um“ diese Welt Dinge gibt, die jeden fast mit der Nase darauf stoßen, daß die Grenzen und Wände dieser Welt dünn und durchlässig sind.

Wir wollen dabei gar nicht von den „UFOs“ reden — darüber sind schon Bücher genug geschrieben worden — sondern von Tatsachen und Ereignissen, die eindeutig und aktenkundig sind. Nur: Man nimmt sie nicht zur Kenntnis.

Wir wollen auch nicht von Spuk und Gespenstern und sonstigen parapsychologischen Phänomenen reden, sondern von Geschehnissen, die nun einmal geschehen sind. Und die in ihrer Nüchternheit und beinahe Alltäglichkeit mehr aussagen, als die gruseligste Gruselgeschichte.

Menschen, die im Nichts verschwinden

Noch immer rätselt die Polizei am Fall eines jungen Wiener Arbeiters, der am Silvestertag 1974 seine Wohnung verließ, um zur Arbeit zu fahren — aber nie dort ankam. Er hatte kein Geld unterschlagen, sondern einen größeren Betrag bei sich. Er lebte zufrieden und glücklich mit seiner Familie und hatte keine Freundin, noch sonst einen Grund zu verschwinden.

Man suchte ihn überall, auch im Wochenendhaus der Familie bei Maißau — alles umsonst. Sein Bild erschien in den Zeitungen, niemand gab bisher einen Hinweis. Fiel er einem „perfekten Verbrechen“ (wegen ein paar Tausender) zum Opfer? Wird man jemals noch eine Spur von ihm finden, oder wird sein Akt zu den nicht wenigen anderen Fällen wandern, die niemals geklärt oder auch nur erklärt wurden?

Aus der Großstadt verschwinden Jahr für Jahr Hunderte von Menschen spurlos, in Amerika besonders viele, da es dort keine Meldepflicht gibt. Nach allen Erfahrungen kann man sagen, daß 98 bis 99 Prozent der so Verschollenen und Vermißten entweder verschwinden *wollten* oder verschleppt oder ermordet wurden, oder auch irgendwo tödlich verunglückten, ohne gefunden zu werden.

Die restlichen ein bis zwei Prozent freilich widerstehen jedem Erklärungsversuch. Und noch unerklärlicher, mysteriöser — ja unheimlicher wird die Sache, wenn nicht nur einzelne Menschen, sondern so große Dinge, wie es Flugzeuge oder Schiffe sind, einfach nicht mehr da sind, sich anscheinend in Nichts aufgelöst haben ...

Vor wenigen Tagen erst — und im Wirbel der großen politischen und sonstigen Ereignisse praktisch unbeachtet (nur in Frankreich und Deutschland wurde die Meldung kurz wiedergegeben) — kam aus Amerika die Nachricht, daß Anfang April ein Verkehrsflugzeug mit 39 Menschen an Bord im Gebiet der Bermudainseln verschwunden sei. Und daß trotz intensiver Suche keine Spur gefunden werden konnte. Bis heute.

Bei den Bermudas ... wir schalten zurück:

Um 14 Uhr des 5. Dezember 1945 starteten vom Militärflugplatz Fort Lauderdale in Florida fünf Torpedoflugzeuge der US-Marine vom Typ „Avenger" zu einem Übungsflug. Sie sollten etwa 300 Kilometer nach Osten fliegen und dann wieder zurückkehren. Das Wetter war schön und sonnig.

Kurz vor 16 Uhr, als man die Maschinen bereits zurückerwartete, kam eine Meldung des Staffelkapitäns, wonach sich die Piloten offensichtlich verflogen hätten. Auf den Rat des Bordfunkers, doch einfach der sinkenden

Sonne nach in Richtung West zu steuern, antwortete der die Flugzeuge leitende Kapitän: „Wir wissen nicht, wo Westen ist, alles ist so merkwürdig und verkehrt ..."

Dann brach die Verbindung ab. Etwas später empfing man in Fort Lauderdale noch Gesprächsfetzen, aus denen hervorging, daß der Staffelführer, ein erfahrener Weltkrieg-II-Pilot, das Kommando einem anderen Flugzeugführer übergeben hatte und daß sich die Maschinen schätzungsweise 600 Kilometer östlich der Basis befänden.

Gegen 17 Uhr startete ein Flugboot vom Typ „Martin-Mariner" zur Suche. Zwanzig Minuten später riß auch mit ihm die Verbindung ab. Noch in der Nacht zum 6. Dezember wurde der Flugzeugträger „Salomons" in das fragliche Gebiet entsandt, aber weder die 30 Flugzeuge, die er an Bord hatte, noch weitere 21 Schiffe, die nach und nach eintrafen, konnten eine Spur von den Torpedoflugzeugen und dem Mariner-Flugboot finden, obwohl dieses mit Rettungsflößen und Kleinfunkgeräten ausgerüstet gewesen war, und, wie erwähnt, bestes Wetter herrschte. In der größten Suchaktion nach dem Zweiten Weltkrieg durchkämmte anschließend die amerikanische Luftwaffe und Marine ein Gebiet von 500 000 Quadratkilometern Meeres- und Küstengebiet. Ohne Erfolg. Kein Ölfleck wurde gesehen und nicht das geringste Wrackstück gefunden.

Das spurlose Verschwinden der fünf „Avenger" und des Flugbootes mit insgesamt 27 Menschen war nicht das erste und letzte in einer Kette ähnlicher Fälle, die sich alle im Dreieck zwischen Bermudas, den Bahamainseln und Florida abspielten. 1944 schon waren dort fünf „Super-Fortress"-Bomber, die nach England hätten fliegen sollen, verschollen.

Am 30. Januar 1948 verschwand eine britische Verkehrsmaschine vom Typ „Star-Tiger" auf der Strecke

Bermudas — Kingston, 1953 ein Verkehrsflugzeug mit 38 Passagieren und Besatzungsmitgliedern auf dem Flug nach Jamaica. 1954 war es eine Super-Constellation mit 44 Insassen. Das Merkwürdige daran ist, daß keines dieser Flugzeuge zuvor einen Notruf ausgesandt hatte, ja, von einer DC-3-Chartermaschine, die am 25. Dezember 1948 im Bermudas-Dreieck" verschwand, hatte der Copilot noch gemeldet, daß man bereits die Lichter von Miami sehen könne und die Passagiere Weihnachtslieder sängen.

Diese und andere Angaben und Daten hat der amerikanische Journalist Vincent Gaddis gesammelt und publiziert — und sie wurden niemals dementiert. Wobei das Verschwinden der Verkehrsmaschine von April 1974 in diese Serie lückenlos hineinpaßt.

Insgesamt sind bisher im „Dreieck ohne Wiederkehr" (wie man das Gebiet allmählich nannte) 122 Flugzeuge, aber auch kleinere Schiffe und Yachten so spurlos verschwunden, als ob sie sich in Nichts aufgelöst hätten.

Und ohne auch nur vermutbare Ursache. In fast allen Fällen war überdies keiner, der sonst in dieser Gegend häufigen Hurrikans gemeldet gewesen. Erklärung: bisher keine.

Ebenso aktenkundig, wie die meisten Fälle der im Bermudas-Dreieck verschwundenen Flugzeuge und Schiffe, sind Fälle, in denen Menschen auf eine Art und Weise „abhanden kamen" (anders kann man es nicht nennen), die außergewöhnlich ist.

Am 14. August 1952 verabschiedeten sich in der Nähe von Miami in einem Restaurant der Fleischer Tom Broke, seine Frau und sein elfjähriger Sohn von Bekannten, mit denen sie dort gegessen hatten. Es war gegen 0 Uhr.

Am nächsten Tag fand die Polizei das Auto 20 Kilometer vom Restaurant entfernt auf einer Straße. Die Scheinwerfer brannten, die Türen standen offen und auf dem

Rücksitz lag — unberührt — die Handtasche von Mrs. Broke, in der sich ein größerer Geldbetrag befand. Auf der Wiese neben der Straße waren Fußspuren zu sehen. Sie hörten nach einigen Dutzend Schritten plötzlich auf.

In der gleichen Nacht zum 15. August 1952 verschwand, nur elf Kilometer von dieser Stelle entfernt, die Kellnerin Mabel Twin. Auch ihr Auto stand an der Straße, die Scheinwerfer brannten und es waren auf dem Feld daneben Fußspuren zu sehen.

Gefunden hat man weder sie, noch die Familie Broke jemals.

Natürlich fanden sich später Leute, die behaupteten, gerade in jener Nacht „UFOs" gesehen zu haben — aber das ist wahrscheinlich Einbildung und Phantasie. Oder auch nicht.

Auf jeden Fall sind diese Menschen weg, so wie die Flugzeuge und Schiffe und so wie Tausende Menschen in aller Welt, die spurlos verschwanden und verschwinden.

Wurden sie von Geistern entführt? Kaum. Viel näher und realistischer ist die Annahme, daß eben die Struktur unserer Welt gar nicht so fest ist, wie sie scheint. Daß sie — unter dem Einfluß höherdimensionaler Energien, ja vielleicht von „Tornados", die in anderen Dimensionen toben (und vielleicht dabei das Phänomen der wirbeltrichterartigen „UFOs" erzeugen) — aus dem hiesigen Raum-Zeit-Gefüge weggerissen wurden, wie Häuser, Dächer und Autos von einem „echten" Tornado. Wohin? Das wissen wir nicht. Aber das wäre eine durchaus logische und auch den Gesetzen unserer Physik adäquate Erklärung. Über die Verschiebbarkeit, Verzerrbarkeit und Zerreißbarkeit von Raum und Zeit haben wir ja bereits gesprochen.

Ergibt sich in der Folge die konsequente Frage: Wenn es „natürliche" Einbrüche in unser Raum-Zeit-Gefüge gibt und dadurch Menschen in andere Bereiche und Dimensionen gelangen können — wäre derartiges auch gewollt und „künstlich“ denkbar?

Wir brauchen ja nur den Vergleich mit einfachen „irdischen“ Dingen zu nehmen: der Blitz ist eine völlig natürliche Erscheinung der Elektrizität. Mit recht merklicher Wirkung. Aber man kann Elektrizität auch „künstlich“ erzeugen und verwenden. Darauf beruht ein Teil unserer Technik.

Wäre es also vorstellbar, daß Menschen sich höherdimensionaler Energien bedienen, um einen „Transport“ ihrer selbst in und durch andere Seinsbereiche zu bewerkstelligen?

Die Sache ist deshalb von Bedeutung, weil eine derartige Möglichkeit immerhin e i n e n Weg zu einer tatsächlichen Zeitlosigkeit und damit Unsterblichkeit, einen Weg aus unserem Gefangensein in Zeit und Raum bedeuten würde.

Diese Frage wird jetzt, 1975, gestellt. Sie scheint aber bereits vor vielen tausend Jahren eine Antwort gefunden zu haben.

V

AUFBRUCH ZUR EWIGKEIT

Es gibt eine uralte toltekische Sage (W. Krickeberg: Die Religionen des alten Amerika, Stuttgart 1952): Vor vielen tausend Jahren versammelten sich die Götter zu Teotihuacan auf der Hochebene von Mexiko um zu beraten, wie man die Sonne und den Mond, die vom Himmel verschwunden waren, nach dorthin zurückbringen könne, wo ihr Platz war.

Denn indessen waren Kälte und Finsternis auf die Erde gekommen.

Keiner der Götter wollte so recht an diese undankbare Aufgabe heran. Zu guter Letzt aber wählten sie den Teccuciztecatl und den Nanahuatzin, den „kleinen Blatternarbigen" aus, um die Sache in Ordnung zu bringen. Beide Götter unterzogen sich einem viertägigen Training, dann brachte man sie, gekleidet in schillernde Spezial-Gewänder zum „Teotxecalli", dem „Götter-Ofen", in dem ebenfalls schon seit vier Tagen ein besonderes Feuer brannte.

Die beiden „Astro-Mechaniker" (wie wir sie heute vielleicht bezeichnen würden) gingen in den Ofen, um sodann strahlend und unter Feuererscheinungen zum Himmel aufzufahren. Kurz danach, so vermeldet die Sage, seien Sonne und Mond „wiedergekehrt".

Viele Tausende Kilometer von Teotihuacan entfernt, auf der anderen Seite des Pazifik (wohin auch Thor Heyerdahl mit seinem Floß nicht gekommen wäre) liegt die Insel Neuguinea, auf der heute noch Kannibalen leben. Dort haben aber nicht nur die Eingeborenen Köpfe, sondern europäische Ethnologen auch die Sagen einzelner Stämme gesammelt. Unter anderem bei den an der Südküste der Insel lebenden Kiwai (A. E. Jensen: Mythos und Kult bei Naturvölkern, Wiesbaden 1951). Die Kiwai haben einen mythischen Nationalhelden, so wie die Germanen ihren Siegfried hatten und die Schweizer ihren Tell. Bei den Kiwai heißt — oder hieß — er „Sido". Dieser Sido muß ebenfalls so etwas wie ein Himmels-Monteur gewesen sein — jedenfalls bekam auch er die Aufgabe, den Lauf der Erde in Ordnung zu bringen, zu welchem Behuf er sich in eine „Grube" legte. Aber nicht, um dort zu sterben, sondern um sich „zu häuten, wie eine Schlange". Dann habe er sich wieder aus der „Grube" erhoben und sei, ein starkes Licht ausstrahlend, zum Himmel aufgestiegen, um seinen Auftrag auszuführen.

Beide Sagen, die von zwei räumlich und zeitlich völlig getrennten Völkern stammen und einander doch so ähnlich sind, stimmen sehr nachdenklich. In beiden Fällen geht es um die Eingriffe von Göttern oder Halb-Göttern in das kosmische Geschehen: die Herbeiholung der entschwindenden Sonne, beziehungsweise die Rückführung der Erde in ihre angestammte Laufbahn. In beiden Fällen ist jedoch n i c h t, wie sonst oft und völlig eindeutig, von irgendwelchen Raumschiffen der Götter (gleich ob kugel- oder raketenförmig) die Rede, die dabei benutzt wurden, sondern n u r von Menschen, die sich auf eine sonderbare Art und Weise verwandeln, um als Einzel-Person oder zu zweien sich in den Kosmos zu begeben und dort Wunderdinge zu verrichten.

Wenn wir bei der kriminalistischen Untersuchungsmethode bleiben wollen, müssen wir zwei auffallende „Indizien“ registrieren:

1. Die erwähnten „Retter der Erde“ mit den zum Teil zungenbrecherischen Namen (nur der „Sido“ ist leicht zu merken) gingen in einen „Ofen“ oder eine „Grube“ (was das gewesen sein soll, wird nicht gesagt) — und nicht in ein Raumschiff.

2. Sie entschwanden dann himmelwärts — und das als Menschen und Personen wenn auch völlig verwandelt, „gehäutet“ und strahlend. Sie ließen ihre Körper *nicht* zurück.

Und — drittens und letztlich —: sie schienen keinerlei Werkzeug oder Gerät mitgeführt zu haben. Womit aber bewirkten sie dann ihre Heldentaten, die im übrigen nicht ungefährlich gewesen zu sein scheinen — schließlich bereiteten sich Teccuciztecatl und Nanahuatzin tagelang darauf vor . . .?

Was hat ihre „Häutung“ zu bedeuten und was ihr „Strahlen“?

Nun, die „Häutung“ spielt in vielen alten Überlieferungen eine große und seltsame Rolle. Die Süd-Galla, ein ostafrikanischer Stamm, meinen (Josef Leo Seifert: Die Sinnbedeutung des Mythos, Wien 1954), der Himmelsgott Wak hätte einen „Vogel“ (!) zu den Menschen gesandt, mit der Botschaft, daß sie nicht sterben müßten, sondern nur ihre „Haut abwerfen“. Und auf Nord-Borneo erzählen die Dusum, der Schöpfer habe gesagt, wer seine Haut abstreifen könne, der solle nicht sterben. Die Dusum aber hätten nicht aufgepaßt, und so müssen sie sterben, wie alle anderen auch.

Das Anlegen einer Spezial-Kleidung (wie bei den Göttern von Teotihuacan) hat damit nichts zu tun, das ist eine andere Sache.

Von dem griechischen „Super-Man" Herakles-Herkules wird berichtet, er habe bei seiner Rückkehr zu seinem Vater Zeus, die von einem „Scheiterhaufen" auf dem Berge Oita aus erfolgte (hier haben wir den „Ofen" wieder!), ausgesehen „wie eine Schlange", die sich gehäutet hat, verändert und strahlend. Und paßt schließlich und endlich nicht auch der christliche Auferstehungsbericht, in dem von Christus berichtet wird, der aus dem Grab (der „Grube") auferstand und der so verändert war, daß ihn zunächst niemand erkennen konnte, in diese — schon viel früher festgelegte — Richtung?

Wir können nur festhalten: Der Wechsel der „Haut", die äußerliche Verwandlung und das feurige Strahlen haben nichts gemeinsam mit einer Raumfahrt mit technischen Fahrzeugen, hier handelt es sich um eine völlig andere Methode der Raum-Zeit-Überwindung (und gleichzeitig eine solche der Unsterblichkeit . . .). Hier wird auch nicht nur ein Feld-Bewußtseins-Kern auf eine andere Ebene projiziert, sondern wird der Körper „mitgenommen". Wahrscheinlich — das ist der logische Schluß — in einen halb-materiellen Zustand, in dem er weder ganz Materie, noch ganz „Feld" und Schwingung ist. Vergleichbar mit dem Licht, das sich ebenfalls sowohl als Korpuskel-Strahlung (also materiell), wie auch als Welle (immateriell) deuten und erklären läßt.

Es scheint, als gäbe es nicht nur die scharf abgegrenzten Dimensionen, sondern „dazwischen" — also in die vierte *und* in (und durch) die fünfte Dimension wirkend.

„Gruben", „Öfen" — und auch „Tore" scheinen, so gesehen, technische Hilfsmittel zur Erreichung dieses labilen Schwebezustandes zwischen den Dimensionen gewesen zu sein, der sowohl für Zwecke von Null-Zeit-Reisen, als auch für kosmische Manipulationen gedient haben mag.

Gruben — Öfen — Tore

Eine ketzerische und revolutionäre Frage: Warum eigentlich versenken wir (jedenfalls zumeist) unsere Toten in Gruben? Blöde Frage, weil es eben hygienischer ist, und ... was? Komischerweise werden gerade in Ländern, in denen es sehr heiß ist, wie in Indien und anderswo, die Toten nicht in die Erde verbracht, sondern im Gegenteil auf Türme (wo sie dann die Geier fressen) oder auf Scheiterhaufen dem Feuer übergeben.

Die Antwort ist nicht plausibel und ebensowenig jene der Ethnologen und Volkstumsforscher, daß damit eine Wiederkehr der Toten verhindert werden sollte; die könnte man doch wirkungsvoller durch das Verbrennen erzielen, oder?!

Nein, das alles stimmt nicht ganz — viel eher stimmt wohl die Vermutung, daß die Grube in der Erde (und auch der Sarg oder Sarkophag) eine verprimitivierte Nachahmung des Gangs der Götter in den „Götter-Ofen" (beziehungsweise die „Auferstehungs-Grube") sind. Der Tote sollte darin ursprünglich nicht verbannt und gefesselt werden, sondern im Gegenteil zu einem anderen Leben auferstehen!

Dort wo die einstigen Götter anscheinend am meisten und längsten „zuhause" waren — in Mittelamerika und Ägypten — ist das noch viel eindeutiger sichtbar. Wer es sich leisten konnte, bezog nach seinem Ableben eine besonders kunstvoll angelegte „Kammer" in einer Pyramide oder einem Felsengrab, die so gut als nur möglich jenen Kammern und „Öfen" nachgeahmt waren, wie sie die Götter benutzt hatten, an die damals schon nur mehr eine ferne Erinnerung bestand. Die Wände dieser Gräber und steinernen Särge waren bedeckt mit Bildern und Symbolen — verzerrten und unverstandenen Wiedergaben von

Schalttafeln und Schaltanlagen. Wenn man heute einen Primitiven das Anzeigen- und Schaltgewirr eines Flugzeug-Cockpits nachzeichnen ließe — vielleicht würde das ähnlich geraten.

Heute haben wir noch einen anderen — technisch-physikalischen — Bezug zu Öfen und Kammern: zu den Kammern von Atom-Reaktoren und den „Öfen", in denen der „vierte Aggregatzustand der Materie", das „Plasma" erzeugt wird.

Plasma entsteht, wenn ein Gas überhitzt wird, belehrt uns die Physik. Bei Temperaturen zwischen 15 000 und 50 Millionen Grad (je nach dem Gasgemisch) verliert es seine normalen Eigenschaften, reagiert anders und entwickelt ungeheure Energien und Geschwindigkeiten. Plasma wäre der ideale Antrieb für Raumschiffe, doch hält kein Material den gewaltigen Drücken und Temperaturen stand. Nur in elektromagnetischen Fessel-Feldern, wo es mit den Wänden der Brennkammer nicht in Berührung kommt, läßt sich Plasma bisher im Versuch erzeugen und später vielleicht auch praktisch anwenden.

Wurden die „Götter" in ihren „Öfen" in Plasma verwandelt? Keineswegs. Nur: Das Prinzip des Verfahrens, mit dem ihre Körper in einen besonderen Zustand versetzt wurden, scheint ein ähnliches gewesen zu sein. Lediglich um eine Ebene, eine Oktav höher.

Dafür, daß es sich um einen (hyper)-physikalischen *Vorgang* — und nicht Zufall oder Willkür — gehandelt hat, spricht allein schon die benötigte Vorbereitungszeit der „Astro-Mechaniker" und das ebenso lange „Anheizen" des Götter-Ofens in der Sage von Teotihuacan.

In einer erfundenen Geschichte hätten doch gerade (erfundene) Götter einfach und ohne viel Federlesens in das „Jenseits" überwechseln können!

Sie taten dies seltsamerweise nirgendwo auf der Erde. Immer brauchten sie drei bis vier Tage von ihrem Gang in die Kammer, Grube und einen künstlichen „Tod" an bis zu ihrer Umwandlung.

Das war bei Osiris in Ägypten so, bei Tamuz und Marduk in Assyrien (Alfred Jeremias: Das alte Testament im Lichte des alten Orient, Leipzig 1930). Bel-Marduk, der in Babylonien Jahrhunderte vor Christus verehrt wurde, kam nach seinem Tod durch eine Lanze (!) in einen „Berg" aus dem er am vierten Tage lebend und verwandelt zurückkehrte (Franz Xaver Kugler: Sternkunde und Sterndienst in Babel, Münster 1909). In späterer Zeit haben Mystiker, Esoteriker und Spiritisten versucht, diese ganz bestimmte Drei- bis Viertagefrist damit zu erklären, daß die „Seele" eben drei oder vier Tage brauche, um sich vom Leibe zu lösen. Eine durch nichts glaubhaft gemachte Annahme, die in Wirklichkeit auf den alten Göttersagen beruht.

— Die Ablösung der Seele hat niemand je gesehen; gesehen haben aber viel, viel früher einmal die Menschen dieser Erde die Verwandlung der in die Gruben oder Öfen gegangenen Götter nach drei oder vier Tagen. Und das haben sie festgehalten. Sonst hätten es ja da oder dort genausogut zwei, sechs oder zehn Tage sein können, verschieden nach Ort und Zeit. Eben die Gleichheit der Zeitangabe ist hier der Beweis für die reale Basis der Überlieferungen.

Vielleicht wird jetzt manchem klar, warum wir in Europa nach altem Brauch die Toten (meist) drei Tage lang aufgebahrt lassen; nicht, weil sie vielleicht nur scheintot sein könnten, nicht, damit ihre Seele den Körper ungestört verlassen kann, nicht, weil der Erlöser der Christenheit angeblich drei Tage im Grabe ruhte, bevor er auferstand — sondern weil dies vor Jahrtausenden so und nicht anders von den Göttern praktiziert und den Menschen unauslöschlich einprogrammiert wurde. Als Nachahmung tatsächlicher Himmelfahrten und einer zeitweisen Unsterblichkeit.

Vielleicht verstehen wir unter diesem Blickwinkel auch das scheinbare Geheimnis der „leeren Särge", wie sie in manchen Pyramiden und Tempeln gefunden wurden und in die anscheinend nie ein Toter gelegt wurde. Sie sind niemals geplündert worden, wie man, mangels einer besseren Erklärung, fast aus Verlegenheit annahm — es waren niemals Särge in unserem Sinne, sondern (mit samt den sie umgebenden Bauwerken) Nachbildungen von Götterkammern und Götteröfen. Daß sich in ihnen kaum jemals jemand „verwandelt" hat, dürfte sicher sein. Eine Maschine, die ich nach einem Vorbild aus anderem Material in Holz oder Stein nachbaue, funktioniert eben nicht. Physikalisch wirkungslos sind deshalb auch die allerletzten Widerspiegelungen dieser einstigen Wirklichkeiten — die „Särge" der Freimaurer, in die Kandidaten gelegt werden, um dort eine Art geistiger Umwandlung zu erfahren. Das ist wirklich nur noch Symbol und Ritual. Die ehemaligen Götter scheinen jedoch nicht nur eine Methode der Teilverwandlung und des körperlos-körperhaften Transportes in und durch andere Dimensionen gekannt zu haben.

*

Auf der Hochfläche von Tiahuanaco in Bolivien 4000 Meter über dem Meeresspiegel, steht einsam ein Tor. Niemand weiß, wie es dorthin gekommen ist. Rundherum befinden sich die Ruinen einer einstigen Tempelstadt. Auch ihr Alter ist unbestimmt. Als Pizarro das Land eroberte, behaupteten die Inka, daß auch sie Tiahuanaco nie anders als in Ruinen gesehen hätten.

Das „Sonnentor“ — so benannt nach den eingemeißelten Symbolen — ist eines der größten Rätsel und Wunder der Welt. Es ist über vier Meter hoch und aus einem einzigen Steinblock von vielen hundert Tonnen Gewicht geschaffen. Wie es aus dem weit entfernten Steinbruch an seinen Aufstellungsort gelangte, mit welchen Mitteln millimetergenau bearbeitet wurde (mit Stein- oder Bronzewerkzeugen wäre dies nie möglich gewesen) — darüber schweigt sich die Forschung aus.

Noch unerklärlicher als diese äußerlichen Sonderbarkeiten sind zwei Dinge:

— Das Sonnentor von Tiahuanaco steht seltsam isoliert da, so, als hätte es nie mit anderen Bauten zusammengehangen — ein Tor, das ins Nichts führt.

— Das eigentliche Tor ist erstaunlich schmal — höchstens ein Fünftel der Grundfläche breit — während die Steinteile zu beiden Seiten viel mächtiger sind.

Ein ähnliches Mißverhältnis zwischen dem ureigensten Sinn eines Tores, nämlich ein Tor zu sein, und den tatsächlichen Ausmaßen findet sich auch bei den Tempeln des alten Ägypten, wie Luxor und Karnak. Auch dort umschließen gewaltige Steinmassen einen relativ engen Durchlaß, den man sich kaum als großartige Triumphpforte für Priester und Gläubige vorstellen kann.

Konnten die Leute damals nicht anders bauen? Doch, sie konnten, das ist an anderen Bauwerken aus dieser Zeit hinreichend bewiesen. Aber sie w o l l t e n wahrscheinlich diese Tore nicht anders bauen.

Warum?

Es gibt eine fast auf der Hand liegende Vermutung: bei den eigenartigen Toren von Tiahuanaco und Ägypten handelt es sich gar nicht um Tore in unserem Sinn, sondern um *Nachbildungen* ganz anderer Anlagen — nämlich von wirklichen „Himmelstoren“, durch die die Götter einst genau wie durch ihre Öfen und Gruben gingen, um „verwandelt“ zu werden.

Die erforderlichen Energieaggregate mögen ähnlich modernen Anlagen dieser Art, in Kompaktbauweise in Blöcken oder Säulen untergebracht gewesen sein. Dazwischen die enge „Pforte“, in der fünfdimensionale Kraftfelder wirkten — wie in einem Hochspannungsfeld oder Synchrotron von heute. Für einen anderen Zweck war sie ursprünglich nicht gedacht, und für einen oder zwei Menschen genügte sie völlig.

Später vergaßen die Irdischen einen Großteil der früheren Wirklichkeit — aus den „Himmelstoren“ wurden solche aus Stein und hohe, schmale Tempeltüren, aus den Energieanlagen Pfeiler und Säulen, aus den Umwandlungsgruben und -öfen Grüfte, Altarsteine und leere Särge. Aller Zauber und Aberglaube, der in aller Welt zu allen Zeiten mit Türen und Toren verbunden war und ist — mit den Türpfosten, Türschwellen und Türbalken — geht auf die ins Jenseits führenden Türen und Tore der Götter zurück.

Wenn ein Frischvermählter heute — wenn er genügend kräftig und sie nicht zu dick ist — seine Braut über die Schwelle des Heimes trägt, beachtet er damit nicht irgend einen „Volksbrauch“, sondern folgt einer uralten Programmierung, derzufolge jede „Schwelle“ eines Tores „heilig“ war.

Selbst der „Aufgeklärteste“ wird sich manchmal, wenn er durch eine alte Pforte oder ein altersgraues Tor tritt, nicht eines unterbewußten und unwillkürlichen Schauers erwehren können, einem Gemisch von „Gruseln“ und Neugier zugleich. Auch das kommt nicht von ungefähr und steht in keinerlei Beziehung zu dem dahinterliegenden Raum oder Gebäude — wohl aber scheint in unseren Erinnerungsspeichern ein Code verankert zu sein, der mitunter anspricht: Tor = Übergang, Verwandlung, Jenseits. Und instinktiv wartet man beim Durchschreiten eines alten Tores (hier wird die Verbindung zu den steinernen Nachahmungen der einstigen technologischen Tore wirksam) auf etwas Besonderes. Was natürlich nicht eintritt.

Diese gefühlsmäßige Programmierung scheint biologisch von den Göttern übernommen zu sein, die sehr wohl wußten, was das Durchschreiten bestimmter Tore bedeutete: zumindest einen Schock und eine Art Pseudo-Tod, auch wenn man vorschriftsgemäß tagelang vorbereitet worden war. Worauf, wozu?

Auf einen Zustand, so können wir nur logisch schließen, der seelisch ein Schweben des Bewußtseins zwischen der vierten und fünften Dimension bedeuten mochte, und körperlich eine Halbauflösung der normalen vierdimensionalen Substanz in Teilmaterie und Teilschwingung. Und es scheint, daß nur in diesem besonderen Zustand auch ein gewollter und gelenkter Eingriff in die 4-D-Welt möglich war und ist.

Und was sehen wir denn heute bei den „UFOs"? Allem Anschein nach halbmaterielle Erscheinungen, die zwar bei uns auftauchen, aber doch nicht ganz unserer Welt anzugehören scheinen.

Woraus sich für uns die ganz und gar offene Frage ergibt: Sind das nun (wie wir vermuteten) „natürliche" Zeit-Raum-Wirbel oder „künstliche"? Wir müssen gestehen, daß es keine klare Antwort gibt. Denn: In beiden Fällen wären die Erscheinungen dieselben. Wir bei einem natürlichen Blitz und einem künstlich erzeugten.

Wir werden uns vermutlich daran gewöhnen müssen, daß es *beide* Möglichkeiten gibt. Genau, wie es möglich ist, daß sich jemand kraft seines persönlichen Willens in andere Räume und Zeiten verfügt oder — ungewollt, oder technisch.

Wahrscheinlich gibt es — für den Menschen — eine ganze Reihe von Möglichkeiten der Überwindung von Raum und Zeit: Er kann es selbst und persönlich tun, durch die ihm innewohnenden Energien höherdimensionaler Art (wie ein Springer selbst über die Latte hüpft). Er kann dies mit technischen Hilfsmitteln tun (mit einer Rakete auf dem Rücken) oder ganz und gar unfreiwillig, indem er von einem Wirbelsturm hochgerissen wird. Der Effekt ist praktisch immer der gleiche — der Springer hüpft über die Latte (oder wird gehüpft).

Freilich gibt es da auch Schwierigkeiten. Die Landung, die Rückumwandlung scheint nicht immer ganz einfach zu sein.

Vor allem, wenn keine „Sprungmatte" da ist, kein Rückumwandlungstor. Dann bläst — so hat es den Anschein — der „Zeitwind" so stark dem Landenwollenden entgegen, daß er gar nicht landen kann.

Wie ein Drachenflieger, der von Böen immer wieder hochgerissen wird. Und was sehen und erleben wir dann? Das, was in Hunderten von Berichten von Augenzeugen immer wieder dokumentiert wird und wurde: daß „Gestalten" auftauchen, aber bald wieder verschwinden (weil sie von Zeitwirbeln, die sie nicht zu beherrschen vermögen, wieder weggerissen werden). Nur Menschen in Ausnahmezuständen — eingeschlossene Bergleute wie in Lengede, Alpinisten in höchster Bergtodesnot und andere, deren seelische Antennen weitgehend gelockert sind, können sie wahrnehmen: als Schemen, als Gestalten menschlicher Art, die sich bemühen, sich ihnen verständlich zu machen. Die totale Rematerialisierung gelingt nicht. Effekt: Man hält dies alles für Einbildung.

So berichteten die amerikanischen Bergleute David Fellin und Henry Throne (Esotera 8/1974), die zwei Wochen lang in einer Grube bei Hazleton (Pennsylvania) eingeschlossen waren: „Am vierten oder fünften Tag öffnete sich eine Türe. Zwei ganz normal aussehende Männer öffneten die Türe. Sie waren wie Elektriker (!) angezogen . . .“ Nun — so ähnlich tauchen „diese“ Menschen immer wieder auf. Woher sind sie, woher kommen sie?

Man kann nur sagen: durch die Wände der Zeit, aus irgendeiner Zeit und Zukunft. Dann, wenn die Wände der Zeit für die Menschen „hier“ dünn und durchsichtig werden.

Diese — in Hunderten Fällen hundertfach ähnliche — Beobachtung deckt sich völlig mit Berichten von Menschen, die (nach Unfällen oder so) schon halb im Jenseits waren. Immer tauchten dann „andere“ auf, die ihnen behilflich waren oder behilflich sein wollten. Waren das „Engel“? Ja und nein. Vermutlich waren und sind das Wesen wie wir, nur aus anderen Zeiten und Räumen. Die, wie wir, bemüht sind, die Vorhänge zwischen diesen Räumen und Zeiten zu durchbrechen. Was ihnen auch nur selten zu gelingen scheint. Daher ist die Frage „Warum landen sie nicht?“ so völlig sinnlos — wir müssen sie zur Kenntnis nehmen, mehr können wir vorderhand nicht tun.

Noch ist für uns in unserem heutigen Daseins- und Bewußtseinszustand der sogenannte Tod die Grenze. Er wird und muß es nicht immer sein. Wir können nur eines vermuten: daß jeder von uns, der die Eierschalen eines begrenzten Bewußtseins als irdische Existenz durchbrochen hat, ebenso in anderen Zeiten und Räumen (er erlebt es ja oft genug im Traum) durchbrochen hat, da oder dort auch so „auftaucht“ und eingreift und etwas tut. Was ganz und gar irreal ist — und doch völlig real. Wir unterhalten uns mit denen von „drüben“ andauernd, aber nur durch Membranen — und die tun es genauso. Die Membran, die uns dabei trennt, hat keine Ausdehnung. Genau wie der Tod keine hat, denn er ist nichts als der Durchgang durch diese Membran.

„Früher wurde in unserer Gesellschaft über das Sterben freimütig gesprochen. Damals war Sexualität tabu. Heute wird über Sex in aller Offenheit diskutiert, dafür gilt der Tod als obszön" (Professor Dr. David Belgum, USA).

Daß wir alle einmal sterben müssen, dürfte sich im Lauf der Zeit herumgesprochen haben. Obwohl es so aussieht, als wüßten es heute viele noch nicht.

Ob jemand Millionen angehäuft hat oder nur Schulden, ob er in einem bequemen Bett, umgeben von Ärzten und Geräten, diesen Augenblick erlebt, oder auf einer blutverschmierten Straße neben einem zerbeulten Auto — einmal ist er da. Für jeden. Wer kümmert sich heute schon um den Tod? Die Bestattungsunternehmer und die Ärzte. Letztere, um ihn festzustellen, wenn ihre Kunst am Ende ist. Und die Priester und die Notare und Erbschaftsgerichte.

Es kann einer tausendmal den Tod gesehen haben — ohne ihn als wirklich und für sich selbst unausweichlich zu akzeptieren.

Die Situation ist diesbezüglich grotesk und absurd. Milliarden werden (und das zu Recht) ausgegeben, um dem Menschen den Eintritt ins Leben zu ermöglichen und es zu erhalten. Um auch die früheste Frühgeburt zu retten.

Aber für das andere Ende des Lebens, den Tod, hat man gar nichts übrig. Der Ausgang aus dem Leben ist oft häßlich und jämmerlich. Obwohl doch eigentlich und gerade die extremsten Materialisten, für die es kein „Nachher" gibt, am meisten um ein möglichst angenehmes Sterben besorgt sein müßten. Mitnichten.

Sie sind es ebensowenig wie ihre „gläubigen" Mitbrüder und Mitschwestern, die (in diesem Falle) am liebsten alles dem „lieben Gott“ überlassen — und den Sterbenden sich selbst.

Spaß beiseite — es ist kein Vergnügen zu sterben, aber schließlich ist das auch die Geburt nicht — man denke nur an die Deformationen des Kopfes —, und wir haben sie überlebt.

Warum also das große „Tabu“ und die „Obszönität“ des Todes?

Nun, bis vor kurzem, bis zum Beginn der „Aufklärung“ und des technischen Zeitalters eigentlich, wurden Tod und Sterben von den meisten Menschen natürlich-tierhaft wahrgenommen — als eine Tatsache, wie Wind und Regen. Und die noch Weiterlebenden gingen über die Toten hinweg, wie Ameisen über die Körper ihrer zerdrückten oder ertrunkenen Stammesgenossen ihren Weg fortsetzen, bis sie selbst dran sind.

Erst seit relativ kurzer Zeit hat ein *allgemeines* Mißbehagen diese scheinbare Selbstverständlichkeit abgelöst, beginnt man sich (wieder) mit dem eigentlich wichtigsten Vorgang in unserem Dasein zu befassen, seinem Ende nämlich.

An den Universitäten von Erlangen in Deutschland und Rochester im US-Staate New York wurden 1971 Reihenuntersuchungen an über 500 Todkranken und Sterbenden durchgeführt und die amerikanische Psychiatrieärztin Dr. Elisabeth Kübler-Ross (Spiegel vom 7. Juni 1971) entwickelte ein eigenes Sterbehilfsprogramm, das sich auf die erstaunliche Tatsache stützt, daß über 80 Prozent aller vor dem Tod Stehenden ihre Lage erkennen und sich allmählich mit ihr abfinden, wenn man ihnen dabei hilft. Wozu allerdings (so Dr. Kübler-Ross) bisher weder Ärzte noch Pfleger und schon gar nicht die Angehörigen geschult und imstande sind.

Eine riesengroße Kluft hat sich aufgetan zwischen dem allmählich schwindenden Kinderglauben an eine Art

Rentner-Jenseitsdasein auf Wolken und Himmelswiesen und dem totalen materialistischen Unglauben.

Zwischen diesen beiden extremen Polen wird der Mensch von heute hin- und hergerissen, und deshalb flüchtet er am liebsten vor allem, was mit dem Begriff des Todes zu tun hat. Deshalb läßt man die Sterbenden allein und beruhigt das schlechte Gewissen dann mit schönen Nachrufen und Grabmälern. Deshalb schminkt und konserviert man die Toten — damit man nicht selbst vor der eigenen Zukunft erschrecke.

Wer sich diese (bitteren) Tatsachen nur ein einziges Mal bewußt gemacht und sie völlig objektiv und logisch betrachtet hat, der kann nur noch den Kopf schütteln über diese ungeheuerliche Schizophrenie, die in einem eklatanten Widerspruch zum angeblichen „Fortschritt" steht.

Es muß klipp und klar gesagt werden: Solange wir das Problem des Todes nicht gelöst und das Sterben menschenwürdig gemacht haben, ist unser ganzer Fortschritt nicht einen Pfifferling wert. So lange bleiben wir halbbewußte Tiere.

Es hätte, als die „Götter" auf Erden waren, die Möglichkeit gegeben, von ihnen auch in dieser Hinsicht unendlich viel zu lernen — es ist nicht geschehen. Auch ihr diesbezügliches Wissen wurde zu Aberglauben und sinnlosen Riten — und wir haben nun die zweifelhafte Freude, „nachzusitzen" und das alles nachzuholen.

Wir können zumindest zwei Tatsachen konstatieren, die selbst unseren beschränkt vierdimensionalen Sinnen erkennbar sind:

1. „*Be*-lebte" Materie (in dem Wort „belebt" liegt eigentlich schon die Erkenntnis verborgen, daß Materie nicht selbst lebt, sondern von „Leben" be-wegt wird), fällt, wenn sie beim sogenannten Tod vom steuernden „Prinzip" oder „Feld" verlassen wird, wieder in den

Bereich rein mechanischer Gesetze zurück. Komplizierte Zellverbände und Molekülketten lösen sich — nachdem sie auf eine wirklich wunderbare Weise entstanden waren — wieder in ihre Bestandteile auf. Aus einem geplanten Gebäude wird ein wirrer Haufen von Ziegelsteinen. Vom Gesamtplan ist nichts mehr zu sehen.

Der deutsche Biologe Dr. Hans-Heinrich Vogt hat dies (Auf der Spur des Lebens, Stuttgart 1967) so ausgedrückt:

„So viel Beweismaterial für eine physikalisch-chemische Entstehung des Lebens zusammengetragen worden ist, immer noch erscheint uns die Kluft zwischen den abiog gebildeten organischen Verbindungen und den ersten Lebewesen unüberbrückbar. So lange diese Lücke nicht geschlossen ist, bleibt es für jeden eine Glaubensfrage, ob er sich das organische Leben als das Ergebnis chemisch-physikalischer Vorgänge vorstellen will, oder als ein Wunder, das ohne ein besonderes Lebensprinzip nicht erklärbar ist."

„Von den Würmern gefressen" wird nicht „der Mensch", sondern nur noch eine Menge von Einzelbestandteilen eines einst komplizierten biologischen Roboters — genau wie Klein-Hänschen, wenn er den Wecker mit dem Hammer zerlegt hat, dann nicht mehr „den Wecker" in der Hand hat, sondern einen Haufen von Rädern und Federn.

Gerade aber der Zerfall der Biohülle nach dem „Tode" sollte uns doch zu einer Überlegung führen: Wie wären Menschen, die das ja immer wieder sahen und sehen, jemals auf den Gedanken verfallen, daß da noch etwas übrig bleibe oder überlebe (das erst den Menschen ausmacht), wenn sie *nicht* dieses Wissen in sich gehabt hätten, oder es ihnen von anderen beigebracht worden wäre? Das wäre absolut alogisch und absurd.

2. Wir können heute ganz zweifelsfrei konstatieren, daß beim „Ableben“ eines Menschen (aber auch Tieres oder einer Pflanze) — wobei das Wort wiederum Wegweiser ist: Das Leben hebt sich von der Materie „ab“! — höherdimensionale Energien frei werden, die das „Feld“ des Lebens bewegen und erschüttern, so daß es anderswo registriert werden kann. Von Menschen, Pflanzen und Tieren (siehe die Versuche der Russen mit den geschlachteten Kaninchen!).

Wenn ein Flugzeug die Schallmauer durchbricht, entstehen vierdimensional-akustische Druckwellen, die man da und dort hören kann. Wenn konzentrierte energetische Lebenskerne die Diesseitsmauer durchbrechen — besser gesagt: das vierdimensionale Raum-Zeit-Gitter — entstehen fünfdimensionale Wellen, die ebenfalls wahrgenommen werden können — aber nicht immer müssen.

Im praktischen Fall der Kaninchenmutter, deren Junge getötet werden: Sie *hört* nicht deren Schreie, aber die Todes-Impulswellen (die ja auf ihre „Wellenlänge“ abgestimmt sind) lösen in ihrem kleinen Hirn Schaltungen und Stromstöße aus, die wir wiederum am Enzephalographen ablesen können. Nicht sehr viel anders ist es beim Menschen — wenn Sterbende sich „abmelden“ und ein Angehöriger sie plötzlich „sieht“, so muß das keineswegs immer nun wirklich der „Geist“ des Toten sein; es genügt, wenn die Wellen, die er beim dimensionalen Durchbruch erzeugt, in den Speicherelementen des Gehirns des Wahrnehmenden das betreffende „Bild“ abrufen. Ein *vorhandenes* Bild!

Ob dann oder da der betreffende Sterbende auch auf einer höheren als der fünfdimensionalen Ebene direkt Kontakt zu anderen, noch lebenden Menschen nehmen kann — das ist vorderhand eine Ansichts- und Glaubensfrage. Rein physikalisch spricht nichts gegen diese Möglichkeit und es ist nicht einzusehen, warum es in einzelnen Fällen nicht a u c h so sein sollte.

Der Mensch als teilweise raum-zeitloses Wesen gehört den verschiedensten Feldern und Dimensionen an — er kann sie logischerweise also auch „benützen".

Parapsychologisch (oder: hyper-physikalisch) ließe sich aus unserer Sicht wenigstens diese Einteilung treffen:

a) Wenn Tote sich dadurch „melden", daß beispielsweise Bilder von den Wänden fallen oder Uhren stehenbleiben usw., oder wenn man sie plötzlich so vor sich sieht, wie sie im bisherigen Leben waren und aussahen — dann ist mit Beinahe-Sicherheit anzunehmen, daß es sich um „einfache" fünfdimensionale Feldimpulse gehandelt hat, die ungesteuert und ungezielt Wirkungen auslösten, Bilder wachriefen.

b) Wenn „Tote" erscheinen und *anders* aussehen und *anders* sprechen als bisher (zu ihren Lebzeiten) — dann allerdings liegt die Annahme eines Direktkontaktes mit der betreffenden Persönlichkeit auf höherer als fünfdimensionaler Ebene näher.

Wobei klarerweise bei „spontanen" Manifestationen dieser Art (also wenn der Betroffene noch keine Kenntnis vom Tode des Erscheinenden hatte) die Wahrscheinlichkeit der „Echtheit" größer ist.

Was aber geschieht mit der von der materiellen Bindung freigewordenen „Informations"-Energie (die ja „WIR" sind!)?

Nur wieder ein Vergleich kann uns einen ungefähren Eindruck geben: Stellen wir uns doch eine Mondrakete vor. Sie besteht aus drei Stufen. An der letzten sitzt ihr wesentlichster Bestandteil: die Kommandokapsel mit den Astronauten. Dennoch bildet das alles zusammen zunächst eine Einheit. Nach dem Durchbrechen der Erdschwerkraft werden die ausgebrannten Stufen 1 und 2 abgeworfen, der Rest fliegt weiter. Stufe 1 treibt noch eine Zeitlang um die Erde, dann fällt sie zurück und verglüht, Stufe 2 ebenso, wenn auch später.

Diese zunächst herumtreibenden Stufen waren Bestandteile der Ursprungsrakete und enthalten also auch „Informationen“ über sie. Man kann sie anmessen, auffangen, ankoppeln — und nichts anderes geschieht sehr häufig mit den „abgebrannten“ Stufen der Gesamterscheinung „Mensch“. Und dann entsteht leicht der Eindruck, daß man „das Ganze“ „eingefangen“ habe. In Wirklichkeit sind es nur Relikte, die kein eigenes Leben mehr haben. Denn dieses ist ab nun nur noch im Restteil der Rakete enthalten, die ganz anders aussieht als zuvor, die längst Hunderttausende Kilometer entfernt ist und in ganz anderen Bereichen.

Es wird immer weniger, was übrig bleibt, und allein wichtig und entscheidend sind zu guter Letzt nur noch die in der Kapsel verborgen gewesenen Astronauten: das steuernde Leben.

Vielleicht verstehen Sie jetzt, warum es so schwer ist, ein „Bild“ von dem zu vermitteln, wie und was „Verstorbene“ sind und ihre Welt. Wir sehen beim Menschen ja immer nur die ganze Rakete, das Äußere — und kaum je den Astronauten und sein letztes Fahrzeug, mit dem er dann „auf dem Mond“ (in einer ganz anderen Welt) herumfährt. Auf dem Mond gibt es andere Schwereverhältnisse — im „Jenseits“ andere Begriffe der Wirklichkeit.

Was wir aus dieser Wirklichkeit empfangen, sind vorerst nur verzerrte Funksignale, die deshalb so häufig mißdeutet werden. Es liegt an der Wissenschaft von morgen, Empfangsgeräte zu entwickeln und vor allem Übersetzungscodes in „unsere Sprache“ — so wie es die Mengenlehre und Logistik in der Mathematik getan haben.

Es ist sehr wichtig und richtig, daß man Parabolantennen mit Hunderten von Metern Durchmesser baut — als „Ohren" an den Radiosignalen aus dem Weltall. Es wäre vielleicht noch wichtiger, daß man Kleinstgeräte erfände, mit denen sich fünfdimensionale Feldimpulse evtl. *direkt* und nicht erst auf dem Umweg über die Nerven und Hirne von Menschen oder Kaninchen registrieren ließen.

Etwas Hoffnung könnte man aus der Tatsache schöpfen, daß eben das menschliche Gehirn bezüglich Empfangstechnik unerhörte Möglichkeiten zu haben scheint, die wegweisend sein könnten.

Der amerikanische Physiologe C. E. Ingalls entdeckte (Kosmos 11/1970), daß bestimmte Menschen zum Beispiel Radarwellen „hören" können, was biologisch eigentlich unmöglich sein sollte. In der Nähe von Peilstationen nahmen die Versuchspersonen — auch wenn man ihnen die Ohren verstopfte und selbst Gehörgeschädigte — einen summenden Ton wahr, sobald das Gerät eingeschaltet war. Professor Ingalls schloß daraus, daß weder der normale Hörapparat noch Luftschwingungen diese Art von Hören bewirken, sondern daß die elektromagnetischen Radarwellen über das Feld, das sie erzeugen, unmittelbar auf die „Wahrnehmungsfähigkeit" (was das sein soll, sagte der Physiologe nicht) einwirken.

„Felder" wirken also auf „Felder" ein — denn zweifellos sind das elektromagnetische und das fünfdimensionale Kraftfeld n i c h t ein und dasselbe. Das elektrische Feld unterliegt räumlich-zeitlichen Abschwächungen beziehungsweise Verzögerungen, das „lebensenergetische" 5-D-Feld nicht. Wie die Todeswellen es zeigen.

Dennoch können wir von den Gesetzen und Wirkungen des elektrischen Feldes auch auf die Eigenschaften höherdimensionaler Felder schließen.

Das elektromagnetische Feld ist gewissermaßen die „Informationsenergie“ der *Materie* — das fünfdimensionale Feld jene des *Lebens.*

Gäbe es die erwähnten Empfangsgeräte für 5-D-Schwingungen, würden wir mit ihnen wahrscheinlich ähnliches feststellen, wie auf dem Gebiet der Rundfunkwellen: einen Wirrwarr von „Sendungen“ verschiedenster Art.

Und wir kämen dabei zu interessanten Ergebnissen, die sich — ohne diese Hilfsmittel — vorderhand nur indirekt vermuten lassen:

— Todeswellen sind nicht gleich Todeswellen. Sie sind verschieden, je nach der Art des Todes. Eine Feststellung, deren praktische Tragweite auch für unser jetziges Dasein noch kaum begriffen wurde. Ein Beispiel: Todesimpulse werden manchmal von den 5-D-Feldern bestimmter Gegenstände gespeichert, wie Aufnahmen auf einem Tonband oder Film. Das zeigen die verschiedensten „Spuk“-Erscheinungen. Aber: Sie werden in der Regel nur dann gespeichert, wenn es sich um einen mehr oder minder gewaltsamen Tod handelte. Auch das geht aus solchen Beobachtungen ebenso hervor, wie aus vielen anderen — über 75 Prozent der sogenannten „Abmeldungen“ Sterbender (vor allem, wenn dabei äußere Effekte, wie das Bewegen von Bildern, Zerspringen von Gläsern usw. erfolgen) geschehen bei oder in Fällen eines gewaltsamen Todes durch Unfall, Mord oder im Kriege. Und sogar Pflanzen reagieren, wie gezeigt wurde, am stärksten bei „Eindrücken“ von Gewalt, die ihnen oder anderen geschieht.

— Der gewaltsame Tod scheint besonders „modulierte“ Wellen im 5-D-Kanal zu erzeugen, — und es liegt eigentlich auf der Hand, daß sie irgendwelche und besondere Wirkungen in diesem Bereich haben müssen. Und wenn wir nur ein bißchen nachdenken und ganz logisch-physikalisch und analog zur Rundfunktechnik schließen, dann können wir nur zu der Annahme kommen, daß angesichts des milliardenfachen Todes, der dauernd durch das Abschlachten von Tieren und Menschen gewaltsam erfolgt, das 5-D-Wellenband förmlich überquellen muß von solchen Schockwellen. Und daß das nicht ohne Folgen bleiben kann, hat mit „Moral" überhaupt nichts zu tun, sondern nur mit nüchterner Berechnung und Überlegung.

Früher scheint man derartigen Überlegungen mehr Bedeutung zugemessen zu haben; — sonst hätte es sehr strenge Regeln und Tabus des Tötens nicht gegeben.

Früher tötete und mordete man nicht nur willkürlich. Nicht einmal Tiere. Der alte Jägerbrauch des „Verblasens" des erlegten Wildes und der „Ehre", dem man ihm mit dem ins Blut getauchten Bruch aus Tannenzweigen antut, ist ein allerletzter Hinweis auf noch frühere Gebräuche, mit denen das getötete Leben „versöhnt" werden sollte — modern ausgedrückt: die Todesimpulswellen abgelenkt und neutralisiert!

Die römisch-katholische Kirche hat im Mittelalter Millionen von Ketzern in den Tod geschickt — aber noch ein jedesmal wurden deren Seelen vorsichtshalber an die Adresse des Jenseits und eines gütigen Gottes adressiert. Die Herren Inquisitoren wußten, warum. Selbst der Henker pflegte sich bis in die neueste Zeit hinein bei den Delinquenten zu entschuldigen, bevor er ihnen den Kopf abschlug oder ihnen die Schlinge um den Hals legte.

Ja, es gibt heute noch Fischerstämme in Westindien, die die gefangenen Fische, die sie nicht töten wollen, auf den Strand legen und sich dann entfernen — und bei ihrer Rückkehr nach ein paar Stunden mit (geheucheltem) Erstaunen entdecken, daß diese gestorben sind.

Moderne Juden wissen nicht mehr, warum sie „koscheres“ Fleisch essen — ihre Vorfahren wußten es noch: weil mit dem rechtzeitig entfernten Blut auch die „Sendeanlage“ der Todeswellen entfernt und zerstört war. Geschächtete Tiere können kaum noch Todes-SOS-Wellen funken, ebensowenig wie ein Sender, dessen Röhren man zerstört hat. Zumindest glaubten sie das. Zumindest war da in ihnen ein Rest von jenem Wissen vorhanden, das die „Götter“ auch bezüglich des Todesgeheimnisses auf die Erde gebracht hatten — Wissenschaft, Mathematik, Technik . . .

Heute hat man das alles vergessen. Heute wandern Schlachttiere zu Milliarden und in potentieller Todesangst auf Schlachtbänder und ihre Todeswellen „verpesten“ unsere „5-D-Luft“ (wenn man so sagen darf) ununterbrochen und zunehmend. Infizieren damit auch die entsprechenden Felder der menschlichen Existenzen (von den Millionen gemordeter Menschen gar nicht zu reden) — und die erzeugen wieder und wieder Gewalt und Tod.

Man braucht keine dickbäuchigen Bücher über die „Aggression“ zu schreiben, mit der man nicht mehr fertig wird — man braucht wirklich nur zu denken, dann erstaunt einen das Ausmaß dieser Aggression und des Ausbruchs wildester Brutalität, den wir heute erleben, nicht mehr.

Wir wagen die (triste) Voraussage, daß sich Aggression und Gewalt und Mord weiterhin steigern werden — und zwar nach dem Gesetz der mathematischen Progression.

Dagegen ist vorläufig kaum etwas zu machen, auch wenn das noch so bedauerlich sein mag, solange die Massenschlachtungen von Menschen und Tieren nicht unterbrochen werden.

Nochmals: Das ist ein wissenschaftlich-technologisches Problem und kein angeblich moralisches. Mögen sich die

Herren Wissenschaftler die Köpfe zerbrechen, wie man künstliche Nahrung ohne „Todeskeime“ herstellen kann, und vor allem: wie man Kriege vermeiden kann!

Und bedenken, daß die „Sauberhaltung“ des 5-D-Feldes nicht minder wichtig ist, ja vielleicht noch wichtiger als jene der Luft.

*

Das war übrigens nur am Rande erwähnt, um die Effektivität der Lebens- und Todesenergien aufzuzeigen. Für unsere eigene Unsterblichkeit hat es vorläufig nur insofern Belang, als es uns das Vorhandensein eines von Raum und Zeit unabhängigen Kraftfeldes aufzeigte, in dem wir uns befinden und dem wir angehören.

Und die Tatsache, daß es „den Tod“, wie wir ihn bisher sahen, nicht gibt. Sondern nur einen materiellen Vorgang, der unser wirkliches ICH nicht berührt und nicht berühren kann, weil es eben nicht in der Raum-Zeit-Welt sein eigentliches Zuhause hat, sondern in der absoluten Ewigkeit.

Der Mensch als Existenz ist unabhängig davon, ob er einen Körper hat oder nicht. Er hat noch andere Vehikel zur Verfügung. Ein Autofahrer ist auch nicht „tot“, wenn er in ein Schiff oder Flugzeug umsteigt, um sich damit auf anderen Ebenen zu bewegen.

Immerhin sollte es möglich sein, auch — um beim Vergleich zu bleiben — das „Auto“ nach Belieben benützen und verlassen zu können. Oder zu wechseln. Wir sprachen bereits kurz vom sogenannten „Kloning“-Verfahren.

— Der US-Forscher Dr. Seymour P. Halbert züchtet an der University of Miami Ansätze künstlicher Herzen. Zellen, die im Gewebe Herzkranker entnommen wurden, vermehren sich in einer besonderen Nährlösung und bilden neue Fasern. Vorläufig will man damit nur die Nachzucht einzelner Muskelpartien des Herzens erreichen, um sie bei Operationen verwenden zu können. Das Fernziel aber bleibt die Erzeugung kompletter Austauschherzen. „Wir erkennen“, so erklärte Dr. Halbert, „daß diese Zellen eine normale Herzstruktur zu bilden versuchen — nur wissen wir noch nicht, wie wir diesen Prozeß fördern können“ (Mitteilungen der „American Heart Association“, New York IV/1971).

Nicht nur theoretisch, sondern auch praktisch gibt es in diesem noch in den Anfängen steckenden „Kloning“-Verfahren keine Grenzen. Genau wie Herzen wird man wahrscheinlich eines Tages auch andere Organe züchten können, die den Vorteil hätten, nicht abgestoßen zu werden, da sie „körpereigen“ sind. Und — der Sprung ist gar nicht so groß — zu guter Letzt einen kompletten Körper samt Gehirn.

Dann aber begänne doch eine Schwierigkeit: Was würde aus so einem „Double“ eines Menschen werden? Er selbst in Zweitausgabe — oder nur ein halbbelebtes Etwas ohne Bewußtsein?

Aller Voraussicht nach wird sich diese Frage kaum stellen, weil bis dahin sich die Menschheit total oder größtenteils vernichtet haben wird.

Nehmen wir aber trotzdem an, es wäre einmal so weit. Da läge nun der im künstlichen Kälteschlaf gehaltene Doppelgänger, gezüchtet im „Kloning-Verfahren“ aus den Zellen eines im Sterben befindlichen Körpers. Würde es dann gelingen, die aus dem einen Körper sich abhebende Lebens- und Informationsenergie und mit ihr den letzten Wesenskern „Mensch“ abzufangen und auf das künstliche Gebilde zu übertragen?

Die moderne Gehirnforschung (Dr. Christian Becker-Carus, Max-Planck-Institut für Psychiatrie, München: „Neues aus der Hirnforschung“, Stuttgart 1971) ist auf der Basis der Arbeiten internationaler Wissenschaftler, wie

Professor J. V. McConell, USA, Professor H. Hydén, Schweden, und anderer so weit vorgedrungen, daß es ihr gelingt, bei bestimmten Tieren — Würmern, Ratten und Mäusen — bestimmte Fähigkeiten (Futtersuche usw.) durch die Injektion von Gehirnzellen des „angelernten“ Tieres auf das „ungelernte“ zu übertragen. Grundsätzlich müßte das auch beim Menschen möglich sein — und wir müßten uns beinahe bei jenen Kannibalen entschuldigen, die das Hirn ihres Feindes fressen, um begehrte Eigenschaften von ihm, wie Mut, Ausdauer usw. zu übernehmen . . .

So wunderbar (und erschreckend zugleich) diese Sache scheint — sie dürfte nicht geeignet sein, Leben und Bewußtsein zu übertragen oder zu „duplizieren“ (zu verdoppeln), denn —

was da bei Würmern und Ratten übertragen wird, ist nicht reine „Information“, sondern das sind materielle „Tonbänder“ *mit* Information, und sie sind völlig wertlos, wenn nicht ein höherdimensionaler Lebenskern bzw. ein Feld vorhanden sind, die diese Bänder erst überhaupt benützen und steuern können.

Von ihrem „Lebensfeld“ verlassene Würmer oder Ratten können keine Informationen aufnehmen, und ein noch so menschliches Duplikat bliebe nach dieser Methode leb- und bewußtlos. Auch wenn man noch so viel Gehirnzelleninformation hineinpumpte. Es wäre ja niemand da, der mit dem ungeordneten Berg von Film- und Tonbandspulen etwas anfangen könnte.

Der Dampf in den Wolken verdichtet sich nur dann zu Wassertropfen, wenn entsprechende Kondensationskerne (meist Staubteilchen) vorhanden sind — Leben „kondensiert“ an Kernen höherdimensionaler Art. Nur in Verbindung mit solchen Energiefeldknoten wäre es denkbar, echtes Leben in eine Bio-Maschine zu bringen.

Der „homunculus", der künstliche Mensch — Wunschvorstellung schon der Alchimisten — bleibt so lange ein Traum, als wir die Beherrschung fünf- und mehrdimensionaler Kräfte nicht (wieder) erlernt haben.

Daß unsere, diesbezüglich gar nicht hochzuschätzenden Vorfahren weder die Technik des mechanischen Übergangs auf andere Zeitebenen, noch die Regenerations- und Duplizierungsmethoden des Körpers richtig abgeguckt haben, ist betrüblich, aber nicht mehr zu ändern. Und solange sich nicht die Erkenntnis durchgesetzt hat, daß derartiges nur mit Hilfe einer „Hyper-Physik" realisierbar ist, bleiben alle Versuche und Schritte in dieser Richtung Stückwerk.

Professor Wladimir Negowski, Leiter des „Laboratoriums für die Wiederbelebung von Organismen" der Sowjetischen Akademie der Wissenschaften in Moskau, ist es in vielen Fällen gelungen, Menschen, die bereits „klinisch tot" waren — bei denen also Herz, Kreislauf und Atmung ausgesetzt hatten — wieder zum Leben zu bringen. Sein berühmtester Fall war jener des russischen Physikers und Nobelpreisträgers Lew Landau, der, 55jährig, 1962 nach einem Verkehrsunfall „tot" war und von Professor Negowski insgesamt viermal (nach neuerlichen Zusammenbrüchen) wiedererweckt wurde, bis er 1964 zu seiner Familie und Arbeit zurückkehren konnte (Mitteilungen der Sowjetischen Akademie der Wissenschaften 1962/63/64).

Gemessen am derzeitigen Stand der Medizin zweifelsohne ein großer Erfolg, aber: Wurde im Falle des Lew Landau und anderer der Tod tatsächlich überlistet und Leben zurückgeholt?

Die ehrliche Antwort muß „nein" lauten. Eine „Reanimation", wie der Fachausdruck lautet und die mit Hilfe von Sauerstoff-Blut-Injektionen, künstlicher Beatmung, Schocks und mitunter Tiefkühlung erfolgt, ist nur möglich, wenn der wichtigste Bestandteil der Körpermaschine, der steuernde Gehirncomputer, noch nicht durch Sauerstoffmangel entscheidend beschädigt wurde. In einer Notschaltung kann das Hirn fünf bis acht Minuten auch ohne Sauerstoff auskommen, dann ist es endgültig aus.

Reanimation (Wiederbelebung) bremst das Sterben sozusagen in seiner letzten Phase, aber nicht den Tod. Um die Begriff klarzustellen: Das Sterben ist ein *Vorgang*, den man ab und zu stoppen kann, der Tod ist das Konstatieren der Beendigung dieses Vorganges — aber kein *Zustand*. Er ist es in zweierlei Hinsicht nicht:

— Wenn ich annehme, daß mit dem Abschluß des Sterbens „alles aus" ist, dann gibt es keine Persönlichkeit und kein Leben mehr, die nun in einem besonderen Zustand wären —

— und wenn ich annehme (wofür es klare Hinweise gibt), daß das Leben weiterexistiert, dann ist das *Leben* der fortdauernde Zustand, aber wiederum nicht „der Tod".

Der dimensionale Übergang, den wir so bezeichnen, ist eine verschiebbare und nicht zu fassende Grenze — so, wie wenn ich sage: jetzt ist es zwölf Uhr. Im gleichen Augenblick stimmt diese Behauptung schon nicht mehr, denn dann ist es bereits Sekundenbruchteile *über* zwölf.

In Wirklichkeit „ist" es niemals „zwölf Uhr" — und ebensowenig „ist" der Tod.

Die Sprache sagt es eigentlich schon: Das Wort Tod ist (im Deutschen, Englischen und anderen germanischen Sprachen) verwandt mit dem Begriff „Dunst" (Duden — Herkunftswörterbuch-Etymologie) und bedeutet soviel wie „Rauch", „Hauch", „betäubt werden". Das klingt doch nicht nach einem „Ende", sondern eher nach einem Übergang?!

Gewiß, unangenehm und manchmal sogar schrecklich kann das Sterben sein, da wollen wir uns gar nichts vormachen. Selbst wenn es oft für die Außenstehenden schrecklicher aussehen mag, als es tatsächlich ist.

Ich erinnere mich (ohne jedes Vergnügen) an eine Operation, die ich vor Jahren durchzumachen hatte. Nach einer Nagelbetteiterung mußte mir der Nagel am rechten Zeigefinger entfernt werden. Bei James Bond und gewissen Krimi-Autoren gehört so etwas zu den schlimmsten Foltermethoden, die vorstellbar sind.

Mangels Geheimagenten- und Yogiqualitäten erlebte ich diese Prozedur natürlich unter Narkose. Neugieriger junger Journalist, der ich damals war, hatte ich mit einem Operateur vereinbart, eine Art von Reportage zu versuchen, die aufgenommen werden sollte, weil mich der Vorgang des Schwindens des Bewußtseins interessierte.

Ich atmete also brav den Äther ein (viel besseres gab es unmittelbar nach dem Krieg nicht), zählte vorschriftsmäßig und wiederholte immer wieder laut: „Einunddreißig . . . ich höre noch, ich fühle noch — zweiunddreißig . . . ich höre noch . . ." Bis ich Schmerz empfand und sagte: „Jetzt spüre ich Schmerz" — Allerdings sagte ich das nur — zu hören war es nicht mehr, weil mein Sprachzentrum schon teilweise gelähmt war. Was mein Onkel Doktor (fälschlicherweise, wie sich später herausstellte) als Startsignal dafür empfand, mir den Nagel endgültig herauszuzupfen.

Der Schmerz wurde unerträglich, und ich kündigte (unhörbar) an: „Jetzt werde ich schreien, ich schreie . . ." Und dann schrie ich wirklich los, und das hörbar und so fürchterlich, daß mein harrender Kollege mitsamt dem Tonbandgerät um- und in Ohnmacht fiel und eine assistierende Schwester beinahe auch. Es soll unmenschlich gewesen sein.

Sehen Sie: Ich empfand wirklich den grauenhaften Schmerz, registrierte ihn und reagierte auf ihn — und doch war er nicht völlig identisch mit meinem Bewußtsein, beinahe schon, wie „nebenan“, fremd. Jemand brüllte wie ein Ochse — ich war es und war es nicht.

Dann wurde es natürlich finster. Fein war das ganze nicht — aber ich hatte es doch anders erlebt als es die anderen miterlebt hatten.

*

Das habe ich nicht als Beweis für mein wissenschaftliches Märtyrertum erzählt, das keines war, sondern nur als Bemerkung zum (bewußten) Erleben des Sterbens. Mit dem Tod hat es nichts zu tun, den kann man nicht erleben, weil es *ihn* — wie gesagt — nicht gibt.

Alles, was wir an Furcht und Grauen vor ihm empfinden, ist eine automatisch-animalische Reaktion, die auf der Erhaltungstendenz des materiell strukturierten Lebens beruht — einer wichtigen Programmierung, ohne die es überhaupt kein Leben auf dieser Erde gäbe.

Physikalisch gesehen besteht kein Unterschied zwischen dem Erhaltungstrieb des Lebens (und damit der Todesfurcht) und der Beharrungstendenz einer Kugel, die in eine bestimmte Richtung gerollt wurde und nach dem physikalischen Gesetz der „Trägheit“ versucht, diese Richtung beizubehalten. Sie wird jeder Änderung der programmierten Richtung Widerstand entgegensetzen — ist es für sie „schmerzhaft“, wenn sie dennoch durch eine stärkere Kraft abgelenkt wird?

Die Frage scheint absurd, und doch ist es das gleiche Prinzip der „Trägheit“ und Beharrung, das Atome, Organismen und Sterne „am Leben“ erhält. Schmerz und Wohlbefinden, Freude und Leid sind vermenschlichte Bezeichnungen für die Wirkungen eines Grundgesetzes der gesamten Schöpfung, das allgemeingültig und ewig ist.

Mit einer einzigen Ausnahme: dem Menschen. Er reicht in seiner Persönlichkeit durch viele Dimensionen hindurch, für ihn gelten die mechanistischen Schöpfungsgesetze nur zum Teil. Er *kann* sie überwinden und sich über sie hinwegsetzen.

Freilich wird trotzdem keinem von uns, die in diesem Augenblick dieses Buch in der Hand halten, die Bekanntschaft mit dem nicht-seienden Tod erspart bleiben. Keiner von uns Jetzigen wird — selbst wenn die Menschheit als Ganzes erhalten bleiben sollte — sein körperhaftes Dasein sonderlich oder gar auf Dauer verlängern können. Früher oder später müssen wir aus unserem „Fahrzeug" hinaus, auch wenn wir noch so sehr auf die Konstrukteure dieses versagenden Vehikels schimpfen und über das mangelhafte Service, das unsere werten Ahnen nicht erlernt haben.

Was bleibt uns übrig? — Wir werden eben ein Stückchen Weges „zu Fuß" gehen müssen, gehüllt nur in unseren gar nicht sehr attraktiven Seelenmantel — um dann vielleicht festzustellen, daß das gar nicht so arg ist und auch Vorteile hat: Ein Autofahrer bleibt auf bestimmte Bahnen und Straßen beschränkt (und genauso wahrscheinlich ein körperhaft durch die Dimensionen Reisender), während dem „Fußgänger" auch im „Jenseits" die ganze Gegend offensteht. Allerdings sollte man vorher schon ein bißchen trainieren.

Kann man Unsterblichkeit lernen oder trainieren? Bis zu einem gewissen Grad bestimmt.

Gerade habe ich im Fernsehen die Vier-Schanzen-Tournee 1974 der Skispringer verfolgt. Die Österreicher hatten diesmal das beste Training, und sie waren auch immer die Sieger. Aber stellen Sie sich mal vor, wie wir da — ohne Übung und Training — über die Schanzen gekommen wären! Auf dem Allerwertesten rutschend und mit gebrochenen Knochen. Was das Training betrifft: Jeder Trainer hat sein eigenes Rezept und jeder Springer braucht ein anderes. Auch für den Sprung vom letzten Schanzentisch in die (vorläufige) Ewigkeit gibt es keine alleinseligmachende Regel. Einer wird das ihm gemäße Trainingsprogramm im Christentum finden, einer vielleicht im Buddhismus oder einer Yoga-Lehre und der dritte wird es ohne jede Bindung an einen „Verein" versuchen. Die Facts bleiben immer dieselben. An den Gesetzen der höherdimensionalen Physik ändert sich nichts, ob wir sie nun so oder so ansehen oder verwenden.

Einen kleinen Unterschied gibt es allerdings: So, wie sich jeder das Jenseits vorstellt, dürfte er es zunächst auch erleben. Dem gläubigen Christen etwa werden die dortigen Energiekonzentrate wahrscheinlich als Engel erscheinen und „sichtbar" sein, seinem ungläubigen Sterbekollegen vielleicht als irgendwelche Maschinen, Tiere oder sonst etwas. Diese Erscheinung beruht darauf, daß wir uns in der „hiesigen" 4-D-Welt lange und mühsam genug bestimmte „Bilder" der Umwelt eingeprägt haben, die wir natürlich mitnehmen und die dann nicht ganz passen.

Den umgekehrten Vorgang sehen wir bei jedem Baby: Es braucht auch lange, bis es sich in der vierdimensionalen Welt zurechtfindet. Es greift, genau wie nach seiner Milchflasche, auch nach der Sonne und dem Mond — weil es noch nicht „gelernt" hat, daß diese Dinge auf dieser Ebene (und *nur* auf dieser Ebene — darauf kommen wir noch zurück) verschieden „weit" sind.

Noch ein Beispiel: Die Schweiz ist ein Land (und noch dazu ein kleines); und doch kann man sie auf verschiedenste Weise erleben -- in ihren Ebenen, Flüssen und Seen, oder in ihren Bergen und Gletschern. Gleichwohl ist man immer in derselben Schweiz.

Wenn ich zehn Reporter in der Schweiz an zehn verschiedenen Stellen aussetze, wird mir jeder einen anderen Tatsachenbericht geben und jeder wird auf seine Weise „richtig“ sein. Noch dazu, wenn jeder in einer anderen Sprache spricht und andere Begriffe verwendet.

Dennoch werden alle diese Berichte auf ihre Weise „richtig“ sein.

Aus der verschiedenen Sicht derselben Dinge resultiert die krasse Gegensätzlichkeit von „Jenseits-Berichten“, wie sie uns — nicht immer nur unecht! — von „Medien“ und Mystikern und mitunter auch nach einem Beinahe-Tod Wiedererwachten geliefert werden.

Was häufig dazu führt, daß sich die diversen Esoteriker und Spiritisten in die Haare bekommen und den (völlig zu Unrecht) grinsenden Materialisten ein willkommenes Schauspiel bieten.

Physiker und Chemiker in aller Welt bedienen sich einheitlicher Formeln, die Mediziner einheitlicher (lat.-griech.) Begriffe — nur in der Psychologie und Parapsychologie (also den ersten zaghaften Schritten zu einer alles umfassenden Hyper-Physik von morgen) herrscht noch ein Tohuwabohu von Glauben, Aberglauben, Mystik und Magie. „Wörterbücher“ und Code-Schlüssel für das Verständnis anderer Dimensionen wurden bisher nicht erfunden. Die Wissenschaft dünkt sich meist zu gut dafür und deshalb stammt das vorliegende Angebot meist von Fanatikern, Marktschreiern und Schwindlern.

Es ist nun mal eine traurige Tatsache, daß alle möglichen Sportarten in allen möglichen Schulen und Kursen eifrig geübt werden — nur eine, und zwar die wichtigste, nicht: die Technik des Sterbens und des Übergangs. Obwohl das der einzige „Sport“ ist, den wir alle einmal mitmachen müssen. Der gilt noch immer als „pfui“ und „tabu“.

Immerhin haben wir eines einigermaßen klargestellt: *Der sogenannte Tod ist ein Phantom und eine Einbildung — und die Fortdauer des Lebens eine höchstwahrscheinliche Tatsache.*

Berechtigte Frage: Gibt es für jene, die sich keiner bestimmten Religion, Sekte oder Lehre anschließen wollen oder können, wenigstens einen Grundlehrgang, eine Art „Jenseits-Trockenskikurs?"

Antwort: Es gibt ihn leider bisher nicht, auch wenn das vorliegende Buch nichts anderes ist, als eine Sammlung von geistigen Lockerungsübungen in dieser Richtung.

Doch: Eine Chance haben wir, die so real ist wie der Umstand, daß wir einen Lichtschalter anknipsen und es Licht wird. Die jedem offensteht. Wir können zum Unterschied zum Tier, dessen Bewußtsein entweder nur kollektiv (also einer bestimmten Gruppe oder Art gemeinsam) oder, wie etwa bei den Menschenaffen, intermittierend (also nur zeitweilig funktionsfähig) ist, unser Bewußtsein in einem gewissen Ausmaß lenken und steuern. Wir können unser Bewußtsein (unseren ICH-Kern) schon hier und jetzt in jene Bereiche verlagern, die wir ja doch einmal betreten müssen. Wir können es — um einen Vergleich zu gebrauchen — jetzt schon über die Mauer des Todes werfen.

Wie: Äußerlich-technisch gesehen ist das einfach: Wir transponieren es eben in das nächsthöhere „Stockwerk" unserer Gesamtpersönlichkeit, in das Über-Bewußtseins-Feld, das sowieso unsterblich ist. Praktisch ist die Sache schon etwas schwieriger. Faul und träge, wie wir nun mal sind, wollen wir uns dazu nicht womöglich nach Yogi-Art stundenlang auf den Kopf stellen oder uns auf dem stillen Örtchen so lange „versenken", bis wir einschlafen. Das überlassen wir ruhig den Nobel-Jenseits-Jüngern.

Es gibt jedoch (wie beim Turnen im Funk und Fernsehen) ein einfacheres Training ohne jede Bindung an eine Lehre oder einen Glauben und ohne viel Aufwand und Mühsal: Jeden Morgen, wenn wir aufwachen, befinden wir uns zunächst in einer Art Halbzustand. Zwischen der (angeblichen) Traumwelt und der (angeblichen) Wirklichkeit. In Wirklichkeit sind beide gleich wirklich — das nur nebenbei.

Der große deutsche Lyriker Christian Morgenstern hat dies 1901 in folgenden Versen ausgedrückt:

Oft, wie oft, wenn ich erwache
tagt für mich ein neues Sein,
spät erst stellt das tausendfache
Bild der Welt sich wieder ein.
Traumhaft aus Vergangenheiten
blickt mich an ein Irgendwer
und mich deucht oft, Ewigkeiten
trennten mich vom Tag vorher.

Dies ist ein Gedicht eines Menschen, der von der modernen Mathematik, Physik und Logik nichts wußte — und doch die realistischste Darstellung jenes Zustandes.

In diesen Sekunden oder Minuten — das ist jedesmal verschieden und oft gar nicht vorhanden — schwebt unser Bewußtseinskern sozusagen zwischen Diesseits und Jenseits. Wie ein U-Boot von Unterwasserforschern, noch bedeckt mit den Tangfäden der Tiefsee, ist er aus Bereichen aufgetaucht, über die der berühmte russische Mathematiker Pawel D. Uspenski schon kurz nach der Jahrhundertwende folgendes sagte:

„Es gibt in Wahrheit zwei Arten von Mathematik. Die eine ist die der endlichen und konstanten Zahlen, die den Erscheinungen eines begrenzten und künstlichen Universums Rechnung trät, eines Universums, das nur das Bild unserer beschränkten und ungenauen Vorstellung der wirklichen Welt darstellt; die andere Mathematik ist die der unendlichen und variablen Größen, die uns in eine Welt einführt, die nicht unsere Schöpfung ist, in eine Welt, wo eine Größe sich selbst nicht gleich zu sein braucht, *wo ein Teil dem Ganzen gleich sein kann* und wo wir anderen Absonderlichkeiten begegnen, die vom Standpunkt der ersten Mathematik widersinnig erscheinen."

In dieser kurzen Zeitspanne, da die Luken der Tauchkugel noch nicht ganz geöffnet sind und der für unser raumzeitliches Dasein zuständige Gehirncomputer erst wieder langsam zu arbeiten beginnt, können wir unserem Bewußtsein bestimmte Programmierungen und Gedanken eingeben, wie etwa diese:

ICH bin ewiges Bewußtsein und nicht der Körper — ich bin raum- und zeitlos — ich bin Bürger einer Welt, von der die hiesige nur ein Teil ist.

ICH BIN.

Lassen Sie sich von dem scheinbaren Pathos nicht verwirren. Es handelt sich nur um eindringliche Befehle in der Computersprache einer höheren Dimension. Um „Turnübungen" und nicht um Glaubensregeln.

Jeder kennt die scheinbar irren Schreie, die Karate-Kämpfer oder Gewichtheber im Moment der höchsten Konzentration ausstoßen. Sie sind Peitsche und Antrieb — nicht anders verhält es sich bei den Richtungsbefehlen, die wir uns selbst geben können, um unser manchmal störrisches Bewußtseinspferd zu lenken.

Und was die „kosmische Staatsangehörigkeit" betrifft: Sie sind ja auch in einer größeren oder kleineren Gemeinde zum Wohnsitz gemeldet — *und* gleichzeitig Bürger des Gesamtstaates. Fühlen Sie sich vielleicht weniger als

Deutscher (oder Engländer, Franzose, Italiener oder Jude), weil Sie gleichzeitig einem Schachklub oder Kanarienzüchterverein angehören? Sind Sie deshalb *weniger* oder gar nicht Mensch und Bürger der Ewigkeit, weil Sie für ein paar Jahrzehnte zur sogenannten Menschheit auf dem Planeten Erde zählen?

Wer sich allein nur diesen einfachen Gedanken einmal klargemacht hat, der hat schon einen großen Fortschritt erzielt — auch wenn es ihm zunächst so schwer fällt wie den Engländern, der EWG beizutreten. Wer einmal nur im Feld-Bewußtsein war, sein ewiges ICH nur an einem Haarzipfelchen erwischen konnte, wird — selbst wenn er dann prompt wieder auf „die Erde" zurückplumpst — doch immer wieder dorthin zurückkehren. Das ist kein Wunder und keine Gnade, das ist hyperphysikalisches Gesetz — das Gesetz der rollenden Kugel oder der in eine Richtung abgefeuerten Rakete.

Zum Trost für die Faulen und Trägen, die eben nicht gerne in einem „Verein" turnen und üben wollen: Sie kommen, diesem Gesetz zufolge, auch ins Ziel — nur vielleicht etwas langsamer.

Sämtliche Raketen, die bisher zum Mond flogen, hatten im Grunde genommen auch nur einen Minimalantrieb, der gerade genügte, um sie aus der Erdschwerkraft herauszubringen. Den Rest besorgt dann die Anziehungskraft des Mondes. Nur geringe Kurskorrekturen sind noch nötig.

Wer seinen ICH-Kern einmal über die Gravitationsgrenze des (eingebildeten) Hier-Bewußtseins in den schwerelosen Raum des „Feldes" gebracht hat, braucht auch nichts mehr zu tun, alles andere geschieht von selbst und automatisch.

Es ist keine Frage, ob das Leben unsterblich ist oder nicht. Das zu fragen ist so unsinnig, wie wenn ich fragen würde, ob es die Elektrizität „gibt" oder nicht. Natürlich gibt es sie und hat sie immer gegeben, auch *bevor* wir sie großartigerweise „entdeckten".

Nicht anders können und müssen wir die Kräfte anderer Dimensionen (wieder) entdecken und benützen lernen.

Dazu brauchen wir nicht unbedingt Uniformen und Abzeichen eines bestimmten Vereins (= Glaubens oder Religion). Die Amerikaner wären auch ohne ihr Staatswappen auf den Ärmeln und ohne das Sternenbanner zum Mond gekommen. Nicht irgendeine Fahne hat das ermöglicht, sondern ihr Wille.

Dennoch ist eine Warnung angebracht.

Es gibt zwar kein Gesetz, das eine Verantwortung auch für Seele und Geist eines Menschen begründet — aber dennoch sollten alle, die nun versuchen, etwa im „Do-it-yourself-Verfahren" zu einem Feldbewußtsein zu kommen, vor durchaus existenten Gefahren gewarnt sein.

Höherdimensionale Kräfte sind um nichts weniger real und wirksam wie ein Stecker oder Schalter mit 220 Volt, sowohl für den „Geist" als auch mitunter für den Körper.

Wie sehr „geistige" (wir würden uns sagen: Feld-) Kräfte auf den Körper einwirken können, das hat die moderne Medizin seit einigen Jahren untersucht und festgestellt. Der in der Schweiz lebende griechische Arzt Papalexiou und sein dortiger Kollege Dr. H. Haas haben sich in 15 000 Reihenuntersuchungen mit der sogenannten „Placebo"-Wirkung befaßt. Placebo heißt auf Lateinisch so viel wie: „Ich werde angenehm sein, gefallen . . ."

Bekannt war etwa schon lange, daß man einem Kind, das eine Warze auf der Hand hat, nur Wasser darüberzupinseln brauchte und ihm zu sagen, das sei ein Heilmittel, und am nächsten Tag war die Warze weg. Geheilt durch PLACEBO.

Die Serientests ergaben nun folgendes Bild: Bei 62 Prozent von Kopfschmerzen, die nicht durch Migräne begründet waren, bei 32 Prozent migränöser Kopfschmerzen und 28 Prozent sonstiger Schmerzzustände konnten durch Mittel, die überhaupt keinen praktischen Effekt haben konnten und völlig neutral waren, Besserungen erzielt werden — durch Placebo, den Glauben der Patienten an das Mittel. Im Schnitt erreicht die Placebo-Wirkung bei der Schmerzstillung 55 Prozent. Aber nicht nur Schmerzen lassen sich durch Placebo beseitigen: Bei an Bluthochdruck Leidenden kann damit der Blutdruck gesenkt werden, ja sogar bei Lungenkranken wurde eine Zunahme des Körpergewichtes erzielt!

Das merkwürdigste daran ist, daß solche wirkungslosen Placebo-Mittel — sei es nun in Form von Pillen oder Injektionen — auch negative Nebenerscheinungen haben können, wie andere („echte") Medikamente auch. Dr. Gowdey, Kanada, berichtete kürzlich in der dortigen medizinischen Gesellschaft, daß völlig gesunde Studenten, denen „Placebo"-Pillen verabreicht wurden, mitunter die typischen Nebenwirkungen von Medikamenten aufwiesen.

Man kann ohne Übertreibung sagen, daß ein großer Teil aller Heilmittel hauptsächlich auf „Placebo" beruht, genau wie das bloße Erscheinen oder die Anwesenheit eines Arztes bereits Besserung bringen können. Sie haben es wahrscheinlich auch schon erlebt, daß im Wartezimmer — und vor allem erst im Stuhl — des Zahnarztes die vorherigen Zahnschmerzen wie weggeblasen waren?!

Placebo — ein Wort, das nicht viel sagt. Placebo ist Einbildung, und Einbildung besagt nichts anderes, als daß geistige „Bilder" auf den Körper übertragen und dort wirksam werden. Dort können sie positiv oder negativ wirken.

Und deshalb auch die Warnung: Wer mit geistigen, mit höherdimensionalen oder Feldenergien (das sind ja alles nur Namen) hantiert, hantiert mit echten Kräften und Energien, er bastelt mit Sprengstoff, und das sollte er sich klarmachen.

So lange wir nicht genaue Kenntnis und wirkliches Wissen von diesen Kräften haben, bleibt das gefährlich. Und daher auch unser Hinweis auf die Religionen, Sekten und Lehren als Trainingsvereine. Sie bieten, auch wenn sie kein absolutes Wissen vermitteln können, doch wenigstens einen Minimalschutz und eine Art Gebrauchsanweisung für den Umgang mit diesen Dingen. Wer trotzdem alleine sein und alleine gehen will, ist natürlich viel freier — aber er muß doppelt vorsichtig sein. Es gibt nicht wenige Fälle, in denen Mystiker und „Adepten“ der magischen Kunst trotz Beachtung aller Vorschriften körperlich und vor allem geistig schwerstens geschädigt wurden, wenn sie in die Feldbereiche vordrangen. Man mag sagen, das hätten sie sich eben eingebildet — am Effekt ändert es nichts. Es sind nun einmal Energiebereiche, wenn auch nicht-materieller Art, und Energien haben Wirkungen. Auch das ist ein Grundgesetz einer künftigen Hyper-Physik.

Es ist sehr schön, sich ab und zu „von der Erde“ zu heben und im vollen Bewußtsein des „Feldes“ und des ewigen Seins zu schweben, wie ein Skispringer bei seinem Flug — man kann aber auch stürzen, oder, real gesagt: sein bißchen Verstand (und die Gesundheit dazu) verlieren.

Auch in diesem Falle gilt das große „Leider“ — leider haben die damaligen Bewohner unseres Planeten von ihren damaligen Gästen zu jener Zeit nur jämmerliche Bruchstücke des Wissens auch auf diesem Gebiet übernommen und die Scherben in Kulten und Religionen bewahrt — Scherben. Und wir müssen diesbezüglich wieder ganz von vorne anfangen.

Gerade während der Arbeit an diesem Kapitel kam neue und interessante Kunde aus Amerika. Ein Wiener Journalist hatte dort Cleve Backster, den Mann, der die „fühlenden Pflanzen“ entdeckte, aufgesucht und interviewt (Kurier, Wien, vom 1. Januar 1975), und Backster hatte ihm von seinen neusten Forschungen berichtet.

Dabei kam auch eine beinahe groteske Sache zur Sprache: Backster hatte sich oftmals (als er noch in New York arbeitete, jetzt experimentiert er in San Diego in Kalifornien weiter) über die „Aufregung“ seiner Versuchspflanzen gewundert, die immer zu einer bestimmten Stunde des Tages auftrat, ohne daß ein Anlaß erkennbar war. Der „Polygraph“ jedenfalls — das Gerät, das die Spannungsveränderungen in den Zellen der Pflanzen auf ein Papierband aufzeichnet — gab zu dieser Zeit immer starke Ausschläge.

Dann kam Backster doch auf die Lösung: Einen Stock unter seiner Wohnung in New York gab es eine Privatschule, und immer um eine bestimmte Zeit machte diese Pause, die Handelsschüler liefen zur Toilette und . . . und verrichteten eben ihr Geschäft. Wobei auch immer lebende Körperzellen mit ausgeschieden werden, die aber sofort von den starken Desinfektionsmitteln in den Toiletten abgetötet wurden, und dies natürlich zu dieser Zeit in sehr großer Zahl — die Pflanzenzellen „spürten“ es und reagierten mit „Alarm“.

Backster machte indessen auch weitere Versuche — zum Beispiel mit Joghurt. Freilich nicht mit sterilisiertem, wie wir ihn kaufen und verwenden, sondern mit „natürlichem“: Den füllte er in ein Röhrchen, legte die Elektroden des Polygraphen an, schirmte das ganze Ding ab, und dann „quälte“ er den Joghurt durch Schütteln und ähnliche Manipulationen. Effekt: Der Joghurt zeigte sozusagen Angst und Aufregung in den Kurven auf dem Papierband an.

Was die bisherigen Vermutungen bestätigt: Alle lebenden Zellen reagieren auf Umweltreize — ja auch auf Gedanken und die Empfindungen anderer lebender Zellen — und das ohne direkten Kontakt.

Eigentlich eine fürchterliche Vorstellung — mit allem, was wir tun, auch wenn wir nur im Gras spazierengehen, töten und quälen wir also Lebendes . . .!?

Ja und nein. Denn immerhin dürfen wir annehmen, daß es sich bei den angemessenen Reaktionen lebender Zellen nicht um dasselbe handelt wie unsere Furcht oder unseren Schmerz, sondern um mehr oder minder mechanische Reaktionen auf einer ganz anderen Stufe, die ohne Bewußtsein in unserem Sinne ist.

Im übrigen aber bestätigen alle diese Versuche, was wir vorhin über die Existenz eines „Feldes" fünfdimensionaler Art sagten, durch das alles Lebende miteinander verbunden ist, dessen Teil oder Knoten es letzten Endes ist.

Wird das „Lebensfeld" an einer Stelle erregt (wie die Oberfläche eines Teiches, in den ich einen Stein werfe), pflanzt sich dieser Impuls über die ganze Oberfläche fort. Mit einem Unterschied zum Vergleichsbild des Teiches: Dort braucht die Welle eine gewisse Zeit, um sich fortzupflanzen, im fünfdimensionalen Lebensfeld gibt es keine Verzögerung durch die Zeit: ein Impuls da = ein Impuls dort. Denn in der fünften Dimension gibt es keine Zeit, ebensowenig wie eine Abschwächung der Impulse durch eine räumliche Entfernung.

Auf diesem Prinzip der Felderregung beruht das meiste, was wir an parapsychologischen Erscheinungen kennen: die Gedankenübertragung (ohne zeitlichen Verzug und räumliche Abschwächung), die Abmeldung Sterbender und die Telekinese (Fernbewegung). Gerade über letztere sind indessen eine Menge von Publikationen erschienen. Aber man könnte das Prinzip auch ganz einfach erklären und ohne unzählige Beispiele zu zitieren: jeder Mensch hat um sich, in sich (oder zum Teil als seinen Bestandteil) ein fünfdimensionales Feld.

Wenn es ihm gelingt, dieses bewußt und willentlich in den Griff zu bekommen, dann kann er über dieses Feld auf andere Dinge einwirken. Wieder ein ganz primitives Beispiel: Wir können den Fernseher, der in der Zimmerecke steht, auf zweierlei Art betätigen: Entweder gehen wir hin und drücken auf die Knöpfe, oder — falls wir eine Fernsteuerung haben — bleiben wir im Stuhl sitzen und schalten an einem kleinen Kästchen. Mit demselben Erfolg.

Noch mehr verprimitiviert: Ich kann eine Streichholzschachtel mit der Hand aufheben, oder einen Meter von ihr entfernt sitzen und sie durch Feldimpulse geisterhaft schweben lassen.

Im Falle des Fernsehers muß ich das teure Fernschaltgerät haben, im Falle der Streichholzschachtel meine „5-D-Kräfte“ steuern und anwenden können.

Das eine ist nicht verwunderlicher als das andere.

W a s das „Feld“ ist, wissen wir freilich nicht. Aber schließlich wissen wir auch nicht, was Elektrizität ist die ja auch über elektromagnetische „Felder“ funktioniert.

Und was hat das mit dem Tod und einem möglichen Fortleben nach dem Tod zu tun?

Immerhin das: Das „Feld“ ist — von uns aus gesehen — zeitlos und daher „ewig“, jedenfalls so ewig wie das ganze Universum. Wir gehören ihm zum Teil an, sonst könnten wir es gar nicht beeinflussen. Wir gehören dem fünfdimensionalen Feld an und wahrscheinlich auch noch einem sechsdimensionalen, von dem wir uns schon gar keine Vorstellung machen können — das mag dann die „Welt der Ursachen“ nach Platon sein. Unser Bewußtsein ist in zwei Dritteln unseres Lebens an den rein vierdimensionalen Gehirncomputer gebunden, aber doch nicht ganz, denn über jede Zelle ist es auch mit dem fünfdimensionalen Lebensfeld verbunden. Wir sind Bürger nicht nur „zweier Welten“, wie das Dichterwort sagt, sondern wahrscheinlich noch mehrerer. Wir wohnen nicht nur im Parterre eines Hauses, sondern in allen seinen Stockwerken. Aber wir müssen uns einmal aus unseren Stühlen erheben und in diese anderen Stockwerke hinaufgehen.

Die Wohnungstüre im Parterre, die wir hinter uns schließen, symbolisiert dabei den „Tod“ auf der vierdimensionalen Ebene. Im ersten Stock machen wir dann wieder eine Türe hinter uns zu — „sterben“ dort also nochmals. In Wahrheit wechseln wir bestenfalls ein Gewand, das wir da und dort trugen. Wahrscheinlich sterben wir nach und nach mehrere „Tode“ — aber bleiben doch wir.

Schön und gut, wird der eine oder andere sagen — das klingt alles ganz wunderbar, aber was habe ich davon? Wie soll ich das glauben? Nun, es gibt so etwas wie einen einfachen Selbstversuch, der wirklich keinerlei Übung und Vorbereitung erfordert:

Wenn wir versuchen, uns selbst zu „empfinden“ und wie „alt“ wir uns dabei fühlen, werden wir zu unserem Erstaunen feststellen, daß wir uns eigentlich immer ohne ein bestimmtes „Alter“ empfinden. Heute nicht „älter“ als vor zehn Jahren oder vor vierzig. Zwar müssen wir — je älter wir werden — zu unserem Leidwesen konstatieren, daß uns das Gedächtnis manchmal im Stich läßt, daß wir in den Speichern unserer Informationen mühsam nach Erinnerungen und Worten suchen müssen — aber das tun doch **w i r**, und wir unterscheiden dabei sehr richtig zwischen „uns" und unserem Gedächtnis. Wir verhalten uns dabei wie ein Maschinist, dessen Gerät langsam verrostet — er ärgert sich.

Wären wir wesensgleich (identisch) mit dieser Maschine, könnten wir deren Mängel und Fehler niemals bewußt registrieren. Eine Maschine kann sich niemals selbst empfinden.

Nur weil unser ICH „über" den biologisch-mechanischen Abläufen steht, ist es in der Lage, sie logisch und vernünftig zu sehen und zu erfassen.

Bitte, versuchen Sie doch jetzt einmal — Schritt für Schritt — mitzudenken (das gehört zum Fitneß-Programm des Feldbewußtseins, des Perma-Bewußtseins, dazu): Es geht Ihnen doch, wenn Sie — körperlich etwas älter geworden — nach einer bestimmten Erinnerung, einem bestimmten Begriff suchen, ähnlich jemandem, der in einer Schreibtischlade sucht, die nicht aufgeht, oder nicht gleich die richtige findet. Frage: »Ist" **e r** diese Lade? Keine Spur — er sucht ja nur, und die Lade klemmt. Das sind doch zwei Dinge: er und die Lade.

Und, Hand aufs Herz, haben Sie eigentlich jemals das Gefühl (im Bewußtsein), daß Sie jetzt „älter" sind als früher? Nein: Älter ist Ihr Körper, älter ist Ihr Gedächtnis (das sind die klemmenden Laden) und alles mögliche sonst. Aber SIE selbst, Sie sehen und registrieren das. Ohne älter zu sein.

Das Bewußtsein selbst ist ohne Alter. Es kann gar nicht altern, weil es den Gesetzen dieser Zeit und dieses Raumes nicht unterliegt. Das Bewußtsein ist zeitlos und daher ewig.

Unser Körper hat nur eine Durchgangsfunktion: Von allen seinen Zellen bleibt nicht eine der anderen gleich.

Die Schallplatten, die Tonträger, werden dauernd ausgetauscht. Das, was auf sie „gespielt“ ist, die Information, bleibt.

Die Information wird nicht „alt“, und deshalb empfinden wir uns in Wahrheit immer „gleich alt“.

Wie sagte doch einer der bekanntesten Kybernetiker (Fachmann für Steuerungsmechanismen) Dr. Hugo Wiener, schon 1972 auf die Frage, was Information eigentlich sei?

„Information ist Information.“

Wozu sich nichts mehr hinzusagen läßt.

Eine Tote gibt einen Auftrag

Es war ein ganz normaler Tag Ende 1975, als sich die Ärztin Dr. Elisabeth Kübler-Ross, eine gebürtige Schweizerin, in der psychiatrischen Klinik der Universität Chicago auf dem Weg zu ihrem Büro befand. Da erblickte sie auf dem Gang plötzlich Frau S. Frau S. war vor einigen Monaten nach einem schweren Leiden gestorben, nachdem man sie insgesamt fünfzehnmal in der Intensivstation vom Tod zurückgeholt hatte, wobei sie mehrmals als „klinisch tot“ gegolten hatte.

Frau S. trat an die Ärztin heran und fragte sie, ob sie ein paar Minuten Zeit für sie hätte. Die völlig perplexe Klinik-Leiterin nickte und berührte dabei den Arm der seltsamen Besucherin. Er schien leiblich vorhanden; gleichwohl wirkte die Gestalt wie aus Wachs (erklärte Dr. Kübler-Ross später). Gemeinsam gingen die beiden ins Büro. Dr. Kübler-Ross betastete heimlich sich und den Schreibtisch, um sich zu vergewissern, daß sie nicht träume. Es war aber alles ganz real und normal. Dann begann die „Tote“ zu sprechen. Sie erklärte der Ärztin, daß sie gekommen sei, um ihr — und einem Assistenzarzt, der sie gleichfalls betreut hatte — zu danken und sie zu ersuchen, ihr Werk über das Problem des Sterbens und des Todes ja nicht aufzugeben. Frau Dr. K.-R. war damals gerade an dieser Arbeit (Über den Tod und das Sterben, New York 1975), sie hatte mit vielen Sterbenden gesprochen und deren Eindrücke und Erlebnisse festgehalten.

Und nun stand eine von diesen da. Auf die Bitte von Frau Dr. K.-R. schrieb sie auf einen Zettel einen Gruß an den erwähnten Assistenzarzt. Die Handschrift wurde später überprüft und als echt befunden. Dann verabschiedete sich Frau S., ging zur Türe hinaus — und war weg. Dieses Erlebnis hat Dr. Kübler-Ross erst 1977 preisgegeben, nachdem sie nicht mehr befürchten mußte, ausgelacht zu werden und ihre drei Bücher über den Tod und das Sterben Bestseller geworden waren. Eine Wiedergabe der Begegnung mit der toten Frau S. ist in deutscher Sprache in Heft Nr. 26/1977 der „Bunten Illustrierten" erschienen. Was man als schön erfundene Geschichte abtun könnte, wenn die Ärztin (die auch Psychologin ist) nicht längst schon Weltruf hätte.

Sie war übrigens die erste, die sich eingehend mit dem Sterben und dem Tod ganz exakt-wissenschaftlich befaßte (von ihrem Blickpunkt als Ärztin aus) und das anhand von Hunderten von Beobachtungen, die sie sammelte und wiedergab.

Es sind ihren Büchern auch noch solche anderer Autoren gefolgt, und heute kann man mit Fug und Recht sagen, daß die „Thanatologie", die Wissenschaft vom Tod, beinahe ein eigener Zweig der Medizin bzw. Psychologie geworden ist. Eine bemerkenswerte Entwicklung!

Das neueste Buch eines „Sterbensforschers" stammt von dem Amerikaner (ebenfalls Psychiater) Dr. Raymond

A. Moody. Es ist unter dem Titel „Leben nach dem Tode“ (Reinbek 1977) auch auf Deutsch erschienen.

Das Buch des Dr. med. und Dr. phil. Moody ist insofern besonders interessant, weil der noch junge Mediziner von Parapsychologie praktisch keine Ahnung hatte, als er zu schreiben begann. Er hat lediglich Fakten und Beobachtungen aufgezeichnet. Wobei er immer wieder zu der folgenden, man könnte sagen „Formel“ des Sterbevorganges eines Menschen kommt:

> „Ein Mensch liegt im Sterben. Während seine körperliche Bedrängnis sich ihrem Höhepunkt nähert, hört er, wie der Arzt ihn für tot erklärt. Mit einemmal nimmt er ein unangenehmes Geräusch wahr, ein durchdringendes Läuten oder Brummen, und zugleich hat er das Gefühl, daß er sich sehr rasch durch einen langen, dunklen Tunnel bewegt. Danach befindet er sich plötzlich außerhalb seines Körpers, jedoch in derselben Umgebung wie zuvor. Als wäre er ein Beobachter, blickt er nun aus einiger Entfernung auf seinen eigenen Körper. In seinen Gefühlen zutiefst aufgewühlt, wohnt er von diesem seltsamen Beobachtungsposten aus den Wiederbelebungsversuchen bei.
>
> Nach einiger Zeit fängt er sich und beginnt, sich immer mehr an seinen merkwürdigen Zustand zu gewöhnen. Wie er entdeckt, besitzt er noch immer einen ‚Körper‘, der sich sowohl seiner Beschaffenheit als auch seinen Fähigkeiten nach wesentlich von dem physischen Körper, den er zurückgelassen hat, unterscheidet. Bald kommt es zu neuen Ereignissen. Andere Wesen nähern sich dem Sterbenden, um ihn zu begrüßen und ihm zu helfen. Er erblickt die Geistwesen bereits verstorbener Verwandter und Freunde, und ein Liebe und Wärme ausstrahlendes Wesen, wie er es noch nie gesehen hat, erscheint vor

> ihm. Dieses Wesen richtet — ohne Worte zu gebrauchen — eine Frage an ihn, die ihn dazu bewegen soll, sein Leben als Ganzes zu bewerten. Es hilft ihm dabei, indem es das Panorama der wichtigsten Stationen seines Lebens in einer blitzschnellen Rückschau an ihm vorüberziehen läßt. Einmal scheint es dem Sterbenden, als ob er sich einer Art Schranke oder Grenze näherte, die offenbar die Scheidelinie zwischen dem irdischen und dem folgenden Leben darstellt. Doch wird ihm klar, daß er zur Erde zurückkehren muß, da der Zeitpunkt seines Todes noch nicht gekommen ist. Er sträubt sich dagegen, denn seine Erfahrungen mit dem jenseitigen Leben haben ihn so sehr gefangengenommen, daß er nun nicht mehr umkehren möchte. Er ist von überwältigenden Gefühlen der Freude, der Liebe und des Friedens erfüllt. Trotz seines inneren Widerstandes — ohne zu wissen, wie — vereinigt er sich dennoch wieder mit seinem physischen Körper und lebt weiter.“ (R. A. Moody: Leben nach dem Tod, Reinbek 1977, S. 27 f.)

Dieser Ablauf stimmt fast immer und überall und ist tausendfach bestätigt. Von ganz gewöhnlichen Menschen und von „Prominenten“. So etwa schilderte der weltbekannte französische Chansonnier Charles Aznavour 1969 erst ein Erlebnis, das er am 31. August 1956 gehabt hatte. Damals war er mit einem Lastwagen zusammengestoßen und schien tot. Nach einer kurzen Zeit scheinbarer Bewußtlosigkeit (so er selbst) erfüllte ihn starkes Wohlbehagen. Er sah sich selbst im zertrümmerten Auto liegen und hörte jemand sagen: „Mein Gott, er ist tot.“ Dann wurde er wieder in sein körperliches Sein zurückgerufen. Aber seither, so seine Darstellung, ist die Angst vor dem Tod, die ihn vorher immer wieder quälte, einfach weg.

Immer dasselbe: Der „Gestorbene“ verläßt seinen Körper (ohne genau zu wissen, wie), er nimmt aber zunächst weiterhin alles wahr, was rund um ihn vorgeht. Wer nimmt etwas wahr, wer ist der Mensch nun? „Ein Nebel, eine Wolke, ein Dunst, ein Stück Energie . . .“ — das sind einige Bezeichnungen, die der Arzt Dr. Moody von wiederbelebten „Toten“ erfuhr.

Mitunter glauben die Gestorbenen, noch am Leben zu sein, wie es der heutige Psychiater Dr. George Ritchie, Arzt am Arlington-House-Hospital (Virginia, USA), in seinem Buch „Return from Tomorrow“ (Rückkehr von morgen) schildert, der 1943 in einem Armeespital in Texas an Lungenentzündung „starb“. Als Toter für die Leichenhalle präpariert, entdeckte ein Kollege an ihm Lebenszeichen und er wurde wieder-erweckt. Selbst jedoch hatte er sich von seinem Todesbett aufspringen sehen, im Versuch, einen Zug „nach Hause“ zu erreichen. Dabei sah er plötzlich einen leblosen Körper, den er erst nach einem Ring am Finger als seinen eigenen erkannte. Aber da war er schon „unterwegs“ und mußte den Rückweg zu seinem Körper mühsam suchen.

Die letzte Barriere

Warum gibt es erst seit relativ kurzer Zeit derart viele Berichte von und über bereits „Tote“?

Das ist ganz einfach zu erklären: Weil erst die modernste Medizin es möglich gemacht hat, Sterbende — oder „klinisch Tote“ — doch wieder zu „reanimieren“. Selbst wenn Herzschlag und Atmung längst schon ausgesetzt haben und selbst wenn Gehirnströme nicht anmeßbar sind. Diesen Notausgang oder Rück-Weg ins hiesige Dasein gab es früher nicht. Oder nur ganz selten und zufällig.

Eines ist jedoch nicht zu übersehen: Alle die wiederbelebten Toten standen erst vor einer letzten Grenze; ihre Körperzellen waren immerhin noch intakt und nicht zersetzt. Sonst hätten sie ja nie mehr (körperlich) leben können.

An diese Tatsache klammern sich all jene, die ein Fortleben nach dem Tode leugnen. Sie bezeichnen den beinahe „erlösten" Zustand der Sterbenden als eine Art letzter Abwehrreaktion oder „Gnade" des Körpers, hervorgerufen vor allem durch zunehmenden Sauerstoffmangel (wie beim Tiefenrausch der Taucher). Wie es etwa Dr. Dlin (Philadelphia, USA) und andere Ärzte sehen (Spiegel 26/1977).

Ein „Beweis" sei das also nicht. Selbstverständlich ist er es nicht, denn natürlich kann niemand, dessen Körperfunktionen endgültig erloschen sind, noch irgendeine Mitteilung machen.

Aber es ist doch seltsam, daß sämtliche Berichte von „Zeit-Toten" völlig übereinstimmen und es ist weiter seltsam, daß ähnliche Berichte schon vor Jahrhunderten und Jahrtausenden (als man niemand re-animieren konnte) bekannt waren. Wie etwa im tibetanischen Totenbuch, dem Bardo-Thödul, das eine ganz genaue Anweisung erhält, wie die Zurückbleibenden und Priester die Seele des Gestorbenen geistig zu geleiten hätten und welche Zustände diese durchmachen würde.

Es sind eigenartigerweise dieselben, die wir erst jetzt wieder — dank der modernen Medizin — kennen. Woher aber wußte man damals davon?

Übereinstimmend sind auch die Berichte „Sterbender" über eine letzte Grenze, eine letzte Barriere, vor der sie standen, bevor sie — häufig mit Widerstreben, weil sie sich „drüben“ viel wohler fühlten — zurückgeholt wurden. Sie sahen sich vor dieser Grenze stehen und wußten genau: Nach ihrem Überschreiten gibt es kein Zurück mehr. Oder gibt es ausnahmsweise doch eines — auch wenn der irdische Körper echt und wirklich tot ist und sich zu zersetzen beginnt?

Das Erlebnis von Frau Dr. Kübler-Ross scheint ein derartiger Ausnahmefall gewesen zu sein. Nicht der erste (wie sie glaubt), aber andere, frühere, wurden eben als Einbildung und Aberglaube abgetan.

Telefon mit dem Jenseits

Niemals hat der Mensch aufgehört, die Toten zu „beschwören“, um zu erfahren, was „drüben“ ist. Die neueste Form der Beschwörung ist der Kontakt via Tonband, es sind jene „Geisterstimmen“, die sich mitunter im Radio oder auf Tonbändern spontan melden.

Es scheint, daß es derartiges gibt, aber zu sagen, was das ist, wäre tatsächlich Spekulation.

Ich selbst, der Autor, habe ein solches Band zu Hause (überspielt) — von einem Freund aus Wiesbaden. Da sind, mitten in einer Aufnahme eines Hauskonzerts, Stimmen zu hören, die allerhand Ungereimtes sagen, wie „Wer dreht an den Rädern? Gulbakoff . . . Gulbakoff . . .!“ und ein wirres Kauderwelsch.

Spezialgeräte für derartige Stimm-Phänomen-Aufnahmen gibt es bereits im Handel. Und manche Forscher auf diesem Gebiet, wie der Wiener Ingenieur Franz Seidl, sind überzeugt, daß sie auf diese Weise mit „Drübigen“ Kontakt aufnehmen können. So etwa versuchte der erwähnte Ingenieur Seidl 1977 auf Wunsch eines Journalisten festzustellen, ob der legendäre Millionär Howard Hughes tatsächlich tot und sein 1976 verkündetes Ableben nicht nur ein Trick sei.

Dabei, so Ingenieur Seidl (Neue Illustrierte Wochenschau, Wien, Nr. 34/77) habe sich Hughes am 8. Juli 1976 gemeldet und verkündet: „Mir geht es gut auf meiner Erden ..."

Blabla? Der Professor und Ordinarius für experimentelle Physik an der Universität Wien, Dr. Helmuth Hofmann, ist zwar der Ansicht, daß es keine Erklärung für die Herkunft solcher Tonbandaufzeichnungen gibt, glaubt aber nicht, daß diese Stimmen von Verstorbenen stammen, sondern eher aus dem Unbewußten lebender und anwesender Personen.

Andere sind anderer Meinung, und es gibt in Deutschland bereits Forschungsgruppen, die sich mit Stimmen von drüben befassen und sogar Kongresse über Tonbandstimmen-Phänomene abhalten.

Auch da läßt sich nur sagen: Nichts Genaues weiß man nicht. Die Erfahrung mit den Stimmenphänomenen — daß es sie gibt, daran kann kaum ein Zweifel sein — ist zu neu und jung, die technischen Voraussetzungen gab es früher ja nie.

Grundsätzlich ist jedoch nicht einzusehen, warum Energie-Wesen (und als solche dürfen wir die „Toten" ansehen) sich nicht auch auf dem Weg über die bekannten irdischen Energieformen äußern sollten. Schließlich ist auch die Telekinese (die Fernbewegung von Gegenständen durch geistige Impulse) nichts anderes als die Manipulation von „Materie" durch geistig-seelische Energien, die man selbst nicht erfassen und messen kann.

Das „Wunder" der Tonbandstimmen ist gar keines. Es mögen schon immer und vor Tausenden von Jahren die Gedanken- und Geist-Impulse der Abgeschiedenen gewissermaßen durch den Äther geschwungen haben — nur: Sie konnten auf keinerlei technische Weise empfangen werden. Lediglich besonders *sensitive Menschen* reagierten auf sie und hörten dann Stimmen oder „sahen" Geister (was sie ja heute auch noch tun). Ihre Wahrnehmungen freilich konnte man als Einbildung abtun, bei akustischen Einprägungen auf Tonbändern geht das nicht.

Die Schwelle der Zeit

Wir sind bei allen unseren Erkundungsvorstößen an viele Grenzen gekommen — und haben sie häufig überschritten — eine jedoch ist die letzte und entscheidende: die Zeit.

Was ist die Zeit? Wir wissen es nicht. Wir leben in Raum und Zeit; bewegen uns durch den Raum, nach unserem Belieben. In der Zeit können wir uns nicht bewegen, wir werden mit ihr bewegt wie treibende Holzstücke in einem Fluß. So sehen wir es, ein Sein ohne Zeitablauf können wir uns nicht vorstellen.

Und doch gibt es — von „außen" gesehen — die Zeit in unserem Sinne gar nicht (Prof. Dr. Hanreich, Hamburg 1976: Was ist Zeit?). Sämtliche parapsychologischen Erscheinungen, ob Hellsehen oder Gedankenübertragung, geschehen ohne Zeit-Verzug, ohne Zeit. Auch Träume kennen oft keine Zeit, das ist bekannt.

Wahrscheinlich ist auch der „Tod" nichts anderes als ein Heraustreten der Präge- und Informationsenergie aus der Zeit dieser Welt. Dann zerfällt der führungslose Körper (weil er in der Zeit bleibt), auf der anderen Seite bleibt die „zeitlose" Information.

„Ewigkeit“ ist eine Bezeichnung für diesen unvorstellbaren Zustand. Deshalb mag es auch so schwer sein, mit den „Ewigen“ in Verbindung zu kommen. Wir reden eine andere Sprache — die der Zeit, wo es ein Vorher und Nachher gibt; sie sehen das gewiß anders an. Sie können daher auch — wie manche Hellseher — die „Zukunft“ erkennen, die für sie keine ist. Und mitunter warnen und helfen. Allerdings nur dann, wenn das „Schicksal“ es erlaubt, also auch ihre Warnung darin vorgesehen war.

Wir leben auf verschiedenen Ebenen — die drüben und wir hier. Das ist die Schwierigkeit, und das führt zu Verwirrungen. Vielleicht wird es aber doch einmal gelingen, eine Art Wörterbuch zu finden, einen Code, über den wir uns verständigen können. Das wäre eine größere Sternstunde der Menschheit, als die Entdeckung eines anderen Sonnensystems, in dem ebenso dumme Menschen leben, wie wir selbst.

Man wird spezielle „Radar-Geräte“ entwickeln müssen, um die Brücke über die Zeit-Schwelle zu schlagen. Manchmal hat man den Eindruck, als wären von „jenseits“ ähnliche Bemühungen im Gange. Wir wollen hoffen, daß es gelingt. Dann werden vielleicht wirklich die Toten reden und wir mit ihnen.

VI

NEUE WELTEN

Meine Schwiegermama ist — zum Unterschied von allen Schwiegermutter-Witzen — ein lieber und netter Mensch, und ich mag sie sehr gerne. Nur manchmal muß ich aber heimlich über sie lächeln, dann nämlich, wenn sie vor dem Fernsehapparat sitzt und sich — gefühlsstark, wie es ihre Art ist — ereifert, wie „dumm" doch dieser Darsteller oder wie „böse" der andere ist. Was uns — lassen wir nur mal alle Überheblichkeit beiseite — oft genug ähnlich geht.

Was geschieht da? Wir identifizieren die Darsteller in einem Spiel mit ihrer Rolle, mehr noch: Wir identifizieren ihr Abbild auf der Mattscheibe (das sie ja keineswegs sind, denn sie sitzen derweilen beim Abendbrot oder sind womöglich längst tot) mit ihnen. Das Bild mit dem Sein. Was natürlich nicht richtig ist. Aber: Wir machen es im sogenannten realen Leben auch nicht anders. Für uns ist ein Mensch das, was wir von ihm sehen und hören können, wir sehen sein „Gewand", und wenn wir dieses begraben, so meinen wir, wir hätten damit den „Vater", die „Mutter" oder sonst wen begraben. Dabei haben wir nichts anderes getan, als eine Hülle in die Erde versenkt, ein Konglomerat von absterbenden Zellen und Molekülen, deren „Informationsenergie", die sie steuerte und zu einer Einheit prägte, längst verschwunden ist.

Einer der ersten, der sich in der Neuzeit (die griechischen Philosophen hatten es zum Teil schon Jahrtausende früher getan) Gedanken über diese Dinge machte, war der schwedische Dichter und Naturforscher August Strindberg (1849 bis 1912). Als er im Winter 1901/1902 durch die Straßen von Berlin ging und an den Schaufenstern der Geschäfte Eisblumen sah, kam ihm der Gedanke: Wieso bilden diese Eiskristalle die Formen von Pflanzen und Bäumen nach? Er hat sich dann später intensiv mit diesem Problem befaßt und meinte — wie er es in seinem berühmten „Blaubuch" zum Ausdruck brachte — daß es sich dabei um formgestaltende Kräfte handeln müsse, die in allen materiellen Dingen wirksam wären. „Formkräfte" aus Pflanzen, die (über den Umweg, über das Wasser) mit dem Regen oder dem Schnee an die Fenster kommen, würden dort versuchen, die „Form", die ihnen eingeprägt ist, nachzuahmen. Andere Forscher haben diese Inspiration aufgegriffen und (wie Dr. W. Fritsche) ausgebaut. Bis zu der Auffassung und Theorie, daß jede Materie von Form- und Prägekräften (wir würden heute moderner sagen: Informationsenergien) bestimmt würde.

Andersherum gäbe es nur ein sinnloses Chaos im Sein.

Wir können und wollen hier nicht auf die Einzelheiten eingehen — daß dann auch Ärzte eine neue Diagnosemethode auf dieser Basis entwickelten, indem sie etwa einen vermutlich Lungenkranken auf eine Platte hauchen ließen, die mit leicht kristallisierbarer Flüssigkeit bedeckt war und aus den Veränderungen der Kristallisationbildung auf die Krankheit schlossen — es genügt, wenn wir festhalten, daß hier die Existenz von Formkräften einwandfrei festgestellt wurde. Von Kräften, die Materie beeinflussen, aber nicht Materie sind.

Ohne Prägung gibt es keine Form, keinen Sinn. Eine Schallplatte ohne eingeprägte Musik oder eingeprägten Text ist „tot", ist gar nichts. Der Text muß aber vorher „da" sein.

Und genau an diesem Punkt beginnt der große Irrtum der (bisher überwiegend materialistisch eingestellten) Wissenschaft: Sie glaubt, annehmen zu können, daß alles Leben dieser Erde zufällig entstanden sei, ohne Sinn und Zweck und Ziel. Was ein kompletter Unsinn ist, denn längst haben namhafte Wissenschaftler errechnet (so Professor Dr. Heitler von der Max-Planck-Ges., in: Das Zeitproblem im 20. Jahrhundert, Bern/München 1964), daß die *gesamte* Zeit, die wir unserem Universum zubilligen (zehn bis zwölf Milliarden Jahre) nicht im entferntesten ausreichen würde, um durch „Zufall" höhere Lebensformen hervorzubringen. Was Dr. Manfred Eigen, Direktor des Max-Planck-Instituts Göttingen, 1973 bestätigte: Nur ein Auswahl-, ein „Selektionsprinzip", könnte die Kombination ganz bestimmter komplizierter Molekularverbindungen zur Bildung erster Lebensbasen erklären.

Auf deutsch gesagt: Es genügt nicht, einen Haufen von Bausteinen aufeinanderzuwerfen und zu warten, ob und daß daraus ein Haus wird — dazu reicht die Zeit nicht — sondern es muß von vornherein eine Auswahl, ein Plan vorhanden sein.

Längst haben deshalb Wissenschaftler, die sozusagen an der vordersten Frontlinie der Forschung stehen, auch die „Mutation" — die Veränderung der Erbfaktoren durch zufällige äußere Einflüsse, wie kosmische Strahlungen und andere Kräfte — als zur Bildung *neuer* Arten unzureichend abgelehnt.

Professor Moore von der Universität Michigin (USA) stellte in seinem Buch „Mutationen" (Chicago 1974) fest:

„Als Fehler, als Unfälle, haben die erblichen Abänderungen — die Mutationen — im wesentlichen einen *Verlust* zur Folge. Sie bewirken eine Entartung, eine Degeneration bekannter körperlicher Merkmale. Es kann bewiesen werden, daß Gen-Mutationen den Verlust der Entwicklungsfähigkeit zur Folge haben. Nach peinlich genauen Untersuchungen und Analysen muß festgestellt werden, daß jede Behauptung, die Gen-Mutation wäre das Rohmaterial für den Entwicklungsprozeß, als Märchen zu bezeichnen ist . . .“

Und der Entwicklungsforscher P. Koller („Chromosomes and Genes“, New York 1974) sagt: „Die meisten Mutationen sind rezessiv und schädlich. Man hat bei Versuchen festgestellt, daß auf jede vorteilhafte oder nützliche Mutation Tausende von schädlichen kommen . . .“

Und es stimmt auch gar nicht, daß mehr Chromosomen in der Erbmasse mehr Möglichkeiten ergäben: Wenn ein Kind mit 47 anstatt 46 Chromosomen zur Welt kommt, ist es in der Regel „mongoloid“, das heißt ein Idiot. Professor Moore: „Jede Mutation hat lediglich eine Veränderung bereits *vorhandener* oder bekannter Merkmale zur Folge . . .“

Einfach ausgedrückt: Alles, was das Leben in allen seinen Formen ausmacht, war sozusagen von allem Anfang an „da“. Der Kern einer menschlichen Zelle enthält 10^9 Informationseinheiten, die, in üblicher Schriftgröße, 1000 Bände normaler Größe ergeben würden, und niemand vermag zu sagen, woher diese komplizierten Formen kamen. Der amerikanische Naturforscher Joseph Wood Krutch stellte fest (Mitteilung der „American Association for the Advancements of Science“ V/1973): „Es besteht ein absoluter Unterschied zwischen belebter und unbelebter Materie. Der Abgrund zwischen Leben und Nicht-Leben bleibt unüberbrückbar.“ Oder sein Kollege John Corliss (Earth

Most Challenging Mysteries, New Orleans 1973): „Wie Vielzeller entstanden sind, das ist eine Frage, auf die es keine Antwort gibt. Damit bricht auch die ganze Evolutionstheorie (Entwicklungslehre, Anm. d. Verf.) zusammen." Wieder in Klartext: Der Ursprung des Lebens ist in Wahrheit geheimnisvoller und unbegreiflicher denn je.

Auf der einen Seite haben wir komplizierte Zellkonstruktionen — bereits ein Einzeller, wie eine Amöbe, setzt sich aus über 100 Billiarden Atomen zusammen! — die nie und nimmer „zufällig" entstanden sein können; auf der anderen Seite haben wir die „Information", die sie formte und konstruierte und selbst weder erfaßbar noch verständlich ist.

Dazu kommt eine Art Programmierung auf eine Höherentwicklung hin, die mit mechanischen Prozessen nicht erklärbar ist. Oder wie es der schweizerische Professor Dr. Kuhn-Schneyder (in: Das Zeitproblem im 20. Jahrhundert, Bern/München, 1964) ausdrückte: „Ohne ein Ziel kann ich mir kein Werden vorstellen. Im Aufstieg der Lebewesen erblicke ich einen *gerichteten* und nicht zufälligen Prozeß . . ."

Mit allen diesen Feststellungen bricht die gesamte darwinistische Lehre, die Leben und Sein aus einer zufälligen Assoziation von Atomen und Molekülen und ihrer „Auswahl" erklärte, restlos zusammen. Und es bleiben zwei mögliche Erklärungen: Entweder ist das Leben auf diesem Planeten bereits „vorgefertigt" von anderswo gekommen und hier weiter programmiert worden — oder es fand hier (wie auf anderen Planeten auch) ein Prozeß statt, der nur mit der Verwirklichung eines vorhandenen „Planes", eines Programms, einer Form, zu erklären ist, aber nie und nimmer durch Zufall.

Was bedeuten würde, daß „Leben", daß jede Zelle und auch der Mensch als kosmische „Idee", als Bauprogramm, *immer und überall vorhanden* ist und dort „Wirklichkeit" wird, wo die materiellen Voraussetzungen gegeben sind. Daß Zellen und Zellverbände sich nicht zufällig zusammenfügen, sondern nach einem „Selektionsprinzip", nach einem Plan und mit einer bestimmten *Absicht,* die nicht aus ihnen und nicht von dieser Welt kommt.

Daß es dabei „Pannen" geben kann — der Neandertaler, der im Nichts endete und mitnichten unser Vorfahre war, ist ein Beispiel — ist verständlich. Das sind Fehlschaltungen, wie es viele andere Lebensformen dieser Erde auch waren. Gleichzeitig aber traten andere auf, scheinbar aus dem Nichts, und sie waren besser konstruiert — wie der Cro-Magnon-Mensch — und lebenstüchtiger.

Je mehr man sich mit diesen Fragen befaßt, desto mehr gewinnt man den Eindruck, daß das Leben etwas Geplantes ist — daß es von Anbeginn der Schöpfung vorgesehen war. Ob von dieser Erde aus, oder schon viel „früher" von anderen Universen, die längst nicht mehr bestehen, das ist eine andere Frage.

Einfach ausgedrückt: Ich habe eine Form, die sich nicht ändert (das ist in Abwandlung jeder Plan des Lebens vom Einzeller bis zum Menschen), und da habe ich Teig — einen besseren oder schlechteren. Einmal gelingt es mir, die vorhandene Form im Teig auszuprägen und „lebendig" zu machen, das andere Mal nicht. Dann zerrinnt sie und es wird nichts aus ihr. Entscheidend und wichtig ist aber die „Form" — die „Information". Wie immer: Von jedwedem mechanistischen Entwicklungsgesetz müssen wir Abschied nehmen.

Was um so leichter ist, als es ja nur aus einem winzigen Teilbereich des Seins — aus den Beziehungen irdischer Dinge in irdischen Bereichen — abgeleitet ist. Das Einmaleins gilt ja auch nur für die Erstklässler — in höheren

Schulklassen rechnet man mit ganz anderen Begriffen. Mit einem Hammer kann ich sehr wohl einen zerbeulten Kotflügel geradeklopfen, aber nicht Atome in einem Uraniumstab zur Reaktion bringen.

Der Irrtum der Wissenschaft von gestern beruht nicht darin, daß sie grundsätzlich „falsch" wäre — in bestimmten Bereichen ist sie durchaus richtig — aber sie ist eben nicht auf alles anwendbar. Vor allem auf die Prinzipien und Hintergründe des Lebens nicht. Weil diese anderen Gesetzen unterliegen, die mit den Möglichkeiten der bisherigen Wissenschaft so wenig erfaßbar sind, wie Wasser mit einer Gabel oder einer Zange. Sowohl beim Leben wie im Kern der Atome liegen die Grenzen einer anderen Welt, die andere Maßstäbe erfordert.

Die Mathematik, Physik und Logik dieser anderen Bereiche und Dimensionen (aus denen Sein und Leben stammen und kommen) kennen und haben wir noch nicht. Ihre Gesetze und Regeln (die es ganz bestimmt gibt) in unsere „hiesigen" Begriffe zu übersetzen und verständlich zu machen — daran werden wir noch schwer arbeiten müssen.

Zwei Gesetze, zwei Prinzipien können wir aber schon jetzt konstatieren und formulieren:

Leben ist Form — Leben ist ein Prinzip und ewig. Und da wir selbst Leben sind, sind auch wir zeitlos und ewig.

Der Teig, der vorübergehend von der Form geprägt wurde, zerfließt und verschwimmt wieder („Staub wird zu Staub, Asche zu Asche . . .")— die Form, die Information, bleibt.

*

Ist das, was wir soeben sagten, nur blasse Theorie, nur Spekulation, nur Phantasie, nur „Mache" für ein paar Leichtgläubige und Hoffnungsvolle . . .?

Keine Spur von einer Idee: Es ist sozusagen die letzte Wahrheit, die man heute anbieten kann. Wer anderer Ansicht ist, der möge bitte die folgenden Zeilen lesen, die (wortwörtlich) dem recht seriös-realistischen Magazin „Der Spiegel“ als Mitteilung entnommen sind (Spiegel 50/1974, Seite 152). Dort heißt es unter dem Titel „Überbleibsel aus einem früheren Universum?“ — „1000 Lichtjahre von der Erde entfernt, am Südrand des Sternbilds Schwan, vermutet US-Astronom Frank Drake das Überbleibsel eines früheren Universums: eine pulsierende Radioquelle namens JP-1953, die womöglich 45 Milliarden Jahre (kein Irrtum: 45 Milliarden, Anm. d. Verf.) alt ist. Den Feuerball des Urknalls, in dem vor zwölf Milliarden Jahren das gegenwärtige Universum entstand, soll das Gebilde ‚in einem kühleren Raum‘ (Drake) überstanden haben . . .“ Das ist eine Feststellung der heutigen und modernen Astronomie. Und jetzt erklären Sie bitte, wie das zu verstehen ist —!

Ah — Sie können das nicht?! Dann gestatten Sie:

Eintausend Lichtjahre von uns entfernt (das ist gar nicht so viel) befindet sich ein gigantisches „schwarzes Loch“, nicht nur eine „schwarze Sonne“, nein: das nicht mehr vorhandene Nichts eines ganzen Universums, das also (nach unseren Maßstäben) riesige Ausmaße haben müßte. Für uns aber hat es gar keine, es ist ja in „unserem“ Raum gar nicht „da“. Was dort nicht mehr ist, wäre der letzte Rest von einem Universum, wie unseres eines ist. Mit tausend mal tausend und nochmals tausend Galaxien, Milchstraßen mit jeweils tausend mal tausend mal tausend Sonnen. Zusammengebrochen, bis zur Unkenntlichkeit verändert, eingekapselt wie eine Trichine im Schweinefleisch. Aber doch noch vorhanden. Ja und nein: Was wir anmessen, sind Radiosignale. Sie stammen aber nicht von dem „Loch“, sondern von jener Materie, die andauernd in dieses Loch fällt: Todesschreie von Sternen, Sonnen und ganzen Sternhaufen. Sie verschwinden in etwas, das nicht Raum und Zeit hat — im „black hole". Und wohin gehen sie?

Vielleicht in einen Hyperraum, eine andere Dimension. Der Engländer John Taylor, immerhin Professor der Universität Cambridge und Fach-Astronom, hat ihn in seinem Buch »Die schwarzen Sonnen", Bern/München 1974 (vgl. a. oben S. 35 f.) so beschrieben: „Er hat weder Vergangenheit, noch Zukunft, noch irgendwelche Dimension. Er ist wie ein Spitzentuch, dessen Löcher sich bilden und wieder verschwinden, die ständig in Bewegung sind, aber niemals vorankommen oder sich zurückziehen. Er steckt voll unaufhörlicher Aktivität und bleibt als Ganzes doch wieder statisch und zeitlos . . ." (Seite 132).

Aber dort bleiben oder blieben diese Sterne nicht — sie würden entweder ganz absorbiert oder vervielfacht „wiedergegeben" — bei einer anderen Türe (wie wir schon einmal erwähnten) herauskommen: neue Sterne, neue Universen, neue Abläufe von Zeit und Schicksal.

Das ist freilich ungeheuerlich: das wäre, das ist das perpetuum mobile, das ewig sich Bewegende.

Vervielfachte Universen, vervielfachte Zeiten, vervielfachte Zukünfte. Ohne sichtbares Ende.

Und das wäre wiederum pure Spekulation — wenn es eben nicht Feststellungen gäbe, wie jene des Professor Drake, die der „Spiegel" wiedergab.

Und was auch zum letzten zählt, was die Wissenschaft von heute auszusagen vermag. Die Astronomen von heute sind ja unendlich „weiter" im Denken als ihre Kollegen von anderen Fakultäten: Sie haben „Quasare" (Sozusagen-Sterne) angemessen, die Milliarden Lichtjahre von uns entfernt, am Rande des Universums stehen und sich so verhalten, daß es sie gar nicht geben dürfte: Sie strahlen viel heller als sie es „dürften“ — sie wären also keine Sterne, und wenn sie es sind, dann müßten sie sich berechnungsmäßig schneller bewegen als das Licht — was es ja angeblich nicht geben darf, aber anscheinend doch gibt ... (Kosmos, Stuttgart 1/1974).

Und hier und da beginnt das Märchen, das uns die modernen Wissenschaftler erzählen, wie der Professor Taylor, der sich so intensiv mit den „schwarzen Sonnen“ befaßte. Er meint, daß wir Menschen, wie wir heute leben, gar nicht von hier sind, sondern eine Art Restbevölkerung aus einem anderen Universum, das einstmals da war und dann zusammenbrach (wie jenes im Sternbild des Schwans). Von dorther wären einige „Menschen“ geflüchtet — mit Raumschiffen und auf dem Umweg über „Quasare“, die zeitlosen „Türen“ zwischen den Universen, die verschieden pulsieren. Phantastisch? Professor Taylor ist ein nüchtern rechnender Wissenschaftler.

Vielleicht war es so, vielleicht nicht. Vielleicht ist alles, was wir an äußerer Realität sehen wirklich nur ein „Bild“, Teig (der Blasen wirft) und nicht mehr. Vielleicht sollten wir vor den scheinbar ungeheuren Ausmaßen des Kosmos gar keine so große Hochachtung haben. Vielleicht bedeuten sie nichts im Verhältnis und Vergleich zu höheren Dimensionen. Vielleicht kann oder könnte sogar der Mensch — auch ohne Raumschiffe — alle diese angeblich unendlichen Weiten und Räume beherrschen? Es gibt Hinweise darauf.

Wahnsinn — verrückt? Bitte — aber dann dürfen Sie, lieber Leser, auch an gar nichts anderes glauben, was die Astronomen und Physiker sagen — und behaupten, etwa daß ein Mensch auf dem Mond gelandet ist. Denn das eine ist so wahrscheinlich wie das andere. Schon wenige Schritte von uns entfernt beginnt das Rätsel, das Unwahrscheinliche. Damit werden wir uns in Gottes Namen abfinden müssen.

Sind wir — auch wenn wir jetzt und da an Zeit und Raum gebunden scheinen — tatsächlich nur kleine, jämmerliche irdische Eintagsfliegen? Die ehrliche, auch wenn überheblich scheinende Antwort muß lauten: Wir sind es nicht im mindesten. Wir müßten es nicht sein. Wir können und könnten „größer" sein als das ganze Sonnensystem, als die ganze Galaxis rund um uns. Denn sie ist in Wirklichkeit ein Nichts gegen unsere Größe und unsere Dimensionen auf einer anderen Ebene. Das klingt dahingesagt und großsprecherisch. Aber — wie erwähnt — es gibt Hinweise.

Erinnern wir uns doch an die Geschichte mit dem Nanahuatzin und Teccuciztecatl — den toltekischen Göttern, die sich verwandelten und die Sonne und den Mond wieder auf die rechte Bahn brachten . . . !

Wie war denn das? Ach ja: Sie gingen in den „Götterofen" und dann fuhren sie zum Himmel auf und bewegten die Gestirne.

Welche Fähigkeiten, nach den Worten der Propheten, auch der Gott der Juden gehabt hätte. Denn da heißt es etwa bei Hiob (26/7): „Er hängt die Erde an Nichts . . ." Oder wird im Psalm 144/5 gesagt: „Neige Deine Himmel und fahre zur Erde . . ." Und bei Habakuk (3/11) stehen „Sonne und Mond still".

Aber jetzt kommt die ganz verrückte, die tolle Geschichte: Jahrtausende zuvor schon betrieben die Azteken eine Art „Ballspiel", bei dem ein Ball aus Hartgummi mit einem Schläger durch ein Loch in einer Bretterwand geschlagen werden mußte. Es war ein hartes Spiel, denn der Anführer der unterlegenen Mannschaft mußte sterben (P. Grimal: Mythen der Völker, Frankfurt 1967).

Die Azteken nannten das das „Götterspiel“ und begriffen die Bälle als Sterne, mit denen die Götter vormals gespielt hätten. Später wurde daraus das „Pelota“, das heute noch in den spanischen Ländern eine Art Ritualspiel ist.

Götter, die mit Sternen spielen? Wir finden sie wieder im indischen Varâna Purana (A. Hohenberger: Die indische Flutsage und das Matsaya Purana), wo Vishnu mit einem „Eberzahn“ die Erde ins Licht der Sonne „hebt“.

Bei den Polynesiern der Südsee (H. P. Nevermann: Götter der Südsee, Stuttgart 1947) ist es ein „Angelhaken“, mit dem das gleiche Werk vollbracht wird, und bei den Griechen werkte ihr Urgott Uranos mit einer „steinernen Sichel“ am Himmel herum — und bei den alttibetischen Bon-Po (A. Tucci: Die Religionen Tibets und der Mongolei, Stuttgart/Mainz 1970) lenkt der Weisheitsgott Shen-Ihaod-dkar mit einem „eisernen Haken“ die Gestirne.

Was waren diese „Haken“ und „Zähne“ und Geräte?

Wir wissen es nicht, wir können es nur vermuten: Es mögen Werkzeuge gewesen sein — solche, wie sie sich im Grab der sumerischen Königin Schub-ad fanden, die der britische Forscher C. L. Wooley in Ur entdeckte (Mit Hacke und Spaten, Leipzig 1951): goldene Nachbildungen von Sicheln und Sägen. Ein Rätsel. Was sollte eine tote Königin, die wahrscheinlich in ihrem ganzen Leben niemals eine Sichel gebrauchte, jetzt im Tode mit diesen Dingen? Eigenartigerweise zeigen auch spätere Siegelabdrücke aus Ur Gottesgestalten mit einer Art Säge oder Sichel in der Hand.

Bleibt eigentlich nur ein ganz simpler Vergleich zu Handwerkern von heute: Womit arbeiten Maurer? Mit einer Kelle, einem Haken. Und womit könnten — wenn wir die Phantasie spielen lassen — Astro-Mechaniker gearbeitet haben? Mit einer Art Haken, mit denen sie die Sonnen und Sterne anfaßten. Denn mit bloßen Händen dürften sie es kaum getan haben.

Nehmen wir doch einmal an, daß sich ein „Gott“ in einem „Ofen“ in einen anderen Seins-Zustand verwandeln konnte. Er wäre dann — die Sagen berichten es ja — verwandelt gewesen, in eine Art plasmoiden Zustand. Nicht mehr da und nicht mehr dort.

Hätte sich verwandelt, wäre groß und größer geworden — bis über die Bahn der Erde hinaus und jene des Mondes. Und hätte dann mit seiner „Kelle“, die er in der Hand hatte, wie ein Pelota-Spieler von heute sie an den Arm geschnallt trägt — die Sonne bewegt und den Mond. Eine Phantasie, gewiß. Aber so phantastisch ist sie gar nicht.

Was bedeuten schon Größenordnungen in einer Welt, die in Wahrheit Raum und Zeit nicht kennt?

*

Aber bleiben wir doch im rein Sachlichen, bei Professor Taylor und seinen „schwarzen Sonnen“, den modernsten Ergebnissen der modernen Physik und Astronomie also.

Da beschreibt dieser Gelehrte die Wirklichkeit, die Wesenheit eines „schwarzen Loches“ ungefähr so (a. O. S. 118/119): „ . . . die enorme Verzerrung des Raumes könnte so stark werden, daß sie einen ‚Schlund‘ erzeugt, der mit einem anderen Universum verbunden ist . . . Nicht nur die Zeit, sondern auch der Raum unterscheiden sich sehr von dem, was wir normalerweise darunter verstehen . . . die Welt würde aussehen, als glitte sie am Rand eines Trichters hinunter . . . der Doppeltrichter, der dadurch zustande kommt . . .“

Nein, damit kommen wir wirklich nicht mit.

Trichter, Doppeltrichter — Zeit, keine Zeit.

Aber jetzt gehen wir weit, ganz weit zurück.

In den Sagen aller Völker finden wir Hinweise auf einen Weg zum Himmel, zum Jenseits. Bei den Germanen lag das „Tor zum Himmel", durch das die „Götter" kamen und gingen, astronomisch etwa in der Gegend des Sternbildes des Großen Hundes. Durch dieses „Tor" führte der Weg nach Walhall. Es war die „Iringstraße", der „Irminweg". Für die Perser war es der „Pfad der Seelen", für die Inder die „Götterstraße" (A. Drews: Der Sternenhimmel in der Dichtung der alten Völker, Jena 1932).

Nach einer babylonischen Überlieferung (F. Boll: Schriften zur Sternkunde des Altertums, Leipzig 1950) war dieses „Tor" ein schlauchartiges, trichterförmiges Gebilde, hohl und von „tiefer Nacht erfüllt" (H. F. Nervermann: Götter der Südsee, Stuttgart 1947), eine Art „Baum". Oder eine Art Schlauch: ausgebrannt und „düster flammend" (Edda). Nach heutigen mathematischen Begriffen würde man derartiges als „Pseudosphäre mit negativer Krümmung" bezeichnen, in und auf der die üblichen Gesetze der Mathematik keine Geltung haben.

Womit wir ihn vor uns hätten: den schlauchartigen Doppeltrichter zu anderen Sphären und Dimensionen.

Woher, so fragen wir uns, wußten die Menschen das? Woher wußten sie, daß diese Brücke zu anderen Bereichen „hohl" und „schlauchartig" sein sollte? Vor fünf-, sechs- oder zehntausend Jahren gab es ja keinen Professor Taylor und seine Theorien der „schwarzen Löcher". Aber es gab vermutlich diese „schwarzen Löcher" schon, und es gab vermutlich Astronauten, die sie sehr wohl kannten und alles, was am Himmel war. Das ist der einzig logische Schluß, der uns bleibt.

Woher wußten denn einst etwa die Irdischen, daß der Doppelstern ALGOL so „böse“ sei — wie er es in der Astrologie ist. Man sieht ihn ja kaum. Aber bitte — vielleicht befindet sich in seiner Umgebung auch ein „black hole“, das Astronauten gefährlich sein kann? Vielleicht haben alte Raumfahrtkapitäne solche Sachen einmal hier erzählt?

Neunzig oder mehr Prozent des ganzen sichtbaren Universums sind vermutlich — so die neueste Theorie — aus „schwarzen Löchern“ bestehend. Aus „Nichts“ also. Alles, was um uns ist, ist ganz anders.

Lapidar stellte es — nachdem klar geworden war, daß es zwar „Quasare“ gibt, es sie aber nicht geben dürfte, wenn unsere Physik stimmen soll — das britische Wissenschaftsmagazin „New Scientist“ (VII/1968) fest: „Das Weltbild der modernen Kosmologie ist erst einmal zusammengebrochen.“ Der chinesische Philosoph und Dichter Lao-tse scheint vor 2500 Jahren die Sache bereits klarer gesehen zu haben, als er sagte: „Das Unsichtbare ist die Mutter des Sichtbaren . . .“

Wir werden uns, um bei der Kosmologie zu bleiben, mit dem Gedanken befreunden müssen, daß dieses unser Universum keineswegs so festgelegt und festgefügt ist, wie es bisher schien. Daß es vielmehr nur sichtbarer Ausdruck und Teil unsichtbarer Dinge und Formen ist, daß es Risse und Durchlässigkeiten aufweist, durch die ein Austausch von Materie und Energie mit anderen Welten dauernd stattfindet.

— Es gibt wahrscheinlich „natürliche“ Löcher im Raum-Zeit-Gefüge, durch die das geschieht. Atome bilden sich aus dem Nichts, Sterne verschwinden in „black holes“.

— Es gibt darüber hinaus höherdimensionale Energien — „Geist“, „Seele“, PSI-Kräfte, die vom Raum-Zeit-Gitter nicht behindert werden. Sie fluktuieren, sie strömen ununterbrochen hin und her, strukturieren unsere Diesseitswelt und ziehen sich dann wieder zurück.

— Wahrscheinlich ist, was wir für „Materie“ halten, in Wahrheit nur sozusagen „gefrorene Energie“ — sonst gäbe es ja keine Atombombe. Auch wir selbst „sind“ Energie verschiedener Art: im Körper gebundene und erstarrte, in der Seele und ihren Kräften „flüssige“, in noch höheren Bereichen des Bewußtseinskerns ein Konzentrat, das man eigentlich schon als „göttlich“ bezeichnen müßte.

Erinnern wir uns doch an das Volksmärchen vom Dornröschen: Es wurde durch einen bösen Fluch in die Bewegungslosigkeit verbannt, die Zeit blieb im Schloß stehen, alles erstarrte — bis zuletzt der Prinz kam und den Bann löste.

Und nun übersetzen wir dieses Märchen in moderne physikalische Begriffe: Die verzauberte Prinzessin ist der Mensch, der in die Starre der Zeit, in die Materie, verbannt wird. Vorher „lebte“ er, war frei von diesen Fesseln. Eine „Dornenhecke“ umgibt das Schloß — es ist das Raum-Zeit-Gitter, in das wir gesperrt sind. Und dann kommt der Prinz — nun, das könnte niemand anderer als der Tod sein, der kein Gespenst ist, sondern der den Fluch und Bann der Zeitgebundenheit löst.

Auch hier im Märchen also die Vorstellung wie bei Professor Oberth (und vielen anderen Menschen): Die Raum-Zeit-Gebundenheit ist ein Fluch und keine Gnade.

Welche Möglichkeiten gibt es, aus dieser „Gefangenschaft“ in Raum und Zeit freizukommen?

Die „natürliche“ ist das Ablegen der irdischen „Sträflingskleidung“ — der Tod. Aber es scheint auch noch andere Möglichkeiten zu geben: das bereits mehrfach erwähnte „Verwandeln“ in andere, lockerere materielle Zustände. Wie es anscheinend die „Götter“ praktizierten und kannten, und wie es auch Jesus zugeschrieben wurde.

„... und sie gingen hinein und fanden
den Leib des Herrn nicht.“
(Lukas 24/3-4)

Haupt-, Mittel- und Kernpunkt des christlichen Glaubens ist bis heute das Ostergeschehen: die Auferstehung des Sohnes Gottes von den Toten; denn sie ist sozusagen der „Beweis“ der Göttlichkeit des Heilands. Sie scheint einmalig. Wenn man jedoch die Geschichte der Sagen und Mythen vor Christus durchforscht, kommt man darauf, daß der Glaube an die Möglichkeit der Auferstehung — vielleicht auch die Sehnsucht danach — schon immer vorhanden war und in Jesus, dem Christus, eigentlich nur noch die letzte Realisierung fand. Was seiner Person und seinem Wirken keinen Abbruch tut.

Wie ist das nun mit der Auferstehung Christi? Kurz gefaßt: Am Karfreitag wurde er gekreuzigt, starb und wurde in ein Grab gelegt, und als am dritten Tage (also am Ostermontag) Frauen aus seiner Anhängerschaft Nachschau hielten, war er weg. Nur ein weißgekleideter Engel (nach verschiedenen Evangelien waren es auch zwei) sagte ihnen: „Er ist nicht hier, er ist auferstanden ...“

Und nun schalten wir zurück um ein oder mehr Jahrtausende, nach Babylon: Dort gab es damals regelmäßige rituelle Feste zu Ehren des Gottes Bel-Marduk. Dabei wurde der „Gott“ (er wurde natürlich von einem Menschen dargestellt) festgenommen, verurteilt, gegeißelt und dann gemeinsam mit einem Verbrecher „hingerichtet“, während ein anderer Verbrecher freigelassen wurde. Eine Frau wusch den Leib des von einem Lanzenstich (!) durchbohrten toten Gottes, der sodann in einen „Berg“ (ein Felsengrab) gebracht wurde, von wo er nach drei oder vier Tagen lebend wiederkehrte (Johannes Leipoldt: „Sterbende und auferstehende Götter“, Leipzig 1923; Joseph Klausner: „Von Jesus zu Paulus“, Jerusalem/Amsterdam 1950).

Auferstandene Götter gibt es vor allem seit altersher im Nahen Osten: Da ist der Dionysos der Thraker (mit Beinamen nannte man ihn „Eleutherios“ = Erlöser), der syrische Gott Adonis, der Gott Sandan von Tarsos (der Heimatstadt des Apostels Paulus nebenbei) und der akkadische Hirtengott Tammuz — ja, und den „Lanzenstich“ findet man schließlich ganz hoch im Norden bei dem germanischen Gott Odin, der, von einer Lanze getroffen, drei Tage und drei Nächte (!) an einem Pfahl hing, ehe er wieder erwachte.

Weltweit könnte man also folgende Merkmale des Gottestodes auf Erden zusammenfassen: den Tod (durch Urteil und meist unter Schmach), das „Grab“ und die Auferstehung nach drei Tagen. Da und dort auch noch den Lanzenstich.

Aber was ist zum Beispiel dieses Grab? Wirklich ein Grab? Etwelche Zweifel kommen auf, wenn man in der Bibel liest, es sei ein Grab gewesen, „in dem niemand je gelegen hatte“ — also doch kaum eine Art Familiengruft des geheimnisvollen Nikodemus (bei Lukas und Johannes — bei Matthäus heißt er Joseph). Der noch dazu „bei hundert Pfund“ Mixturen und Extrakte aufwandte, um den Leib des Herrn zu präparieren.

Wäre es denkbar, daß in allen diesen Berichten etwas von den früheren Mysterien und ihren Ritualen, die alle der Auferstehung gestorbener Götter dienten, mitschwingt?

Fragen über Fragen. Ein Mysterium auch, daß die Frauen den Auferstandenen nicht erkannten, ja sogar für den Gärtner hielten, was wiederum an die Auferstehung des Herakles erinnert, der bei seiner Auffahrt zu Vater Zeus einer „Schlange glich, die ihre Haut gewechselt hat".

Das Geheimnis um Christi Tod wird damit freilich nicht erklärt, ganz im Gegenteil und trotz der Parallelen (er sagte selbst von sich, daß er nicht gekommen sei, das „Gesetz" zu brechen, sondern zu erfüllen!) nur noch rätselhafter.

*

Wir haben uns schon mehrfach mit diesem Geheimnis (der Türen und Tore und Gruben und Gräber) befaßt, ganz einfach, weil diese Problematik etwas vom Interessantesten ist, das es an Rätseln auf dieser Erde gibt. Wobei eines einmal mit aller Klarheit und Deutlichkeit festgestellt werden muß:

Wenn wir immer wieder auf jene „Götter" zu sprechen kommen, die vermutlich einmal auf Erden weilten und hier allerhand Böses und Gutes taten, dann nicht, weil es gerade Mode ist — es könnte uns völlig egal sein, ob sie einmal da waren oder nicht —, sondern einzig und allein deswegen, weil die Reste des Wissens, das von ihnen zu stammen scheint, uns heute und hier ein Wegweiser sein könnte zu einer besseren Erkenntnis des Seins und unserer selbst.

Es kann uns — wenn wir den Anspruch erheben, denkende und forschende Menschen zu sein — nicht gleichgültig sein, wenn andere schon einmal da waren und allem Anschein nach mehr wußten und kannten als wir. Ansonsten können sie uns — in Gottes Namen — gestohlen bleiben.

Wenn sie aber da waren und uns so niederträchtig und gemein behandelten, wie es scheint — „laßt uns ein Wesen schaffen, das gehorsam sei und ergeben und uns nährt und uns erhält" sprechen bei den Maya (W. Cordan: Das Buch des Rates — Popol Vuh, Düsseldorf 1962) die Herren Tzakol, Bitol und Gucumatz — dann wollen wir auch etwas von ihrem Wissen haben. Wir hätten es übrigens dringend nötig, um aus unserer derzeitigen Misere der Überbevölkerung, des Hungers und der Umweltzerstörung, aus diesem ganzen Vernichtungskreis, herauszukommen. Um endlich menschenwürdig sein und leben zu können.

Denn was heute 90 Prozent der Menschen führen, ist eigentlich kein „Leben“, sondern ein Vegetieren. Aus dem Nichts kommend, auf ein vermeintliches Nichts zustrebend — ohne Wissen, ohne Ziel und Bewußtsein.

Vom Sinn des Lebens

Die Bibel erzählt, daß Adam und Eva vom „Baum der Erkenntnis“ gegessen hätten. Wenn wir diese Legende auch nur spaßhalber ernst nehmen wollten, dann waren die Früchte dieses Baumes entweder minderwertig, oder das Ehepaar Adam zu dumm. Denn von einer bleibenden Erkenntnis des Sinns des Daseins (dem Privileg der Götter) ist den Menschen nichts geblieben.

Wer sich heute hart, klar und ehrlich die Frage stellt, welchen Sinn das Dasein hat, kann nur zu der Antwort kommen: Wenn man das Leben allein vom irdischen Standpunkt aus betrachtet, dann hat es keinerlei „Sinn“. Was wir an sogenannter „Geschichte“ erlebt haben, stellt per Saldo keinen Fortschritt für die Menschheit dar — für den einzelnen schon gar nicht.

Die Vorstellung, daß die Guten und Gerechten *hier* auf Erden gewissermaßen belohnt und behütet würden, ist ein lächerlicher Aberglaube; es geht viel eher den Gaunern gut und die Guten werden zu Millionen sinnlos gequält und getötet.

Wer das Dasein nur von seinem irdischen Leben her sieht, der könnte gar nichts besseres tun, als es möglichst intensiv und ohne jede Rücksicht auf andere zu genießen — falls er meint, daß nachher „alles vorbei ist".

Es gibt in Wahrheit nichts Absurderes als etwa einen überzeugten Materialisten, der von sich und den anderen Idealismus fordert. Wozu, wenn es kein anderes, kein höheres Ziel gibt, als die paar Jahre des hiesigen Lebens? Wenn er für andere und für die Zukunft der Menschheit handelt und wirkt, ist er ein verdammter Narr, oder in seinem absoluten Materialismus nicht konsequent. Dann hat er irgendwo doch eine Art Ahnen oder Gefühl, daß es gut wäre, das Gute zu tun. Was das ist und warum, hat mir freilich noch kein Materialist je beantworten können.

Eine interessante Entwicklung bahnt sich diesbezüglich in Rußland, der Heimat des Materialismus, an. Nirgendwo wie dort wird parapsychologische Forschung so intensiv betrieben. Gewiß: praxisbezogen, also möglichst auf einen Nutzeffekt gerichtet und oft gegen offizielle Widerstände — man hat immer noch Angst, daß damit religiöser Einfluß gefördert werden könnte.

Dabei hat das eine mit anderem wenig zu tun. Es kann jemand sehr wohl den Menschen als zeitloses Wesen verstehen, ohne dabei an eine Kirche gebunden zu sein.

Ist ein „atheistischer" (im Sinne der Anti-Kirchlichkeit), aber jenseitsbezogener Idealist, ein Widerspruch? Eigentlich nicht. Bei „modernen" Priestern im Westen ist die gleiche Entwicklung zu beobachten.

Aber, um beim Sinn des Daseins zu bleiben: Handeln nicht zum Beispiel die Inder folgerichtiger, die sich zum Teil um überhaupt keine irdischen Belange mehr kümmern, die Not, Tod und Elend sogar als Voraussetzung für die Erlösung aus dem Rad der Wiedergeburten ansehen? Wo ja doch alles sinnlos ist?

Nein, ich glaube nicht, daß sie klüger und besser und „weiter" sind als wir und möchte ein Gleichnis anführen:

Man könnte das Dasein, wie es sich uns heute darstellt, mit einer Raststätte an einer Autobahn vergleichen. Die Autobahn kommt von irgendwo und führt nach irgendwo. Reisende kommen dauernd herein, bleiben eine kürzere oder längere Zeit und fahren dann weiter. Die in der Raststätte sitzen, sind die Menschheit. Sie halten ihren Aufenthalt da für das ganze Leben und die einzig reale Daseinsform. Von der Autobahn sehen sie meist nichts oder wenig, und wenn sie durch die Türe gehen, vergessen sie, was vorher war: die Fahrt — oder die Raststätte.

Die Raststätte ist also nur eine Raststätte — aber: Man könnte oder sollte sie trotzdem einigermaßen sauber und in Ordnung halten, denn es kommen ja immer neue Gäste nach.

Leider aber benehmen sich die derzeitigen Raststättengäste gar nicht so — sie versauen sie (wie die Industriestaatler) oder kümmern sich gar nicht um ihren Zustand (wie zum Beispiel die Inder). Sie lassen auch zu, daß an ihrer Raststätte viel zu viele Gäste Einkehr halten, was den Effekt hat, daß es dort bald keinen Platz gibt und nichts zum Essen und Trinken. Anstatt überzählige Reisende weiterzuschicken. Das ist einfach rücksichtslos und hat mit Schicksal und göttlicher Ordnung nichts zu tun.

Und wenn wir zehnmal diese Raststätte als Strafkolonie oder sowas ansehen. Auch dort könnte man das Dasein angenehmer machen, schon damit sich die Gäste in Ruhe auf die Weiterfahrt vorbereiten können. Was eigentlich der Zweck eines solchen Rastplatzes ist.

Also: In diesem Sinn hat die Raststätte sehr wohl einen Sinn. Sie hat nur keinen Sinn für jemand, der nicht wahrhaben will, daß sie an einer Autobahn liegt, von der er gekommen ist und auf die er wieder hinaus muß. Hier, am Rastplatz, könnte man sich erholen, Kräfte sammeln, und vor allem die Weiterfahrt studieren, die unvermeidlich ist. Aber was tun die meisten heute (bildlich gesprochen)?: Sie wollen von der Weiterfahrt nichts wissen, betäuben und besaufen sich, und wenn sie dann doch hinausmüssen, wissen sie nicht mehr, wohin.

Die Erde ist ganz gewiß alles andere als ein Paradies, aber sie müßte nicht unbedingt ein Jammertal sein. Was sie heute ist und immer mehr wird.

Jede Forschung und jede Wissenschaft müßte nur den einen Zweck haben: den Durchgangsreisenden zu informieren und zu bedienen. Der Rastort kann und soll möglichst angenehm sein — aber alles, was nur dem Zweck dient, dem Gast einen nicht vorhandenen „Dauerwert" vorzugaukeln, das ist von Übel.

Im Mittelalter hatten wir in Europa die allmächtige Kirche, die alles verbannte und verdammte, was nicht aufs „Jenseits" gerichtet war. Mit der Jenseits-Gerichtetheit hatte sie zweifellos recht — aber nicht damit, daß sie den Aufenthalt auf der Erde zu einem tristen Wartesaal fünfter Klasse zu machen versuchte. Die Reaktion darauf war der Materialismus, der *nur* den Wartesaal sah und ihn justament zu einem Vergnügungslokal ohne Sperrstunde machen wollte, was auch nicht möglich ist.

W i r heute müssen also neu beginnen, die Dinge und Realitäten richtig und vernünftig sehen.

Das biologisch-irdische Leben ist nicht verachtenswert, nur weil es vorübergehend ist. Andererseits ist es auch nicht der einzige „Wert", wie es noch heute von einem Teil der Mediziner angesehen wird, die jede Mißgeburt hochpäppeln und jeden Sterbenden noch als halbe Leiche unbedingt „am Leben" erhalten wollen. Ohne zu wissen, wozu und warum. Zum Glück, muß man sagen, macht sich da ein allmählicher Durchbruch bemerkbar: Immer mehr Ärzte, wie der (deswegen entlassene) Chefarzt der Zürcher Triemli-Klinik, Urs Hämmerli (Kurier, Wien, 20. Januar 1975) vertreten mutig die Ansicht, daß man Sterbende sterben lassen sollte — und andere die Auffassung, daß es kein „Mord“ ist, wenn man Leben, das erst aus einigen Zellverbänden besteht, daran hindert, ganz auf diese Welt zu kommen. Einfach, weil sie übervölkert ist und weil das so „gerettete“ Leben dann früher oder später verhungert oder in einem Krieg vernichtet wird, wenn es so weitergeht.

Die Absurdität der heutigen „Weltanschauung“ feiert hier wahre Triumphe: Leben zum grausamen Sterben zu erhalten ist keine Ethik. Und am allerwenigsten sollte sich darüber eine Kirche aufregen, die früher Millionen von „Ketzern“ zum „Heil ihrer Seele“ auf den Scheiterhaufen von ihren Körpern befreien ließ.

Jeder Kneipenwirt handelt vernünftig, der, wenn sein Lokal voll ist, die Türe schließt — weil er sonst seinen Gästen nichts mehr bieten kann. Er weiß, daß es um die nächste Ecke andere Wirtshäuser gibt. Das wissen und glauben aber die meisten heutigen Mediziner nicht, und deshalb gibt es dieses Geschrei um die „Fristenlösung“ (und bei der katholischen Kirche das anachronistische Hin und Her um die Empfängnisverhütung).

Natürlich hat das, von uns Europäern aus gesehen, einen Haken: W i r haben ja keine Überbevölkerung; die haben die Inder und Afrikaner und Südamerikaner und sonstwer, und wenn w i r uns geburtenmäßig einschränken, bedeutet das in der Tat „völkischen Selbstmord“.

Vorläufig ist leider kein Ausweg zu sehen. Eine weltweite „Baby-Rationierung“, wie sie der BRD-Minister Egon Bahr am 16. Januar 1975 vorschlug (als einzig mögliche Rettung der Menschheit) ist nichts als ein frommer Wunschtraum.

Denn beinahe hat es den Anschein, als wäre die Situation heute bereits so verfahren und hoffnungslos, daß es ohne ein Massensterben in Massen-Hunger-Kriegen und Seuchen nicht gehen wird.

Jede andere Vorstellung und Darstellung wäre falsch und verlogen und der Autor ist nicht gesonnen, eine solche zu bieten, nur um eine falsche Hoffnung zu geben und großartig zu erscheinen.

In dieser Ansicht geht er konform mit einer Reihe führender und bekannter Wissenschaftler, die allesamt vergeblich warnen und rufen. Wie etwa der Wiener Universitätsprofessor Dr. Gerhart Bruckmann — ein führender Computer-Fachmann, der so nebenbei bisher sämtliche Wahlen in Österreich richtig voraussagte — und der in seinem erst kürzlich erschienenen Buch „Auswege in die Zukunft“ (Wien 1974) feststellt:

„Aber die Lösungen müssen gefunden werden, sonst bewahrheitet sich die Prognose, die der amerikanische Nationalökonom Robert Heilbronner eben erst ausgesprochen hat: die Unfähigkeit des kapitalistischen wie des sozialistischen Systems, Auswege in eine industrielle Gleichgewichtsgesellschaft zu finden, werde zu einem „konvulsiven Wandel“, einer Abfolge von Zusammenbrüchen und Katastrophen, führen . . . Ist die Katastrophe unvermeidbar? Wenn wir nichts ändern — ja. Können wir noch etwas ändern? Ja — aber die Zeit drängt . . .“

Wir können sicher sein: Es wird nichts geschehen, und es wird die Apokalypse eintreten, wie sie eindeutig für unsere Zeit vorausgesagt ist, und es werden wahrscheinlich — wie es in den Offenbarungen des Johannes heißt — zwei Drittel der Menschheit geschlagen werden.

Wozu außer allen negativen Aktivitäten der Menschen auch der gigantische Klimaumschwung, den wir gegenwärtig erleben, beitragen wird — „wie oben, so unten" (oder umgekehrt —).

Das wird und soll hier nicht gesagt sein, um mit düsteren Ankündigungen billigen Eindruck zu schinden. Es geschieht allein aus tiefer und echter Sorge um das Schicksal dieser Welt und unserer eigenen Kinder.

*

Während diese Zeilen hier geschrieben werden, läuft im Fernsehen nebenan — wo meine Frau und meine Söhne sitzen — eine „Dalli-Dalli"-Sendung. Sie ist sehr lustig, und ich möchte es gerne auch sein, aber ich kann es bei diesem Thema nicht. Denn während ich hier tippe, werden Abertausende Menschen zuviel geboren (pro Jahr fast 80 Millionen zu viel) während Tausende (aber noch zu wenig) verhungern.

„Noch zwanzig Sekunden Zeit . . . !" ruft gerade der kleine, wendige Herr Rosentahl, „dalli-dalli . . .".

„Dalli — dalli —" es gilt, makaber genug, für die ganze Menschheit. Sie hat ja höchstens auch nur zehn oder zwanzig Jahre Zeit, dann ist die Uhr endgültig abgelaufen und das Spiel aus.

Neben mir liegt nebenbei— auch gerade heute erschienen, der „Stern" vom 23. Januar 1975. In dieser deutschen Illustrierten läuft eben eine Serie über die Überbevölkerung der Erde und ihre Folgen. In diesem ersten Teil wird über die Situation im derzeit schrecklichsten Slum der Erde, der Zehn-Millionen-Stadt Kalkutta, berichtet, wo die Menschen sterben wie die Fliegen. Dort gibt es (wenn jemand an die Verteilungsstellen kommt) pro Woche 500 Gramm Reis, 1500 Gramm Mehl und 150 Gramm

Zucker. Und 45 000 Menschen auf den Quadratkilometer, dreimal soviel wie in New York. Nur für 40 Prozent Wasserversorgung. „Wird die ganze Welt ein Kalkutta?“ fragt am Ende der ersten Reportage der „Stern“. Sie wird es werden.

Die erahnte und vorausgesagte Weltwende ist da, und wir müssen uns fragen, was uns — den Noch-Satten in Europa und unseren Kindern — übrigbleibt, zu tun.

Wir wollen dabei gar nicht an die (weil es ein Vierteljahrhundert bis zum Jahr 2000 ist) prompt erfolgten Prognosen der „Futurologen“, der Zukunftsforscher, wie sie sich bezeichnen, denken. Die sagen eine ideale Welt voraus, in der der Krebs besiegt ist, die vollmechanisierte Küche Allgemeingut und alles sonst ganz wunderbar. Das ist übelster Kitsch, denn die Wahrheit wird anders sein: eine Welt, in der sich eine dezimierte Menschheit um die letzten Vorräte an Rohstoffen und Nahrungsmitteln balgt.

Was wird denn heute forciert? Die Forschung an neuen Energiequellen: I wo: die Erfindung neuer Waffen. Und was begehrt die hungernde „Dritte Welt“ von uns? Tips, wie sie ihre Menschenmassen ernähren kann? Keine Spur: Waffen. Und immer mehr Industrialisierung.

Nach dem bewährten „Vorbild“ des Westens. Sind wir besser oder klüger? Nur ein einziges, ganz simples Beispiel: In Österreich, dem waldreichsten Land in Europa, gibt es, wie Anfang 1975 Dr. Hannes Mayer, Chef des „Instituts für Waldbau“ an der Wiener Hochschule für Bodenkultur, feststellte und publizierte, Zehntausende Rehe und Hirsche zuviel. Sie knabbern die Bäume an und werden — wenn nichts dagegen geschieht — in 20 Jahren ungefähr den ganzen österreichischen Waldbestand ruiniert haben. Wie die heiligen Kühe und Ratten in Indien die dortige Ernte an Weizen.

Warum? Antwort: weil eine kleine Zahl von Jagdpächtern und Jägern am großen Wildbestand verdient und weiter verdienen möchte. Bis zum letzten „Halali".

Das letzte Halali aber wird der ganzen Menschheit geblasen werden. Nochmals also die Frage: Was können wir wenigen Denkenden tun? Wir können nur eines tun: uns und unsere Kinder auf den „Fall Robinson 2000" vorbereiten. Dann — sofern es ihn gibt — wird der Mensch dieses Jahres ein richtiger Robinson geworden sein. Einsam und auf sich allein gestellt.

Diese Aussichten sind alles andere denn schön — aber dieses Buch wird auch nicht von einem Politiker geschrieben, der für die nächste Wahl Stimmen braucht und also nichts Unangenehmes sagen darf, sondern von einem, der sich jahrzehntelang mit diesen Problemen sachlich und illusionslos befaßt hat, der nichts anderes will, als seinen Kindern und denen anderer Menschen wenigstens eine Art Holzknüppel in die Hand zu geben, damit sie — vielleicht — eine Chance des Überlebens haben.

Das ist inmitten eines Narrenhauses von „Fortschritts"-Psychotikern nicht leicht.

Zwingend sind freilich die Tatsachen:

— Die Umweltzerstörung schreitet munter fort. Immer neue Industrien werden geschaffen, um den „Fortschritt" zu garantieren, neue Atom-Meiler, um die nötige Energie zu produzieren — tödliche Hypotheken für die Zukunft.

— Atmosphäre und Ozon-Mantel der Erde werden systematisch zerstört und werden früher oder später den gefährlichen Strahlen von der Sonne und aus dem Weltraum freie Bahn geben.

— Die Wüsten wachsen und die Nahrungsmittelproduktion sinkt — was steigt ist allein die Zahl der Menschen.

— Gleichzeitig nimmt das schützende Magnetfeld der Erde an Stärke ab und nehmen die ungewöhnlichen Aktivitäten der Sonne zu. Es gibt immer mehr Erdbeben und Naturkatastrophen, Vorboten weltweiter Veränderungen.

Und: Es geschieht nichts, aber auch gar nichts gegen alle diese Dinge. Die Zange zwischen dem unheilvollen Wirken des Menschen und dem der Natur wird sich schließen. In voraussehbarer Zeit. Sie wird tödlich sein.

Wenn ich die gegenwärtige Situation der Welt betrachte, werde ich immer wieder fatal an das Frühjahr 1945 erinnert. Damals standen die Russen dreißig oder vierzig Kilometer vor meiner Heimatstadt Brünn. In den Nächten konnte man von den Hügeln aus das ferne Flammen der Front sehen und ihr Grollen hören. Tagsüber aber ging das Leben in der von Luftangriffen relativ verschont gebliebenen Stadt eigentlich normal weiter: Die Straßenbahnen fuhren, die Kinos spielten, man kaufte, aß und schlief wie eh und je. Auf den Kasernenhöfen übten die Rekruten Paradeschritte. Und niemand wollte die nur dreißig oder vierzig Kilometer entfernte Wirklichkeit sehen. Wer es dennoch tat, wurde als Defaitist verschrieen — oder gleich eingesperrt.

Das Gras grünte, die Blumen blühten, es würde ja doch bestimmt nichts geschehen.

Wenig später geschah es und war das Trugbild einer noch heilen Welt weggewischt. Viele überlebten es nicht.

Und heute? Heute kann, wer Ohren hat, zu hören, das Grollen der nahenden Katastrophe noch viel deutlicher wahrnehmen, sind ihre flammenden Fanale nicht mehr zu übersehen. Aber wer das sagt und am immerwährenden Fortschritt zu zweifeln wagt, gilt als lächerlicher „Untergangsprophet“ (nur, daß man ihn nicht einsperren kann) — die meisten wollen ja nichts davon wissen, daß ihre heile Welt zu Ende geht, nur noch ein Spuk ist. Die Politiker üben den gewohnten Paradeschritt, das Fernsehen spielt Illusionen, man kauft und ißt und schläft wie eh und je. Auch wenn die Apokalypse schon im Vorzimmer steht. Es wird schon nichts geschehen . . . Es *wird* aber leider geschehen. Wie damals. Vielleicht, daß sich diesmal ein paar Leute mehr finden, die denken und überleben wollen.

Daß die Politiker und Wirtschaftler und Wissenschaftler herkömmlicher Art dieser Situation völlig hilflos gegenüberstehen, liegt nicht an einem Mangel an gutem Willen (allein) — das Dilemma ist unlösbar.

Es gibt drei Möglichkeiten:

a) Alles weiterlaufen lassen, wie es läuft (was der Fall ist und bleiben wird) — das beschleunigt das Ende.
b) Eine Roßkur versuchen, indem man Produktion und Industrien radikal drosselt — das bedeutet die Inkaufnahme von Abermillionen Arbeitslosen und Verhungernden und das wird (obwohl es im Fall „a" noch viel mehr geben wird) niemand wagen.
c) Die Umstellung auf eine völlig andere Technik und Lebensform, verbunden mit einem weltweiten Geburtenstop — das ist Utopie; ganz abgesehen von der immer sichtbarer werdenden „Tendenz" der Natur nach einem völligen Umschwung, worauf wir überhaupt keinen Einfluß haben. Jedenfalls jetzt nicht.

Fazit: Es wird nur geredet und immer wirrer gehandelt. Nicht anders als bei einer Firma, die vor der Pleite steht. Der Hirnrissigkeiten größte: Man baut Atomkraftwerke, obwohl man genau weiß, daß sie direkt oder indirekt die Welt von morgen vergiften und zerstören müssen: Jeder Atommeiler bleibt nach ein paar Jahrzehnten (höchstfalls) Betrieb eine tödlich strahlende Ruine für Hunderte von

Jahren, gar nicht zu reden von einer Katastrophe bei geologischen Veränderungen.

In seiner Ausgabe vom September 1974 hat das amerikanische Wissenschaftsmagazin „The Bulletin of The Atomic Scientists" die Uhr auf dem Titelblatt auf neun Minuten vor zwölf gestellt. 1972 wurde die Uhr zum letzten Mal gestellt — da zeigte sie auf zwölf vor Zwölf.

Die Uhr symbolisiert in der noch von Einstein und Oppenheimer mitbegründeten Zeitschrift die zunehmende Gefährdung der Menschheit durch die Atomkraft. Sie „geht" seit 27 Jahren. Im September 1974 stellten die Herausgeber fest: „Die Gefahr eines atomaren Weltuntergangs ist heute nachweislich größer, als 1972" und befanden die „Narkotisierung der Politiker und Völker vor drohenden Atomgefahren" als das gefährlichste Moment der Entwicklung.

Die Herren haben recht, aber leider ist ihre Uhr nicht die einzige, die auf die Mitternacht zugeht, sondern es sind deren mehrere und keine von ihnen läßt sich noch stoppen.

Die Zeitbombe für den nächsten Weltuntergang ist mit der höchstmöglichen Präzision eingestellt und ihre Auslöser-Uhr tickt in Wirklichkeit schon seit Tausenden von Jahren.

Eigentlich von allem Anfang an.

Das hat man bisher nicht gewußt oder bedacht, und doch ist es das Wesentliche an der Geschichte der vorprogrammierten Apokalypse. Die Geschichte des nächsten Weltuntergangs ist nicht etwas, das sich — vielleicht — in ferner Zukunft ereignen wird oder auch nicht.

Diese Geschichte hat in Wirklichkeit schon längst angefangen, sie läuft auf vollen Touren und wir alle spielen in dem nicht sonderlich erfreulichen Stück mit.

Unfreiwillig und ohne Gage.

Weshalb es günstig wäre, wenigstens etwas vom Ablauf der Handlung und unseren eigenen Rollen zu wissen. Und ob man noch etwas daran ändern kann.

Ein Problem gibt es dabei in erster Linie: Weil eben die Zeit so kurz, zu kurz ist, werden wir nicht in der Lage sein, umwälzende und neue Techniken zu entwickeln, nicht in der Lage sein, aus den „Spuren der Götter" auf die Spur dieser Techniken zu kommen. Wir werden also nicht in der Lage sein, ROBINSON 2000 etwas besonderes und neues mitzugeben. Außer einem vielleicht: dem Wissen um seine eigenen Fähigkeiten und Möglichkeiten. Kurz gesagt: Er wird sich mehr oder minder im Do-it-yourself-Verfahren erhalten müssen, dies zumindest versuchen.

Robinson 2000

Der Robinson, die Robinsons 2000 — es wird ja kaum einer sein, sondern es werden — je nach dem Grad der Weltzerstörung — Zehntausende, Hunderttausende oder Millionen sein — dürften sich von dem Helden der Dichtung des Daniel Defoe in mancherlei Hinsicht unterscheiden: Sie werden kaum auf einer naturbelassenen Insel landen, sondern auf einer zerstörten und atomar verseuchten Welt, inmitten von Ruinen und Leichenfeldern. In der es kaum noch „wilde Ziegen" und dergleichen jagdbares (und vor allem eßbares) Wild geben dürfte.

Hingegen werden sie mehr an Werkzeugen und Waffen zur Hand haben — die Restarsenale einer ganzen Welt in Waffen, die freilich kaum etwas nützen werden, denn die Beschaffung wichtiger Bestandteile wird nicht möglich sein.

Auf diese (wahrscheinliche) Ausgangssituation müßte man heute schon die möglichen Überlebenden präparieren und trainieren. Die entweder Letzten dieser Erde, oder die Ersten einer neuen Welt. Auch könnte es sein, daß dann das Klima arktisch-eisig oder tropisch-heiß ist — das kann heute niemand sagen.

Wovon wird sich Robinson nähren? Zunächst wohl von vorhandenen Konserven und dergleichen, aber dann?

Der indische Schriftsteller Yogi Paramahansa Yogananda (Autobiographie eines Yogi, Wiedergabe von Dr. Heintschel-Heinegg in „Esotera" 4/1974) berichtet von einem anderen Yogi, der Früchte, Brot und sonstige Dinge aus dem Nichts materialisieren konnte. Später habe er die Praxis selbst erlernt, halte sie jedoch für die Massenernährung der Hungernden von heute für ungeeignet. In anderen Erzählungen von den Wundertaten von Yogis wird ähnliches berichtet und am bekanntesten ist die Speisung von Tausenden von Menschen bei einem „Meeting" der Jünger Christi, wie es die Bibel schildert.

Wunder der Brotvermehrung werden übrigens auch von der heiligen Germaine Cousin (gestorben um 1601) und dem heiligen Don Bosco (1813—1888) berichtet. Genau wie im Alten Testament (I. Könige 17/7-16) von dem Propheten Elijah erzählt wird, der während einer Hungersnot eine ganze Familie mit nie zu Ende gehenden Resten von Mehl und Öl ernährt haben soll.

Das sind allerdings Einzelfälle und im Experiment nicht nachprüfbar. Anders verhält es sich mit der Möglichkeit, überhaupt ohne oder mit minimaler Aufnahme irdischer Nahrung auszukommen. Was zum Beispiel von der bekannten Theresa von Konnersreuth berichtet wird, die jahrelang nur von Hostien und Wasser gelebt haben soll.

Ist so etwas denkbar?

Nun, ich kenne einen Parallel-Fall, den der Prinzessin Zubeida Djavividan, einer geborenen ungarischen Gräfin Török, die die letzte Frau des letzten türkischen Khedive von Ägypten vor dem (und im) Ersten Weltkrieg war — eines Bruders des berühmt-berüchtigten Sultan Abdul-Hamid.

Ich lernte sie 1945 in Innsbruck in Tirol kennen, wo man damals auf ihre frühere Würde nicht das mindeste und ihr selbst nur ab und zu gnadenweise Lebensmittelkarten gab.

Das machte dieser Frau aber gar nichts. Sie setzte sich — ich habe es öfters miterlebt — am Abend hin, hob die flachen Hände zum Himmel und sagte halb ironisch: „Jetzt tanke ich Energie von oben ...“

Und sie lebte monatelang mit praktisch nichts im Magen. Unmöglich? Ich habe es miterlebt. Und weiß keine Erklärung. Ich versorgte mich lieber aus dem Schleichhandel.

Da aber derartige Sachen auch von allen möglichen Yogis und Heiligen erzählt werden — wäre es nicht richtig und nötig, ihnen einmal nachzugehen und — wie im Falle der fühlenden Pflanzen des Mr. Backster — die Sache auszuprobieren?

Die Fragen zu beantworten: Ist eine direkte Energieaufnahme aus dem Kosmos denkbar und möglich, und wenn ja: wie?

Das wäre doch die Lösung sämtlicher Nahrungsprobleme. Oder eines Teils von ihnen.

Immer wieder hören und lesen wir von den Göttern, daß sie irdische Nahrung verschmähten und von „Nektar und Ambrosia“ lebten (A. Dillmann: Das Buch Henoch, Leipzig 1853).

Ebenso geschichts-aktenkundig ist, daß die „Götter“ den Genuß von Tier- und Pflanzenopfern der Irdischen ablehnten. Kinderopfer allerdings nicht.

Lebten sie von Konserven oder — von reiner Energie?

Wie immer — man müßte diesen Spuren nachgehen und (wie bei Tests mit PSI-Kräften) Versuche unternehmen. Daß Materie und Energie aus dem scheinbaren Nichts kommen können — die Verwandlung von Licht-Quanten in Materieteilchen beweist es. Warum sollte es nicht möglich sein, daß auch ein Mensch seinen Körper durch immaterielle Energie erhält?

Es wäre immerhin ein ganz und gar neuer Weg, der uns freimachen würde von der Vernichtung anderer strukturierter Lebensformen, gleich ob Pflanze oder Tier (oder sogar Mensch) zum Zwecke des Über- und Weiterlebens.

Wer sich intensiv mit den Göttersagen etwa der alten Griechen befaßt und da immer wieder zu lesen bekommt, wie schrecklich diese Götter jeden Versuch der Irdischen ahndeten, ihnen (durch Betrug) eine andere Speise vorzusetzen — der wird den Gedanken nicht los, daß diese „Götter" so etwas einfach nicht nötig hatten (P. Grimal: Mythen der Völker, Frankfurt 1967).

Tja — wovon erhielten sie sich dann? Wir wissen es nicht; aber es wäre doch sehr gut, es zu wissen. Für die Robinsons von morgen.

Ganz selbstverständlich würde oder müßte eine Energierezeption aus dem All ein Training voraussetzen: Von nichts kommt nichts. Aber vielleicht wäre eine solche Praktik mehr Menschen zugänglich und möglich, als wir glauben. Es hat nur noch niemand bisher versucht.

Wir hören und lesen, daß Jesus über das Wasser schritt — nun ja, das taten vor ihm und nach ihm andere Götter und Halbgötter und Heilige auch, viele schwebten oft meterhoch über dem Boden.

Wunder? Keine Spur. Die Betätigung von in fast jedem Menschen vorhandenen „Hebeln" und „Knöpfen".

Es wurden in relativ junger „Vorzeit" ganz andere Wunder vollbracht: gigantische Steinmassen, wie jene der

Pyramiden von Ägypten, Yucatan und Persepolis — oder auch des berühmten Stonehenge in England — über Hunderte und Tausende Kilometer bewegt und transportiert. Ohne sichtbare Technik. Und es wurden Mauern gefügt und Steine geschnitten, wie man Weichkäse schneidet, so millimetergenau — ohne ersichtliche Werkzeuge. Das ist keine Phantasie, das sind Tatsachen.

Frage: Wer gab den Menschen diese Fähigkeiten und Kräfte?

Sie setzten sich hin und sangen — und „es geschah" was sie wollten. So überliefert es die Legende. Und vielleicht war es so. Weil diese Menschen die Hebel kannten, die ihre höherdimensionalen Kräfte auszulösen vermochten.

Fazit: Die Menschen früher konnten und vermochten das, was wir heute mit der Technik vermögen und nur durch sie: Sie vermochten fernzuwandeln und hellzusehen und Materie nach Belieben zu bearbeiten.

Alles, was wir über den Umweg der Technik tun, konnten und vermochten sie von selbst. Die ganze Technik von heute ist ein Umweg und ein Nonsens, ein Irrweg und ein falscher Weg. Sie ahmt nur unvollkommen nach, was der Mensch früher vollkommen konnte und kannte.

Das ist die letzte Erkenntnis dieses Zeitalters — die erste eines neuen. Das ist das Gepäck, das wir ROBINSON 2000 mitgeben können. Es zu bearbeiten und zu sortieren haben wir nur noch einige Jahre Zeit.

ROBINSON 2000 wird total umdenken müssen. Nie waren die Chancen des Menschen kleiner, nie aber auch größer als sie für ihn sein werden: Tausende Jahre fehlgeleitete „Geschichte" auszulöschen und ganz neu zu beginnen. Dort, wo die Maya, Azteken, Sumerer und Ägypter aufhörten, deren ursprünglich sehr sinnvolles Ausgerichtetsein auf das „Jenseits“ zu (ohne Vernachlässigung der hiesigen Belange) zuletzt immer in sinnentleerten Ritualen und sinnlosen Opfern erstarrte. Bei denen früheres Wissen zu Aberglauben entartete, der von den Herrschenden mißbraucht wurde.

Beispiel: Die komplizierte und kunstvolle Mumifizierung der Toten mochte irgendwann in grauer Vorzeit einen „Sinn“ gehabt haben. Sie ahmte ganz zweifellos (wenn man überhaupt an eine Logik in diesem Zusammenhang denken will — aber sonst wäre das alles restlos unerklärlich) Konservierungsmethoden der „Götter“ nach — Körper wurden auf das penibelste erhalten, die Organe gesondert (für Organ-Banken?) aufbewahrt. Alles war darauf abgestellt, diese Körper irgendwann einmal „reanimieren“ zu können. Natürlich ging das nicht — aber in der Rückverfolgung dieser Methoden und Ideen kommen wir unwillkürlich zu dem Schluß, daß „andere“ solches anscheinend doch konnten. Wie immer: Später dachte niemand mehr in Ägypten an derartiges, aber man mumifizierte beinahe industriell Menschen, aber auch Tiere, am laufenden Band. Und die Priester machten blendende Geschäfte damit. Nun, damit wird sich unser Robinson kaum plagen müssen oder können, er wird zu sehr mit dem bloßen Überleben befaßt sein. Wenn es ihn überhaupt je geben wird.

Denn wahrscheinlicher ist das Ende dieser Erde in Chaos und Tod. Oder höchstens belebt von bewußtseinslosen Monstren.

Es wird diese (wahrscheinliche) Entwicklung den übrigen Kosmos kaum stören, es dürfte in ihm auch andere Welten geben, die, mit Ruinen bedeckt und tot, durch das Weltall fliegen.

Wir werden ganz sicher keine Ausnahme sein.

WIR brauchen uns aber eigentlich auch nicht gar so sehr darum besorgen, wir, die wir das zwar sehen, aber nicht ändern können.

WIR, die Denkenden von heute, haben die Gewißheit, daß wir so oder so weiterexistieren. Da oder dort. Und zwar, zum Unterschied von den Nicht-Denkenden, bewußt und gewollt.

Auch da drängt sich der Vergleich mit dem Jahr 1945 auf: Damals wurden Millionen Menschen aus ihrer Heimat vertrieben. Viele starben dabei, viele brachten sich um — die Masse wurde irgendwohin transportiert. Aber es gab auch einige, die das vorausgesehen und sich vorbereitet hatten. Sie wußten, wohin sie gehen konnten und sollten. Und sie taten es — beneidet von den anderen — und es ging ihnen besser. Der „Exodus" von der Erde wird größere Ausmaße haben und herber sein. Natürlich wollen und sollen wir uns bemühen, — schon unserer Kinder wegen — diesen Planeten wenigstens teilweise bewohnbar zu erhalten, aber wenn es gar nicht anders geht, dann wird der ROBINSON 2000 eben anderswo sich niederlassen müssen und es wird nicht einmal mehr die Möglichkeit einer Reinkarnation auf dieser Erde geben. Womit sich die ganze Streiterei um dieses Problem erübrigen wird.

Das „Endprogramm Erde" wird wahrscheinlich die Flucht sein — die Flucht der „Seelen" zurück in die Ewigkeit und durch die Ewigkeit. Je mehr an „Gepäck" — lies: Vorbereitung und Wissen — wir dabei mitnehmen, desto besser für uns. Unvorbereitete und untrainierte Astronauten, die man ins Weltall schießt, würden dort hilflos herumkurven. Wenn sie aber trainiert sind und genug Treibstoff für ihre Steuerdüsen mithaben, werden sie ihren Kurs selbst bestimmen können. Wohin er gehen wird — das müssen wir jetzt bald einmal überlegen.

Es gibt kaum Zweifel, daß außer unserer Erde, Hunderte, Tausende anderer bewohnter, bewohnt gewesener oder noch zu bewohnender Planeten existieren. Professor W. H. McCrea (The Problems of The Galaxies, London 1973) schätzt ihre Zahl allein in unserer Milchstraße auf „zumindest hunderttausend". Und, daß vermutlich Dutzende an irgendeinem Punkt ihrer Entwicklung jählings enden, ja, das scheint sogar das wahrscheinlichste Schicksal (Dr. W. Israel: Gravitational Collapse and Causality, Lancaster 1967).

Trotzdem . . .

*

Jemand, der sich viel mit Dingen, wie dem Tod, dem Ende der Welt usw. befaßt, wird oft gefragt, warum er sich denn nicht einen Strick kaufe und aufhänge. Oder: Ob so jemand überhaupt noch etwas Positives „glauben" könne.

Nun, ich „glaube" — ich glaube aber nicht nur, sondern nur dort, wo mir dieser Glaube auch logisch und vernünftig scheint.

Nehmen wir doch das sogenannte „Gute" im Menschen. Der irdischen Logik nach wäre es völlig absurd: Wozu soll ich gut sein, wenn ich nichts davon habe? Also wäre es ein Trieb — aber welcher und warum?

Es gibt eine Antwort: wenn wir uns den Menschen als Wesenheit vorstellen, die aus verschiedenen Schichten verschiedener Dimensionen wie eine Zwiebel zusammengesetzt ist (was er zweifellos ist), dann werden — auch nach den Gesetzen unserer Physik — die Teile, die sozusagen „höher" sind (aber gebunden an andere) das Bestreben haben, sich von diesen zu lösen (von den „niederen") und in ihren eigenen Bereich zu kommen — wie ein Gas einen Luftballon in die Höhe treibt.

Das ist eine ganz und gar natürliche Tendenz — Gas will zu Gas, eine bestimmte Energie aus ihrer Gebundenheit an Zeit und Erstarrung zu ihrer eigenen „Ebene". Und die liegt, bei den höherdimensionalen Energien, nun einmal, bildlich gesprochen, „über" der irdischen Persönlichkeit des Menschen, über den sehr engen Begrenzungen seines hiesigen Ichs. Das ist eine Kraft, eine Tendenz — wir spüren sie tief in uns und nennen sie „das Gute". Das eben über das Ich hinausgeht, letzten Endes dorthin zielt, wo jede Begrenzung aufhört —in der Liebe.

Ist das eine idealistische Phantasievorstellung? Den Russen kann man solches gewiß nicht nachsagen. Dennoch erklärte Professor Leonid L. Wassiljew, Leiter des „Instituts zur Erforschung der psychischen Fähigkeiten" und Mitglied der Sowjetischen Akademie der Wissenschaften in seinem Buch „Die psychische Fernwirkung" (Moskau 1962): „Nicht abzusehen ist die gewaltige Bedeutung der seelischen Fernwirkung für die Wissenschaft und das Leben. Wenn sich erweisen sollte, daß der telepathische Kontakt durch eine noch unbekannte Art von *Energie* bewirkt wird — die Feststellung einer solchen Energie wäre der Freisetzung der inneratomaren Energie ebenbürtig . . ."

Ist „das Gute" also eine Einbildung? Nein, es ist eine Art von Energie bzw. deren Auswirkung. Und ebenso ist es die Liebe — wir haben nur vorläufig keinen Begriff dafür.

Warum vereinigen sich denn Menschen körperlich-sexuell? Weil sie Kinder erzeugen wollen? Ach, das wollen sie meist gar nicht. Nein: weil sie in diesem einzigen Moment einen kurzen Ausbruch der „Über-Ich-Energie" spüren, die sich aus ihrem Ich-Gefängnis befreit und zu etwas Höherem vereint.

Welche Lächerlichkeit, anzunehmen, das wäre „ein Trick der Natur“, um Nachkommenschaft zu erzeugen. Dann müßte man „der Natur“ aber schon eine hohe Intelligenz zumuten und sie zu einem Gott machen.

Nein: Die „Liebe“ schmilzt da für ganz kurze Zeit das „Eis“, das „Gefrorensein“ der Zeit und des Raumes, ist ein Blitz, der in die Dunkelheit der Befangenheit dieser Welt bricht.

Sehen Sie — deshalb glaube ich an das Gute und die Liebe. Und an die Ewigkeit des Seins.

*

Ein Problem besonderer Art wollen wir, um objektiv zu bleiben, dabei freilich nicht übersehen. Es ist das des sogenannten „Bösen“ — nicht nur irdischer Art. Gerade die moderne „Thanatologie“ hat es wieder aufgedeckt.

Ein Beispiel: Als der Schauspieler Curd Jürgens vor einigen Jahren bei einer schweren Herzoperation zeitweise klinisch „tot“ war, erlebte er keineswegs erfreuliche Erscheinungen, wie die meisten Sterbenden. Er sah sich vielmehr — so schilderte er es später in Interviews und auch in einem Buch — in einer Art Hölle und von Flammen umgeben. Früher hätte man das als Fegefeuer bezeichnet. Gibt es das?

Nun, es ist bekannt, daß viele Menschen von allerhand Angstträumen heimgesucht werden, in denen sie von Monstern und Dämonen diverser Art geplagt werden, die so real wirken, daß mancher zitternd und schweißgebadet aufwacht.

Lauern womöglich solche Chimären auch nach dem Tod auf uns? Es scheint, als würde diese Möglichkeit gerade in manchen Publikationen über das Sterben und den Tod geflissentlich übersehen. Da war das bereits erwähnte tibetanische Totenbuch, das „Bardo-Thödul“ ehrlicher: Es enthält nämlich auch Tips, wie der von dieser Welt Abgeschiedene mit diesen Dingen (und mit Hilfe der Anweisungen und Gebete der Priester) fertig werden kann. Auch die katholische Kirche beschwört in ihren Toten-Gebeten die bösen Geister, die der entschwindenden Seele etwas anhaben wollen. Sie einfach nicht zu sehen und zu leugnen, das wäre so ähnlich, wie wenn man einen Anfänger ohne Kenntnis der Gefahren mitten auf eine belebte Autobahn schicken wollte. Die Gefahren sind da. Man kann sie aber vermeiden, wenn man sie kennt.

Es gibt das Böse und Ungute — genau wie es das Schöne und Gute gibt. Und wir müssen uns mit ihm auseinandersetzen; hier und auf dem Weg ins Jenseits. Das hat mit kleinkarierter „Moral“ nichts zu tun, wohl aber mit den Gesetzen des Schicksals, die gewissermaßen vollautomatisiert sind.

Um das Ganze bildhaft darzustellen: Es warten auf jemand, der seinen irdischen Corpus mehr oder minder schnell und leicht verlassen hat, bestimmt nicht nur Lichtgestalten am Ende des „Schlauches“, sondern auch weniger erfreuliche Kräfte, die sich ihm — bildhaft — darstellen. Es sind seine eigenen, und es sind fremde Energie-Wesen; er selbst hat ja zeitlebens solche erzeugt. Durch jeden (guten oder bösen) Gedanken. Und das Gesetz von der Erhaltung der Energie gilt allgemein und nicht nur „hier“.

Ein negativ „aufgeladener“ Mensch wird negative Kräfte anziehen — wie der Magnet das Eisen — und sie, je nach Wesenart als „Feuer“ sehen oder als Teufel oder Dämonen. Soweit er sich nicht schon in seinen Träumen „verarbeitet“ hat. Davor kann ihn niemand bewahren. Durch diese Zone muß er hindurch — und deshalb ist (bis auf Ausnahmen) auch der Selbstmord ein absoluter Unsinn: Durch ihn wird in Wahrheit nichts bewältigt und ausgelöscht, sondern bestenfalls verlagert. Ein Diesseits-Kredit aufs Jenseits. Bezahlt muß er werden.

Das Fegefeuer ist keine Einbildung, sondern eine Erfahrungstatsache. Und: In Wahrheit weiß fast jeder sehr genau, was er auf dem Kerbholz hat oder nicht. Man nennt das Gewissen.

Ein Wort für eine Gesetzmäßigkeit des Schicksals und des eigenen Tuns und Wollens. Auf Erden kommen manche Kreditschwindler durch — drüben nicht.

Was — nochmals unterstrichen — mit „Moral" nichts zu tun hat. Das sind Gesetzmäßigkeiten. Man kann sie zur Kenntnis nehmen, wie die Verkehrsregeln oder auch nicht.

Nur: Dieses System funktioniert besser, als jede Polizei der Erde. Automatisch.

Entkommen kann dem „Hüter der Schwelle" (so nannte man früher das Totalangebot an guten und bösen Gedanken und Taten) keiner. Er kann ihm begegnen als Teufel (sofern der Betreffende christlich war), als Tier oder Dämon. Oder als Engel. (K. Weinfurter: Diesseits und jenseits, Prag 1928.)

„Anständig" zu leben ist demnach also keineswegs ein Unsinn, sondern eine Einzahlung auf ein Konto. Und die sogenannte „Gnade" die Hilfe jenseitiger Rechtsanwälte. Man sollte sie sich schaffen.

Ich sage dies in vollem Bewußtsein des Umstandes, daß es wesentlich publikumswirksamer ist, zu behaupten, daß der Tod sozusagen alles ausgleicht und begradigt und drüben nur die Engelein auf den Neu-Ankömmling warten. Das ist thanatologisches Hasch. Es wartet auch das Negative, das Böse.

Im übrigen kann jeder, der es will, den Versuch auf die Wirksamkeit dieser Gesetze machen: Wenn ihm jemand etwas Ungutes antut oder will, möge er ihm verzeihen und lächeln. Das ist nämlich die größte Gemeinheit, die es gibt. Ein Haß oder böser Gedanke, auf jemand „abgeschossen", fällt unweigerlich auf den Schützen zurück. Er wird vernichtet und zerstört. Wie es Jesus sagte: „Halte die linke Wange hin ..."

Und ebenso kann man das (nach unserem Empfinden) Böse paralysieren — indem man „Gutes" denkt und tut. Dann muß man keine Angst mehr haben. Vor keinem Tod, vor keinem Gespenst, vor nichts. Und darf wahrhaft befreit lächeln, wenn man das Gefängnis dieser miserablen Zeit verlassen hat.

Ein Wort noch zu den Begriffen von Gut und Böse und der sogenannten ausgleichenden Gerechtigkeit — an der man oft verzweifeln könnte, wenn man sieht, was sich diesbezüglich auf der Erde tut. Die Unschuldigsten leiden auf die schrecklichste Art, „Schuldige" leben herrlich und in Freuden.

Auf die Frage nach dem „Warum" gibt es wohl, solange wir in den Begriffen dieser Welt befangen sind, keine gültige und endgültige Antwort. Die noch am ehesten einleuchtend wäre, daß wir eben nicht nur einmal leben und jeder abzutragen hat, was er irgendwann selbst verursacht hat. Früher einmal.

Was durchaus nicht bedeuten muß, daß dies ausgerechnet auf diesem Planeten der Fall war; es könnte ebensogut auch anderswo gewesen sein. Eine Kontrolle, ob derartige Gesetzmäßigkeiten existieren, ist schwer oder gar nicht möglich. Es gibt nur Hinweise. Zum Beispiel wird mancher, der sich geistig intensiv mit diesen Dingen befaßt und damit gewissermaßen in einen engeren Kontakt mit dem „Jenseits" gekommen ist, feststellen können, daß für ihn besondere „Regeln" gelten; er steht zum Teil bereits unter einem anderen Gesetz. Er wird merken, daß die Folgen seiner Gedanken und Handlungen meist unmittelbar eintreten — jede „unrechte" Tat muß er umgehend „bezahlen". Das ist wie bei einem Tages-Giro-Konto: Die Bank fordert sofort ein.

Andererseits wird er erstaunt konstatieren, daß er sich praktisch um nichts zu sorgen hat. Was er braucht, kommt ihm „von selbst" zu. Das ist die Gegenleistung der Ewigkeits-Bank. Er braucht auch, wie schon erwähnt, ihm zugefügtes Unrecht nicht zu vergelten. Das erledigt ebenfalls die „Bank" — er selbst braucht keinen Finger krumm zu machen. Sein Konto bleibt ausgeglichen in Soll und Haben, und er wird ohne Belastung nach drüben gehen.

Das ist kein Pharisäertum, sondern so sind eben die Spielregeln des Lebens, das nicht nur hier und jetzt stattfindet.

Theoretisch steht es jedem frei, sich auf diese Verrechnungsart umzustellen. Nachteil: Er hat dann keinen „Kredit" mehr, er kann nicht mehr auf Teufel-komm-raus (ein Begriff, der gar nicht so abstrakt ist . . .) leben. Vorteil: Er hat auch keine Schulden. Er ist voll und ganz „da" und diesseitig — aber doch nicht ganz. Mit einem Bein ist er schon drüben.

Eines freilich muß er zur Kenntnis nehmen: Es wird ihn niemand verstehen, der nicht in der gleichen Lage ist. Jeder andere wird ihn für dumm halten. Was ja auch dem Menschen Jesus passiert sein soll, der „im Gesetz" lebte und handelte.

Wer so lebt, hat den Tod tatsächlich bereits zum Teil vorweggenommen; sicher wird er ihm trotzdem nicht nur angenehm sein, aber vielleicht leichter und verständlicher.

Es wäre schön, wenn wenigstens einige, die dieses Buch lesen, es mit diesem „System" versuchen wollten. Sie werden verblüfft sein, wie gut es funktioniert. Was, wie schon gesagt, kein „Verdienst“ und keine „Gnade“ ist (oder es wäre), sondern einfach die Realisierung und Anwendung von Regeln und Gesetzen, die über denen unserer Welt stehen.

Sich ihrer zu bedienen, ist eigentlich unser legales Erbe, denn wir sind Kinder des Alls und der Ewigkeit. Das wurde lediglich vergessen — ob durch unsere Schuld oder die anderer, sei dahingestellt. Auf jeden Fall kann jeder, der ernsthaft will, sich aus dem hiesigen Raum-Zeit-Käfig befreien und dann erst wahrhaft ein Mensch werden, der diesen Namen verdient.

Am Schluß bemerkt

Der Termin für die Schluß-Redaktion der zweiten Auflage ist gekommen. Während diese Zeilen geschrieben werden, ist es hier in Wien am letzten August-Tag 1977 beinahe unerträglich heiß geworden; 29 Grad im Schatten. Das nach einem total verregneten Sommer, der zudem einer der kältesten seit Menschengedenken war.

In Teilen von Europa ist die Ernte ersoffen, Unwetter und Überschwemmungen haben Norditalien verheert, während in den USA ganze Staaten vertrockneten. Das Klima ändert sich weltweit und seit Jahren zunehmend mehr.

Italienische Meteorologen haben kürzlich behauptet, der nasse Sommer sei auf die seit Monaten anhaltenden Ausbrüche des Ätna zurückzuführen, weil dabei große Staubmassen als mögliche Kondensationskerne von Regen in die Atmosphäre gelangt wären. Das ist natürlich lächerlich, denn der Ätna ist sicher nicht an der gleichzeitigen Hitzewelle in Amerika schuld.

Und schon gar nicht an der neuerlichen Welle schwerster Erdbeben, die seit Wochen um die Erde geht: In Südostasien, in China, Amerika und — in geringerer Stärke — im Mittelmeer-Raum.

Es scheint vielmehr, daß die Unruhe der Erdkruste und die klimatischen Veränderungen eine gemeinsame Ursache haben; vielleicht liegt sie in Unregelmäßigkeiten der Sonnen-Aktivität begründet, wie man sie ebenfalls seit Jahren registriert.

Tatsache jedenfalls: Es wird unruhiger und ungemütlicher auf der Erde, und es ist zu vermuten, daß wir vor einer ganz gewaltigen Umwälzung stehen, wie sie Peter Kaiser (Vor uns die Sintflut, München 1976) vorausgesagt hat.

So oder so — eine Zeituhr scheint abzulaufen und auf ein — zumindest teilweises „Ende" hinzudeuten, das von allen Völkern, Sehern und Sagen längst angekündigt war.

Es wird ein Ende mit vielerlei Schrecken sein, denn auch der Mensch trägt seinen Teil bei. Gerade heute erschien im „Kurier" (Nr. 238) in Wien ein Bericht über die neuesten Formen der in Laxenburg bei Wien tätigen Wissenschaftler, die sich mit diesen Problemen befassen. Demnach und nach den Studien der amerikanischen Akademie der Wissenschaften ist zu erwarten, daß bei der steigenden Inanspruchnahme der Kohle als eine der letzten Energie-Reserven der Erde bis zum Jahr 2100 der Kohlendioxyd-Gehalt der Luft um das Vier- bis Sechsfache steigen und dadurch eine Erwärmung des Klimas um ungefähr 6 Grad hervorgerufen wird.

Was nicht nur ein rapides Abschmelzen der Polkappen bedeuten würde, sondern auch eine Verlagerung der gesamten Pflanzenwelt. Getreide, beispielsweise, würde dann nur noch in nördlicheren Breiten wachsen, wo die Böden dafür nicht geeignet sind, und Afrika etwa würde zu einer völligen Wüste. Abgesehen davon, daß auch die Fischbestände der Meere reduziert würden.

Was heißt „würde" — es *wird* so sein; und das ohne Inbetrachtnahme eines denkbaren atomaren Krieges, ohne Bezugnahme auf die Übervölkerung und die schwindenden Vorräte an Trinkwasser. Wie man es auch drehen und wenden mag — der Untergang zwar nicht der Erde als Himmelskörper, aber der Menschheit als solcher, ist praktisch unabwendbar und relativ nahe bevorstehend.

Irgendwie spürt es jeder, die ganze Hektik der Gegenwart ist nur so erklärbar. Es ist die Unruhe der Passagiere auf einem sinkenden Schiff. Und weit und breit ist kein Rettungsboot in Sicht. Außer vielleicht ein Floß für einige wenige, die doch überleben. Die Robinsons von morgen, wie bereits dargelegt.

Es wurde dies hier nur nochmals gesagt, weil auch heute — zweieinhalb Jahre nach der ersten Auflage dieses Buches — die Fakten klipp und klar in diese Richtung weisen. Mehr denn je.

Nein — die Menschen werden nicht klüger werden und das Unheil aufhalten. Das ist eine Illusion.

Gibt es vielleicht in letzter Minute eine Hilfe von auswärts? Die Hoffnung der Menschen klammert sich zunehmend daran, wie es die Erfolge aller Filme und Bücher zeigen, die das Eingreifen von „Fremden" aus dem Kosmos zum Inhalt haben. Der Russe Professor Wselowed Troizki aus Gorkij will „gewisse Signale aus dem Weltall" aufgefangen haben; Dr. Carl Sagan, führender Exobiologe der Universität Massachusetts (USA) vertritt die Meinung, daß wir noch rechtzeitig (The Implication for Man, New York 1975) von den „Außerirdischen" Anleitungen für eine Beherrschung der Natur, ja ganzer Sonnensysteme erhalten würden.

Die UFO-logen haben Hochsaison, und es ist deshalb ein völliger Irrglaube, anzunehmen, das sei nur eine vorübergehende Erscheinung. In Wahrheit wird und muß sich diese Tendenz nur steigern, je übler es auf der Erde aussieht. Um das zu erkennen, braucht man ja nur die täglichen Zeitungs- und Fernsehberichte zu verfolgen.

Die irdische Menschheit wird ihren Tod sterben, wie jeder einzelne es immer getan hat und tut. Deshalb ist die Beschäftigung mit dieser Frage im Grunde die wichtigste, die es gibt. Für uns alle insgesamt und für jeden von uns.

Und deshalb ist die *Besinnung in letzter Stunde* so wichtig. Die Besinnung darauf, daß es doch eigentlich grotesk und absurd ist, nur von diesem kurzen irdischen Dasein aus zu denken und zu leben. Ohne zu wissen, ohne zu überlegen, was vorher war und nachher sein wird. Wir haben — und das ist der Gag — durchaus die Möglichkeit in uns, hier und jetzt weiter zu denken und weiter zu planen und uns unserer wahrhaften „Unsterblichkeit" bewußt zu werden.

Nie noch war die Chance dazu so groß wie gerade heute, in der Gegenwart.

Jahrtausende hindurch vegetierten die Menschen auf dieser Erde nicht viel anders als Ameisen oder Fliegen. Bis auf wenige Ausnahmen. Sie kamen und gingen und wußten gar nichts.

Erstmals jetzt beginnt auf breiterer Basis das Denken über diese Raum-Zeit-Barriere hinaus zu erwachen. Und erstmals beginnt man sich der Mittel der Wissenschaft und Technik dazu zu bedienen; von der PSI-Forschung bis zur UFO-Beobachtung und der Stimmen-Registrierung. Das sind die ersten Durchbrüche eines buchstäblich in allerletzter Minute explodierenden Bewußtseins in Richtung Ewigkeit.

Wenn dieses Buch auch nur einen kleinen Beitrag dazu geleistet hat und weiterhin leisten wird, dann war und ist es nicht umsonst geschrieben worden.

*

Ein ganz persönlicher Nachsatz: Ich schrieb gerade die Adresse für die Manuskript-Sendung an den Verlag, als ein Anruf aus Deutschland kam. Ein Neffe von mir liegt in der Klinik. Schwerstens erkrankt, vermutlich eine multiple Sklerose. Er kann kaum noch sprechen und die Finger bewegen. Zweiundzwanzig Jahre alt, Student der Chemie. Er wird sterben, weil diese Krankheit praktisch unbekannt ist und es dagegen noch weniger gibt als gegen Krebs. Mit zweiundzwanzig Jahren. Er war Sportler und Judo-Kämpfer. Ein fescher Bursche. Warum? Warum?

Diese Frage bleibt auch für mich — für jeden. Nein, es ist keine schöne und heile Welt, in der wir leben. Pflanzen und Tiere existieren ja nur, wenn sie andere vernichten, fressen. Ein einziges Jammertal? Ja und nein. Unendlich schön, unendlich grausam. Klar ist nur eines: daß wir hindurchmüssen.

Und dann — vielleicht — erkennen können, warum das so war. Drüben. Jenseits. Im Leben und Sein, das diese Grenzen nicht kennt. Weil es ewig ist.

Quellen (soweit nicht im Text erwähnt)

G. Bäsecke: „Vorgeschichte des Schrifttums", Halle 1940.

A. Einstein: „Über die spezielle und allgemeine Relativitätstheorie", Berlin 1932.

W. Kundt: „Schwarze Löcher", Weinheim 1973.

D. Lynden-Bell: „Cosmic Power", New York 1973.

H. J. Müller-zum-Hagen: „Die nackte Singularität", Hamburg 1973.

Ostrander-Schröder: „PSI", München 1971.

W. Press: „Floating Orbits", London 1972.

F. L. Schatzmann: „Die Grenzen der Unendlichkeit", München 1967.

J. Schurz: „Architektur der Moleküle", Stuttgart 1967.

S. Sklowskij: „Intelligenzen im Universum", Moskau 1972.

K. Stumpff: „Astronomie", Frankfurt 1957.

M. Taube: „Der Mythos der Denkmaschinen", Hamburg 1966.

A. Ungnad: „Die Religionen der Babylonier und Assyrer", Jena 1921.

B. L. Webster: „Cygnus X — 1", London 1972.

G. J. Whitrow: „What is Time?", London 1972.

E. Zehren: „Das Testament der Sterne", Berlin 1957.

Y. B. Zeldovich: „Survey of Modern Cosmology", New York 1965.

Hans-Ulrich Dombrowski
Wege zu mehr Selbstvertrauen

Hans-Ulrich Dombrowski

WEGE ZU MEHR SELBSTVERTRAUEN

Hilfreiche Strategien zur Erhöhung des Selbstwertgefühls

CIP-Medien

Danksagung

Bei der Manuskriptdurchsicht hat mir mein Freund Klaus Münster, Oberstudienrat am Lippstädter Abendgymnasium, sehr geholfen. Ihm möchte ich dafür an dieser Stelle meinen besonderen Dank aussprechen.

Reihe „Psychologische LebensHilfe"

Herausgegeben von Hans-Ulrich Dombrowski

3. unveränderte Auflage 2003
CIP-Medien, München
ISBN 3-932096-10-X

1. Auflage 1997 unter ISBN 3-925595-31-7
2. Auflage 1998 unter ISBN 3-9806209-3-X
im Verlag für Psychologie und Lebenshilfe, Lippstadt
Herstellung: Fuldaer Verlagsanstalt GmbH, Fulda

Bezugsquelle:
CIP-Medien
Nymphenburger Str. 185
80634 München
Fax 089-132133
e-mail: cipmedien@aol.com
www.cip-medien.com

Umschlag: Silvia Pohl
unter Verwendung von Layouts, MEV Verlag GmbH, Augsburg

Inhalt

II. Teil

Einleitung

Liebe Leserin,
lieber Leser!

Das Ausmaß unseres Selbstvertrauens und der Grad unserer Selbstakzeptanz sind wichtige Kriterien in Bezug auf unser psychisches Wohlbefinden, unsere persönliche Autonomie und unser Lebensglück. Menschen, die unter ihrem Selbstwertgefühl leiden, neigen dazu, emotionale Probleme und psychische Beeinträchtigungen zu entwickeln. Alfred Adler, der Begründer der Individualpsychologie, benutzte als erster Psychotherapeut den Begriff des »Minderwertigkeitskomplexes«. Er gilt somit als dessen »Erfinder«. Aber Minderwertigkeit zeigt sich nicht nur darin, daß innere Unsicherheiten und mangelndes Selbstvertrauen vorliegen, sondern auch im umgekehrten Sinn, nämlich durch übertriebenes Gehabe und Anspruch auf Überlegenheit und Allmächtigkeit. Beide Reaktionsweisen sind Ausdruck eines nicht an der Realität orientierten Selbstbildes und führen in Folge zu emotionalen Problemen.

Unser Umgang mit uns selbst ist nicht etwa biologisch verankert oder genetisch festgelegt. Wissenschaftliche Untersuchungen haben zweifelsfrei bewiesen, daß unser Selbstwertgefühl stark geprägt ist durch das Erziehungsverhalten, das wir als Kinder erlebt haben. Damit ist nicht nur der Einfluß unserer Eltern oder Beziehungspersonen gemeint, sondern auch andere erzieherische Bezüge, wie durch Kindergarten, Schule, Kirche oder Vereine, haben einen Einfluß auf die Entwicklung unseres Selbstvertrauens und unserer Selbstachtung.

Mitunter war das, was wir als Kind erlebt haben, nicht förderlich und hat uns keine ausreichenden Möglichkeiten und Voraussetzungen dafür geboten, ein angemessenes und realistisches Selbstkonzept zu entwickeln. Vielleicht leiden Sie heute noch mehr oder minder stark unter mangelndem Selbstvertrauen, oder es haben sich gar emotionale Probleme als Folge Ihres Minderwertigkeitskomplexes eingestellt. Wenn es so sein sollte, ist dies aber kein unumstößliches Schicksal, dem Sie sich widerstandslos beugen müssen. Vielmehr können Sie lernen, Selbstvertrauen und Selbstakzeptanz aufzubauen. Sie können lernen, mehr Selbstachtung zu entwickeln und ein angemessenes Selbstwertgefühl erleben.

Auf den folgenden Seiten werde ich Ihnen Möglichkeiten nennen, die von kompetenter Hand entwickelt wurden und bereits schon vielen Menschen geholfen haben, um zu lernen besser mit sich umzugehen. Der erste Teil des Buches wird Ihnen theoretische Grundlagen und ausführliche Informationen zum Thema Selbstvertrauen geben. Fragen der Entwicklung, der Ausdrucksform und der Beeinträchtigung unseres Selbstwertgefühls werden hierbei beantwortet und behandelt. Im zweiten Teil werden Ihnen Möglichkeiten der Veränderung und Modifikation dargestellt. Es werden Ihnen konkrete Strategien und Übungen genannt, wie Sie Ihr Selbstvertrauen aufbauen und Ihr Selbstkonzept an den Realitäten anpassen können.

Wenn Sie nun bereit sind und sich durch die Einleitung etwas für die Thematik haben erwärmen lassen, können wir die Reise zu uns selbst beginnen. Es wird sehr interessant werden. Wir werden lernen, gehbare von nicht gehbaren Wegen zu unterscheiden, um unserem Selbst erfolgreich ein Stück näher zu kommen. Lassen Sie uns nun starten, zunächst mit dem ersten Teil.

I. Teil

Wie sich Selbstvertrauen entwickelt

Die Entwicklung unserer Gefühle

Wir Menschen werden in eine Welt hinein geboren, in der wir lernen müssen, uns zurecht zu finden. Von Beginn unseres Lebens an sind wir gefordert und müssen lernen, unser Überleben zu sichern. Der Überlebensimpuls ist etwas Primäres und Grundlegendes, biologisch verankert und psychologisch festgelegt. Der Einfluß der Biologie ist zu Beginn unseres Lebens am stärksten. Biologisch festgelegte Entwicklungschritte dominieren vor psychischen Lernprozessen. Diese wiederum lösen mit zunehmendem Alter des Individuums biologisch festgelegte Faktoren ab, d.h. Umwelteinflüsse, wie Erziehungs- und Sozialisationsaspekte, werden zu den entscheidenden Einflußgrößen.

Dies soll zur Verdeutlichung am Beispiel der Angstentwicklung gezeigt werden:

Angst hat für uns Menschen die Funktion eines biologisch angelegten Warnsystems. Sie dient dem Überleben. Von Geburt an sind bestimmte Ängste angelegt, so z.B. die Angst vor großen Höhen, plötzlichen Bewegungen, Schmerz oder lauten Geräuschen. Andere Ängste entstehen im Laufe der weiteren Entwicklung automatisch, wie z.B. die Angst vor fremden Menschen, Dunkelheit oder dem Alleinsein. In der Pubertät entwickelt sich die sog. soziale Angst, bei der Jugendliche eine besonders ausgeprägte Angst vor Öffentlichkeit und sozialer Ablehnung entwickeln.

Die Ängste, die zunächst biologisch angelegt sind, lassen bei normaler Entwicklung im Laufe der Zeit nach. Der Grund dafür besteht darin, daß das Kind gelernt hat, angemessen mit den potentiellen Gefahrensituationen umzugehen. So lernt es beispielsweise, mit Höhen und Tiefen zurecht zu kommen, laute Geräusche und Helligkeitsunterschiede einzuordnen, sich unter fremden Menschen und neuartigen Situationen zu bewegen, ohne dabei Gefahr laufen zu müssen, daß etwas Existenzbedrohendes geschieht. Die biologisch angelegten Reaktionen sind sozusagen durch Lernprozesse im Rahmen der Erziehung und des Hinweinwachsens des Kindes in seine Umwelt abgelöst worden und für die weitere Entwicklung nicht mehr notwendig. Sie haben ihre Funktion erfüllt und können deshalb aufgegeben werden.

Neben der Angst gibt es weitere Gefühle, wie z.B. Interesse, Freude, Ärger, Überraschung, Widerwillen und Schuldgefühle, die angeboren sind, um dem Individuum die Möglichkeit zu geben, sich angemessen im Sinne eines Überlebens mit seiner Umwelt auseinanderzusetzen. Bereits Babys können deshalb Gefühle erleben und dies der Umwelt, meist den Eltern, auch auf ihre Art mitteilen, noch bevor sie gelernt haben zu sprechen. Diese frühen Gefühle sind echt, d.h. Babys und Kleinkinder drücken ihre Gefühle so aus, wie sie diese erleben. Bei Zufriedenheit lächeln sie oder zeigen einen entspannten Gesichtsausdruck. Bei Frustration, Ärger oder Angst sind sie angespannt, schreien oder weinen. Erst im Laufe der Zeit lernen sie, ihre Gefühle zu unterdrücken oder zu verbergen, so wie es viele Erwachsene tun, die dies ebenfalls im Laufe ihrer Sozialisation gelernt haben. Dieser Lernprozeß findet u.a. durch Austausch des Minenspiels mit der Mutter oder einer anderen wichtigen Bezugsperson des Kindes statt. Es lernt dadurch, welche Gefühle sozial akzeptabel und erwünscht sind und welche nicht. Darüber hinaus wirkt das elterliche Verhalten in Bezug auf den Ausdruck von Gefühlen als Modell, das von den Kindern nachgeahmt und imitiert wird.

Die Bedeutung des mütterlichen Bindungsverhaltens

Wesentliche Voraussetzung für eine zufriedenstellende Entwicklung des Kindes ist seine Bindung an die Mutter oder eine andere Bezugsperson. Da in unserer Kultur die vorrangige Bezugsperson des Kindes die Mutter ist, andere Personen, wie z.B. der Vater, eine Oma, Tante oder weitere Bezugsperson, jedoch ebenfalls in der Lage sind, durch ihr Erziehungsverhalten prägend auf das Kind zu wirken, werde ich nachfolgend nur noch von Mutter reden. Gemeint sind damit auch andere erziehende Personen oder primäre Bezugspartner des Kindes.

Eine enge Bindung des Neugeborenen an die Mutter gewährleistet Schutz und Versorgung des Kindes und gibt ihm Gelegenheit, die für sein Überleben notwendigen Regeln der jeweiligen Gesellschaft zu lernen. Normal haben Mütter die Bereitschaft dazu, diese notwendige Aufgabe zu übernehmen. Andererseits muß das Neugeborene jedoch auch über Verhaltensweisen verfügen, die dieses Schutz- und Versorgungsverhalten der Mutter auslösen. Diese Verhaltensweisen werden in der Psychologie als »Bindungsverhaltensweisen« bezeichnet und sind biologisch verankert, d.h. jedes Baby kommt zunächst mit dieser Fähigkeit auf die Welt.

Die wichtigste Bindungsverhaltensweise ist das Weinen. Mit diesem Verhalten macht das Kind auf sehr deutliche Art und Weise auf sich aufmerksam und signalisiert gleichzeitig, daß es des Schutzes und der Versorgung der Mutter bedarf. Einfühlsame Mütter reagieren daher auch unmittelbar auf einen derartigen Auslösereiz, indem sie sich dem Kind zuwenden. Weitere Signale sind das Rufen, Anklammern oder Nachfolgen der Mutter. Auch das Fremdeln, das im Alter von ca. 6 Monaten auftritt, ist eine Bindungsverhaltensweise. Das Kleinkind protestiert sozusagen dagegen, daß die Mutter den Raum verlassen und sich von ihm entfernt hat. Diese Verhaltensweisen werden immer dann vom Kind spontan geäußert, wenn es die Zuwendung, den Schutz oder die Versorgung des Elternteils braucht.

Die kindliche Entwicklung entfaltet sich deshalb aus einem geschützten Rahmen heraus. Mit zunehmender Sicherheit wagt das Kind mehr und mehr, sich mit seiner Umwelt auseinander zu setzen und seine Neugierde zu befriedigen. Dabei prasseln sehr viele Reize auf das Kind ein, die es zu verarbeiten gilt. Die Erkundung der Umwelt ist sehr anstrengend und kräftezehrend. Daher ist es für das Kind sehr wichtig, einen Sicherheitsbereich zu haben, der ihm die Möglichkeit gibt, energetisch wieder aufzutanken und sich auszuruhen; eine Möglichkeit zum Rückzug und zur Erholung quasi, um danach wieder in Kontakt zur Umwelt treten zu können. Die emotionale Entwicklung des Kleinkindes kann daher als Balance verstanden werden zwischen Bindungssicherheit und Neugierverhalten.

Nun ist es jedoch so, daß nicht jede Mutter gleich reagiert, wenn das Kind ein Signal sendet. So gehen manche Mütter unmittelbar auf das Kind zu, wenn es z.B. weint, und signalisieren somit: »Ich bin für dich da! Du bist mir wichtig!« Andere Mütter reagieren so, daß sie dem Kind vermitteln: »Du bist alt genug und mußt jetzt lernen, auch allein mit dieser Situation zurecht zu kommen!« Es besteht bei einer derartigen Reaktion die Gefahr, daß das Kind überfordert ist und keine ausreichende Sicherheit erfährt. Früh erworbene Sicherheit ist die Grundlage für spätere Selbstsicherheit und zukünftiges Selbstvertrauen. Die Voraussetzungen dazu werden bereits in diesen frühen Entwicklungsstadien gelegt.

Reagiert eine Mutter oft abweisend auf das Verhalten des Kindes oder ist sie ärgerlich und ablehnend- distanziert, so entwickelt sich beim Kind Angst. Es traut sich auf Dauer nicht mehr, die Bindungsverhaltensweisen zu zeigen, d.h. es hat

Angst davor, von der Mutter allein gelassen zu werden. Das Kind sagt sich: »Wenn ich mich jetzt wieder melde, wird meine Mutter ärgerlich und läßt mich allein. Da ich dies nicht will, gehe ich kein Risiko ein und melde mich nicht!« In dieser Phase negiert das Kind seine eigentlichen Gefühle. Diese werden unterdrückt und der Umwelt gegenüber verborgen. Obwohl das Kind noch nicht über die sprachlichen Muster verfügt, ist es doch in der Lage, eine diesbezügliche Situation zu erleben und darauf zu reagieren. In Konsequenz nimmt das Selbstvertrauen ab, da das Kind keine ausreichende Sicherheit und Unterstützung durch die Mutter erfährt. Es gilt als unsicher gebunden, im Gegensatz zu sicher gebundenen Kindern, die eine ausreichende Sicherheit durch das mütterliche Verhalten erfahren haben.

Die Reaktion des Kindes, nicht auf sich aufmerksam zu machen, um die Mutter nicht zu vergraulen, kann bereits als neurotische Reaktion aufgefaßt werden. Neurotische Reaktionen sind solche Reaktionen, die mit starker Angst einhergehen und nicht im Sinne einer angemessenen Umsetzung eines eigenen Wunsches oder Bedürfnisses zu verstehen sind. Sie stellen so etwas wie eine Krücke dar, um das Überleben zu gewähren. Obwohl das Kind eigentlich ein Bedürfnis nach Schutz und Geborgenheit hat, darf es dies nicht einfordern, da es sonst Gefahr laufen würde, gänzlich allein gelassen zu werden und dadurch nicht überlebensfähig zu sein. Um diese schlimmste aller Konsequenzen zu vermeiden, verhält sich das Kind ruhig und nimmt dabei lieber in Kauf, Ängste und Insuffizienzgefühle zu erleben und diese sich entwickeln zu lassen. Diese früh gelernten Muster, die natürlich nicht bewußt erlebt werden, sondern sich mehr oder minder automatisch entfalten, wirken noch beim Erwachsenen und bilden die Grundlage für vielerlei psychische Störungen und emotionale Probleme. Wir werden an späterer Stelle noch ausführlich darauf eingehen.

Lassen Sie mich, bevor ich die wesentlichen Aspekte des bisher Gesagten noch einmal zusammenfassen werde, auf eine wissenschaftliche Langzeituntersuchung zu sprechen kommen, die sich mit der Frage beschäftigt, ob es Unterschiede in Bezug auf das Verhalten und die Wahrnehmung zwischen sicher gebundenen vs. unsicher gebundenen Kindern gibt. Die wesentlichen Ergebnisse dieser Studie sind, daß sicher gebundene Kinder ein höheres Ausmaß an Konzentrationsfähigkeit aufweisen als unsicher gebundene Kinder. Das Ausmaß der Konflikte ist in beiden Gruppen gleich, während es Unterschiede in der Qualität der Konflikte gibt. Während die sicher gebundenen Kinder in der Regel Konflikte haben im Sinne von Durchsetzung und sie den Konflikt dann beilegen, wenn sie sich behauptet haben, gibt es bei den unsicher gebundenen Kindern meist deshalb Konflikte, weil sie etwas haben wollen. Sie legen im Gegensatz zu den sicher gebundenen Kindern auch wesentlich seltener von selbst einen Streit bei, sondern beschweren sich eher bei anderen oder ziehen sich frustriert zurück. Diese Reaktionen, so erklären es die Untersucher, sind nicht auf die andere Person an sich gerichtet, sondern lassen sich dadurch erklären, daß die unsicher gebundenen Kinder nicht in der Lage sind, die aufkommenden Gefühlsreaktionen zu ordnen und sinnvolle Strategien zur Bewältigung der Situation zu entwickeln. Als Folge davon, daß ziellose und ungeordnete Gefühle auftreten, zeigen sich Aufmerksamkeits- und Konzentrationsprobleme. Während Sicherheit die Konzentration fördert, führt Unsicherheit zu einer Abnahme der Aufmerksamkeitsspanne und Konzentrationsfähigkeit. Zudem sind unsicher gebundene Kinder unter Streßbedingungen und Belastung weniger in der Lage, ihre Fähigkeiten auszuschöpfen, als dies sicher gebundene Kinder können.

Zusammenfassend lassen Sie uns folgende wesentliche Aspekte festhalten:

- Mit zunehmender Entwicklung des Kindes treten biologische Mechanismen in den Hintergrund und werden durch psychologische Momente abgelöst. Beides dient dem gleichen Zweck, nämlich der Sicherung des Überlebens des Individuums.

- Wichtig für die emotionale Entwicklung des Menschen ist seine Bindungssicherheit an eine Bezugsperson. Sicher gebundene Kinder entwickeln weniger neurotische Tendenzen und erleben ein höheres Ausmaß an Selbstwertgefühl und Selbstvertrauen, als dies bei unsicher gebundenen Kindern geschieht.

- Die Grundeinstellungen, die wir als Erwachsene zu unserem Selbst haben, d.h. der Grad der Selbstachtung und des Selbstvertrauens, entwickeln sich bereits in der Kindheit. Diese frühen Erfahrungen und gelernten Muster werden auf spätere Beziehungen übertragen.

Der Einfluß des Erziehungsverhaltens

Wie Sie, liebe Leserinnen und Leser, gerade aus dem vorangegangenem Kapitel erfahren haben, entfalten sich unsere Gefühle und unser Selbstvertrauen bereits schon in einer Phase der Entwicklung, in der wir Menschen noch über keine sprachlichen Fähigkeiten verfügen. Die Art, wie ein kleines Kind auf den Arm genommen wird, es angesprochen, berührt und liebkost wird, all diese mütterlichen Verhaltensweisen werden vom Kind wahrgenommen und auf seine ihm mögliche Art und Weise erfaßt und interpretiert. In einer späteren Entwicklungsphase wird das Kind dann fähig sein, diese Erfahrungen in sprachliche Muster umzusetzen.

Ein Neugeborenes ist noch nicht in der Lage, zwischen sich und seiner Umgebung zu unterscheiden. Es ist sich seiner eigenen Grenzen nicht bewußt, sondern die Mutter wird vielmehr als Erweiterung des eigenen Selbst gesehen. Das Kind erlebt sich als allmächtig, denn es kennt nur seine Bedürfnisse und nicht die von anderen. Bald wird es jedoch die schmerzliche Erfahrung machen, daß es nicht unabhängig von anderen ist, vielmehr in Abhängigkeit von anderen lebt. Diese Erkenntnis bewirkt ein Gefühl von Angst, Schreck und Wertlosigkeit, denn die eigene Bedürfnisbefriedigung und Sicherheit ist abhängig davon, ob andere dazu bereit sind, dies zu geben oder nicht. Auf die Bedeutung der Bindung zwischen Mutter und Kind habe ich Sie bereits aufmerksam gemacht.

Als soziales Wesen werden wir Menschen stark von der Haltung und Meinung anderer uns gegenüber geprägt. Wie andere uns sehen und wie andere mit uns umgehen, beeinflußt die Entwicklung unseres Selbstverständnisses. Darüber hinaus sind wir Menschen jedoch auch Individuen und Einzelwesen, die lernen müssen, eine eigene Identität in Abgrenzung zu anderen aufzubauen. Wesentlichen Einfluß auf die Entwicklung unseres Selbstverständnisses haben die frühen Beziehungs- und Erziehungspersonen, in der Regel die Eltern. Sie ziehen die Grenzen, innerhalb derer wir uns erproben können, und bieten uns die Anreize zur Bestimmung unseres Selbst. Wir erhalten von unseren Eltern Botschaften und Informationen, die uns dabei helfen, ein eigenes Bild von uns zu entwickeln. Diese Mitteilungen sind von Erziehungsperson zu Erziehungsperson unterschiedlich und leider nicht nur förderlich für die Entfaltung unseres Selbstvertrauens, sondern vielmehr oftmals einschränkend. Ich stelle Ihnen nachfolgend einige nicht förderliche Erziehungsmaßnahmen vor, die von Eltern unserer westlichen Welt typischerweise häufig angewandt werden und die unser Selbstwertgefühl unterminieren:

Bedingte elterliche Liebe
Die Liebe der Eltern kann abhängig sein von bestimmten Bedingungen. Das Kind lernt, daß es nicht bedingungslos geliebt wird, sondern daß es sich in einer bestimmten, den Eltern genehmen, Art und Weise verhalten muß, um deren Zuneigung zu bekommen. In der Psychologie spricht man von der »bedingten Liebe«, d.h. der elterlichen Liebe, die an bestimmte Bedingungen geknüpft ist. So kann das Kind lernen, daß es ein guter Mensch ist und die Zuneigung der Eltern erhält, wenn es das tut, was von ihm verlangt wird, wie z.B. nicht laut im Hause zu rufen, aufzupassen, daß die Kleidung nicht schmutzig wird, niemals einem Erwachsenen zu widersprechen und immer gute Schulnoten nach Hause zu bringen. Bei Nichterfüllung dieser Bedingung, tritt ein Liebesverlust ein oder das Kind erhält erst gar keine Zuwendung. Es lernt, daß es ein schlechter Mensch ist, und fühlt sich wertlos.

Mangelnde elterliche Überzeugung in die kindliche Kompetenz
Kompetenzen zu haben heißt, über Fähigkeiten zu verfügen, um erfolgreich auf die Umwelt Einfluß nehmen zu können. Doch jede potentielle Kompetenz nutzt wenig, wenn man nicht von der eigenen Kompetenz überzeugt ist. Selbstsichere Kinder haben das Vertrauen und die Zuversicht in die eigene Kompetenz, die Umwelt beeinflussen zu können. Eine Kompetenzüberzeugung ist jedoch im wesentlichen davon abhängig, wie Eltern selbst von der Kompetenz ihres Kindes überzeugt sind. Glauben sie nicht daran, daß ihr Kind die Umwelt ändern oder eine Aufgabe bewältigen kann, so entwickelt sich auch beim Kind eine unzureichende Überzeugung kompetent und in der Lage zu sein, Einfluß auf die Geschehnisse in der Welt nehmen zu können.

Eltern bewerten das Ergebnis höher als den Lernprozeß

Auch Eltern leiden aufgrund der eigenen Lebensgeschichte und eigener Lernerfahrungen unter Selbstzweifeln und Minderwertigkeitsgefühlen. Sie versuchen diese oftmals dadurch zu kompensieren, indem sie hohe Ansprüche an sich und – bedauerlicherweise – auch an ihr Umfeld, sprich ihre Kinder, stellen. »Hast du gewonnen oder verloren?«, »Ist die Note gut oder schlecht?«, »Kannst du das Lied fehlerfrei spielen oder nicht?« – all diese Alles- oder Nichts- Sätze sind ergebnisorientiert und vermitteln dem Kind, nur dann etwas wert zu sein, wenn es das Ergebnis bringen kann. Gelingt es ihm nicht, ist es wertlos und entwickelt kein Selbstvertrauen. Eine Orientierung an den Lernprozeß selbst würde jedoch Informationen über den tatsächlich vorhandenen Leistungsstand und die gegebene Fähigkeit bringen, so daß ein angemessener Umgang damit möglich wäre und der eigene Selbstwert sich an die Realität anpassen könnte.

Eltern geben Kindern keine angemessene Rückmeldung bzgl. ihres Verhaltens

Damit sich Kinder ihrer Stärken und Schwächen bewußt werden können, um dadurch die Möglichkeit zu haben, einen realistischen Bezug zu sich und ihrer Umwelt zu entwickeln, bedürfen sie der Rückmeldungen ihres Verhaltens durch die Eltern. Daher wäre es sinnvoll, Kinder bei Bemühungen und Erfolgen zu loben und zu verstärken. Gute Leistungen sollten nicht als selbstverständlich vorausgesetzt werden. Andererseits ist es auch wichtig, daß mangelnde Fähigkeiten und Defizite auch als solche erkannt werden, damit Kompensationsmöglichkeiten eingeleitet werden können, um zu erfahren, inwieweit diese Defizite behebbar sind oder als gegeben akzeptiert werden müssen.

Mangelnde Vermittlung von eigener Einflußnahme

Manche Eltern tendieren dazu, ihren Kindern zu vermitteln,

daß ihre Erfolge eher zufällig zustande kommen, während sie für einen Mißerfolg selbst zuständig sind. Kinder lernen dadurch nicht, Zuversicht in das eigene Handeln aufzubauen und Selbstvertrauen zu entwickeln. Sie erhalten die Botschaft, keinen Einfluß auf das Geschehen nehmen zu können. So wurde beispielsweise in kulturvergleichenden Studien festgestellt, daß sich in Japan ein Kind noch so anstrengen kann, das Lob und die Anerkennung gebühren immer den Eltern. Für Mißerfolge allerdings ist das Kind selbst verantwortlich. Sie merken es selbst, bei einem derartigen Erziehungsverhalten kann sich nur ein instabiles Selbstwertgefühl aufbauen.

Unzureichende Unterscheidung zwischen Verhalten und Person

Da Eltern selbst vorbelastet sind und Verzerrungen im eigenen Denken unterliegen, geben sie natürlich auch ihre Art des Denkens an die Kinder weiter. Ein häufiger Denkfehler besteht darin, daß sie nur unzureichend zwischen dem Verhalten einer Person und der Person an sich unterscheiden. Statt: »Du hast dir deine Schuhe im Flur nicht abgetreten!« heißt es »Du bist ein unordentlicher Mensch!«. Statt: »Dein Schulnachbar hat in der letzten Rechenarbeit eine gute Note geschrieben!« heißt es »Dein Schulnachbar ist ein intelligenter Junge!« Oder statt: »Ein Mann wurde beim Ladendiebstahl erwischt!« heißt es »Das ist ein schlechter Mensch!« Diese Verallgemeinerungen einzelner Verhaltensweisen auf die ganze Person führen zu einer unangemessenen Bewertung. Vor allem dann, wenn Eltern unerwünschte Verhaltensweisen zusätzlich generalisieren, wie z.B. »Du bist dumm, unfähig und nicht belastbar!«, entwickeln sich beim Kind mangelndes Selbstvertrauen und Minderwertigkeitsgefühle.

Ich möchte an dieser Stelle noch einmal betonen, daß es nicht darum geht, unsere Eltern zu verdammen oder ihnen Vorsätzlichkeit oder Schuld für ihr Erziehungsverhalten uns gegenüber zuzuweisen. Die Eltern haben sicherlich nach besten Vorsätzen gehandelt und nur das angewendet, was sie selbst im Rahmen ihrer eigenen Erziehung erfahren haben. Sie sind deshalb selbst Opfer ihrer Sozialisation, uns gegenüber jedoch gleichzeitig auch zum Täter geworden, allerdings zum Täter ohne Vorsatz. Daher sollten wir ihnen verzeihen und sie nicht mit Vorwürfen traktieren. Vielmehr sollten wir für uns die Verantwortung übernehmen und das Beste aus dem machen, was wir mitbekommen haben. Denn Veränderung ist möglich. Wir sind nicht mit einem bestimmten Selbstwert auf die Welt gekommen, sondern haben gelernt, eine bestimmte Meinung über uns zu entwickeln und diese in einer bestimmten Art und Weise zu bewerten. Umgekehrt können wir lernen, diese Meinung zu hinterfragen und ein angemessenes Selbstvertrauen aufzubauen. Dieser Weg ist zwar nicht ganz einfach, aber möglich. Daher lassen wir jetzt unsere Eltern in Ruhe und beschäftigen uns im II. Teil des Buches mit unseren Veränderungsmöglichkeiten.

Da viele von Ihnen auch Eltern sind und sicherlich vermeiden wollen, die Fehler Ihrer Eltern an Ihre Kinder weiterzugeben, habe ich im Anhang noch einige Erziehungsmaßnahmen zusammengefaßt, die für die Entwicklung des Selbstvertrauens förderlich sind. Wenn Ihnen dieser Aspekt momentan sehr wichtig ist, schauen Sie doch zunächst im Anhang I nach und lesen dann später hier weiter.

Unterschiede im Selbstvertrauen zwischen Mädchen und Jungen

Bereits der eingangs erwähnte Individualpsychologe Alfred Adler, der »Erfinder« des Minderwertigkeitskomplexes, wies darauf hin, daß Mädchen ein kulturelles Vorurteil übernehmen.

Das Vorurteil besagt, daß Mädchen schwach und den Jungen gegenüber unterlegen sind. Adler beobachtete um die Jahrhundertwende, während er seine Theorie entwickelte, das Leben in Wien, wo er lebte, und bemerkte, daß Mädchen und Jungen gesellschaftlich anders bewertet werden. Noch heute, wir leben immerhin 100 Jahre später, hat diese Aussage trotz Emanzipation und Frauenbewegung in seiner Qualität noch Bestand.

So konnte in verschiedenen Untersuchungen nachgewiesen werden, daß Eltern – ich muß leider noch einmal auf sie zurückkommen – dazu tendieren, ihren Söhnen schulisches Talent und damit Intelligenz und Fähigkeit zuzusprechen, während sie bei Mädchen deren gute Schulnoten auf Fleiß zurückführen. Jungen wird demzufolge mitgeteilt, daß sie über ausreichende intellektuelle Fähigkeiten verfügen im Sinne eines festen, inneren Faktors, während Mädchen die Mitteilung bekommen, daß ihr Erfolg durch Anstrengung bedingt ist, die ein instabiler Faktor ist. Derartige elterliche Einschätzungen führen bei Jungen zu einer Selbstwerterhöhung, während das Selbstvertrauen der Mädchen erschüttert wird. Diese glauben nicht an ihre Fähigkeiten, was langfristig zu schlechteren Leistungen führt. Die Aussagen der Eltern sind übrigens unabhängig davon, ob es sich um die Mutter oder den Vater handelt. Die Einschätzungen beider Elternteile sind gleichwertig.

In weiteren Studien wurde aufgezeigt, daß die Aufmerksamkeitszuwendung der Eltern ihren Söhnen gegenüber schon von früh an intensiver ist, als ihren Töchtern gegenüber. Eltern gehen mehr auf Söhne ein, beantworten ihre Fragen ausführlicher und stellen ihnen im Gegensatz zu Töchtern mehr Förderungsmöglichkeiten zur Verfügung.

Fortgesetzt wird dieses unterschiedliche Erziehungsverhalten von Mädchen und Jungen dann in der Schule. Lehrer geben auch hier Jungen mehr Aufmerksamkeit als Mädchen und beantworten ihre Fragen präziser und ausführlicher. Das Lehrerverhalten ist wie bei den Eltern unabhängig vom Geschlecht der Lehrperson, d.h. auch Lehrerinnen verhalten sich Mädchen und Jungen gegenüber so, wie in der beschriebenen Art und Weise. Eltern als auch Lehrern sind ihre Verhaltensweisen nicht bewußt.

In Bezug auf die Selbstwertentwicklung erleben sich Mädchen daher als geringer im Gegensatz zu Jungen. Sie entwickeln verstärkt die Überzeugung, keinen Einfluß auf den Lauf der Dinge nehmen zu können. Das mangelnde Selbstvertrauen von Mädchen der eigenen schulischen Leistungsfähigkeit gegenüber überträgt sich dann später auch auf andere Bereiche des Lebens.

Während emotionale Störungen (Ängste, depressive Reaktionen) bei Mädchen und Jungen von Geburt an bis zur Pubertät gleich verteilt sind, verschiebt sich ab der Pubertät das Ausmaß der emotionalen Störungen zugunsten der Mädchen. Diese Veränderung setzt eindeutig ab dem 15./ 16. Lebensjahr ein und bleibt auch im Erwachsenenalter stabil. Mädchen erleben sich, wenn sie in die Pubertät kommen, minderwertiger als Jungen und bemerken, daß sie minderbewertet werden. Sie sind abhängiger von der Bewertung anderer und sind bemüht, deren Erwartungen zu entsprechen. So wurde beispielsweise festgestellt, daß Mädchen bereits im Alter von 12 Jahren gefährdeter sind, an depressiven Verstimmungen zu erkranken, als dies Jungen sind. Die Hauptursache wird darin gesehen, daß Mädchen sich bereits in diesem Alter sehr auf ihr Äußeres konzentrieren und häufig zu dem Ergebnis kommen, den von außen gestellten Erwartungen nicht zu entsprechen. Sie haben häufig den inneren Konflikt, daß, wenn sie sich einerseits zu ihren Wünschen und Vorstellungen bekennen, sie andererseits nicht den Erwartungen der Umwelt entsprechen und negativ beurteilt werden. Mädchen gehen häufig dieser Auseinandersetzung aus dem Weg, indem sie ihre Gefühle und Vorstellungen verleugnen, und können dadurch schwerer eine eigene Identität aufbauen. Vielmehr erleben sie sich als wertlos.

Weitere Faktoren, die die Entwicklung des Selbstvertrauens beeinflussen

Neben unseren Eltern und Lehrern gibt es noch weitere sog. Einflußgrößen, die in Bezug zu unserer Selbstwertentwicklung stehen. Es sind hierbei in erster Linie die Menschen und Personen, wie z.B. Geistliche, Trainer, Betreuer oder Lehrpersonen, mit denen wir neben der Schule zu tun haben, die einen erzieherischen Einfluß auf unsere Entwicklung haben. Sie können unsere Selbstwertentwicklung fördern, ihr aber auch schaden. Auch diese Personen geben uns Botschaften mit, die in Bezug zu unserer Selbstwertentwicklung stehen.

Denken Sie beispielsweise nur einmal einen Augenblick über den folgenden Satz nach: »Nur Gott weiß, was richtig oder falsch ist!« Auf dem ersten Blick würde man sagen, daß diese Aussage doch selbstverständlich ist, da viele Geistliche dazu neigen, derartige Aussagen zu treffen. Bei genauerer Betrachtung wird jedoch recht bald deutlich, daß wir als Menschen im Grunde nicht gefragt werden, welche Meinung und Einstellung wir zu bestimmten Dingen entwickelt haben, sondern, daß uns Gott eine derartige Vorgabe machen muß, da er ja weiß, was richtig und was falsch ist. Da wir Menschen per se mit der Erbsünde behaftet und damit schlecht sind, brauchen wir eine Instanz, die uns den rechten Weg weist. Diese Instanz ist Gott oder stellvertretend der geistliche Würdenträger. Wir Menschen lernen jedoch dadurch nicht, eigene Werte zu entwickeln (Lernprozeß), sondern werden in ein vorgegebenes System gepreßt (Ergebnis). Kombiniert mit Schuldgefühlen (»Wenn ich nicht so denke und mich nicht so verhalte, wie Gott es will, dann bin ich ein schlechter Mensch!«), unterminiert ein derartiges erzieherisches Verhalten unseren Selbstwert und behindert die Entwicklung eigenen Selbstvertrauens.

Aber nicht nur die Kirche als in unserer Gesellschaft relevante Einflußgröße möchte Einfluß auf unser Denken und unseren Selbstwert nehmen. Gerade in den letzten Jahren, da der Einfluß der Kirche immer weniger wird, sind es Sekten und andere sog. religiöse Vereinigungen, die versuchen, uns mit ihren Thesen und Indoktrinationen für ihre Interessen weich zu klopfen. Vor allem Menschen mit nur geringer eigener Selbstachtung sind bevorzugt ihre Opfer. Wenn das Selbstvertrauen noch vorhanden ist, wird versucht, dieses auszuhöhlen und durch Wertigkeiten der entsprechenden Gruppierung zu ersetzen. Der Mensch verliert dadurch sein eigenes Selbst und wird im Grunde zu einem hilflosen Spielball von fremden Interessen.

Auch die Politik und die in unserer Gesellschaft relevanten Interessengemeinschaften aus der Wirtschaft und der Medienwelt investieren sehr viel, um unser Selbst so zu formen, daß wir für sie handlich sind. Denken Sie z.B. nur an den Einfluß der Werbung, die uns Verbraucher ständig suggeriert, daß wir im Grunde so, wie wir sind, nicht gut genug und ausreichend sind. Erst dann, wenn wir das Produkt XY nehmen, sind wir o.k. Derartige Botschaften pflanzen sich in das Bewußtsein vieler Menschen ein, und diese merken gar nicht, daß ihr Selbstwert im Grunde immer mehr abnimmt und ihr eigenes Selbst mehr und mehr durch ein bestimmtes Ideal ersetzt wird, nämlich das Ideal, das uns die Werbung als unser eigenes suggeriert. Sie haben dann dieses Ideal verinnerlicht und erleben sich als minderwertig, da sie zunächst diesem Ideal so nicht entsprechen. Erst durch den Konsum entsprechender Produkte gelingt es ihnen, diesem Ideal näher zu kommen und damit ihr Minderwertigkeitsgefühl zu kompensieren.

All diese genannten Einflußgrößen, wenn ich einmal bei diesem Begriff bleiben darf, seien es die Eltern, die Lehrer oder Priester, Trainer oder Musiklehrer, sei es die Politik, Werbung oder sonstige Interessengemeinschaften, hinterlassen in unserem Denken ihre Spuren. Wir nehmen ihre Indoktrinationen auf, aber ohne deren Richtigkeit zu überprüfen. Als Kind sind für uns Erwachsene allwissend. All das, was sie uns sagen, glauben wir. Es ist oftmals erschreckend festzustellen, und als praktizierender Psychotherapeut habe ich täglich mit Einstellungen und Denkmustern von Menschen zu tun, an was Erwachsene alles noch glauben, was man ihnen in der Kindheit irgendwann einmal suggeriert und beigebracht hat. Diese Denkmuster laufen jedoch automatisch ab. Wir Menschen sind uns oftmals gar nicht unseres Denkens bewußt. Solange uns keine Bewußtheit vorliegt, sind wir auch nicht in der Lage, unser Denken zu hinterfragen und verändern zu können. Wir leben weiter in einem bestimmten Automatismus, als gut geölte und gewartete Maschine, die viel für andere tut und für andere zur Verfügung steht, aber oftmals gar nicht weiß, was sie selber will.

Lassen Sie uns das Wichtigste dieses Kapitels noch einmal zusammenfassen:

- Wesentlichen Einfluß auf die Selbstwertentwicklung hat die Erziehung durch Eltern und Lehrer. Neben förderlichem Erziehungsverhalten, gibt es jedoch auch Erziehungsmaßnahmen, die zu mangelndem Selbstvertrauen führen.

- Hinsichtlich der Entwicklung des Selbstvertrauens zwischen Mädchen und Jungen gibt es Unterschiede in dem Sinne, daß Mädchen ein geringeres Selbstvertrauen entwickeln als Jungen. Diese Unterschiede sind erziehungs- und gesellschaftlich bedingt.

- Andere Faktoren, wie Politik, Medien, Kirche und Werbung, beeinflussen ebenfalls die Selbstwertentwicklung.

Der Wert des Menschen

Unser Selbstverständnis und der Wert, den wir uns als Menschen zusprechen, entsteht in der Kindheit. Aber das Verständnis, das wir von uns selbst haben, ändert sich ein Leben lang, so daß auch der Grad der Selbstachtung mitunter Schwankungen unterworfen ist. Während sich in der Kindheit die Entwicklung vornehmlich als Balance zwischen Sicherheit und Neugierverhalten vollzieht und damit einen Einfluß auf unser Selbstvertrauen hat, sind in späteren Jahren andere Faktoren vorrangig, die unser Selbstverständnis prägen und beeinflussen. Als Mensch sind wir einerseits Individuum, andererseits aber auch soziales Wesen. Wir fühlen uns mit anderen Menschen verbunden und umgekehrt fühlen sich andere zu uns hingezogen. Für unser Selbstverständnis und unsere Selbstachtung ist es dabei wichtig zu unterscheiden, wo wir mit anderen übereinstimmen und kongruent sind, aber auch vor allem, wo wir anders sind und Unterschiede zwischen uns und den anderen bestehen. Eine Unterordnung und Abhängigkeit von anderen untergräbt unser Selbstwertgefühl. Es ist daher wichtig, um eine realistische Einstellung zu unserem Selbst zu finden, die Umwelt auch realistisch wahrzunehmen und einzuschätzen. Wie wir das machen können, werde ich Ihnen an anderer Stelle ausführlich zeigen.

Unter mangelnder Selbstachtung leiden viele Menschen. Ein Zuwenig an Eigenliebe ist eines der Hauptursachen für die Entwicklung von emotionalen Problemen, was sich häufig als Dissonanz und Schwierigkeit im sozialen Bereich ausdrückt. Eine negative Selbstbewertung kann zu Ängsten, Depressionen und Unsicherheiten führen, zu Panik, permanenter Unruhe und mitunter auch zu Zwangshandlungen. Selbsthaß, Scham und Schuldgefühle können ebenso auftreten wie Apathie, Lähmung oder Selbstaggression.

Jeder von uns hat ein bestimmtes Selbstkonzept von sich, eine Idee davon, wie er sich sieht und einordnet, von seinen Stärken und Schwächen, Dingen, die er kann oder auch nicht kann. Dieses Selbstkonzept an sich ist wertneutral. Erst durch eine Bewertung unseres Selbst entsteht das, was wir als Selbstwertgefühl bezeichnen. Unser Selbstwertgefühl ist also eine Folge der Einstellung und der Bewertung unseres Selbst. Dieser Zusammenhang kann wie folgt dargestellt werden:

Selbstkonzept → Bewertung des Selbstkonzepts → Selbstwertgefühl

Ein negatives Selbstwertgefühl beispielsweise ist also nicht automatisch eine Folge unseres Selbstkonzeptes. Erst durch die Bewertung dieses Selbstkonzeptes als »negativ oder schlimm« entsteht ein negatives Selbstwertgefühl.

Beispiel:

Ich kann in Gesellschaft schlecht reden. →	»Es ist schlimm, daß ich das nicht kann. Ich müßte es in meinem Alter können.«	→ Minderwertigkeitsgefühl
(Selbstkonzept)	(Bewertung des Selbstkonzepts)	(Selbstwertgefühl)

oder

Frau Meier mag mich nicht. →	»Es ist katastrophal, daß sie mich nicht mag, denn das beweist, daß ich ein uninteressanter Mensch bin!«	→ Minderwertigkeitsgefühl
(Selbstkonzept)	(Bewertung des Selbstkonzeptes)	(Selbstwertgefühl)

oder

Ich kann nicht Auto fahren. →	Das ist nicht schlimm, denn mein Mann besitzt einen Führerschein, und es gibt ausreichend öffentliche Verkehrsmittel.«	→ positives Selbstwertgefühl
(Selbstkonzept)	(Bewertung des Selbstkonzeptes)	(Selbstwertgefühl)

Wie Sie sehen, müssen Defizite im Verhalten oder innerhalb der eigenen Person nicht notwendigerweise zu einem negativen Selbstwertgefühl führen, wie im letzten Beispiel verdeutlicht. Vielmehr führt erst die Bewertung eines Aspektes des Selbstkonzeptes zu dem entsprechenden Gefühl. Umgekehrt kann auch ein positiver Aspekt bei entsprechender Bewertung zu einem negativen Selbstwertgefühl führen:

Ich habe mein Examen mit einer guten Note abgeschlossen. →	»Aber zwei andere Kandidaten haben besser abgeschnitten als ich. Ich hätte mehr bringen müssen.«	→ Minderwertigkeitsgefühl
(Selbstkonzept)	(Bewertung des Selbstkonzepts)	(Selbstwertgefühl)

Die Art und Weise, wie wir unser Selbstkonzept bewerten und damit unser Selbstwertgefühl bestimmen, ist gelernt. Der Lernprozeß, der zu unseren Bewertungsmaßstäben geführt hat, liegt vornehmlich in den Erfahrungen begründet, die wir in unserer Kindheit gemacht haben. Wir haben gelernt, Dinge in einer bestimmten Art und Weise zu sehen und zu bewerten. Wir haben gelernt, eine bestimmte Meinung über uns und unser Verhalten zu entwickeln. Wie diese Prozesse ablaufen, konnten Sie im vorherigen Kapitel erfahren.

Unser Selbstwertgefühl ist daher keine unabänderliche Tatsache. Vielmehr können wir das, was wir einmal gelernt haben, auch wieder verändern. Genauso wie Sie nicht täglich den gleichen Weg zur Arbeit oder zu Ihrer Bekannten wählen müssen, müssen Sie nicht in der gleichen Weise über sich denken. Lernprozesse sind Gott sei Dank modifizierbar.

In den nächsten Kapiteln möchte ich noch auf zwei wesentliche Momente zu sprechen kommen, die uns Menschen an der Selbstfindung hindern und damit wesentlichen Einfluß auf unseren Selbstwert haben: der Perfektionismus und die Abhängigkeit von der Anerkennung durch andere. Danach werden wir uns mit dem Aspekt der Selbstüberschätzung beschäftigen.

Zusammenfassung:

- Das Selbstwertgefühl eines Menschen entsteht nicht automatisch durch vorhandene Aspekte und Verhaltensweisen der Person an sich, sondern aufgrund von Bewertungen dieser Aspekte und Verhaltensweisen.

- Beeinträchtigend auf die Selbstwertentwicklung sind Perfektionismus und die Abhängigkeit von der Anerkennung durch andere.

Perfektionismus

Drei Fallbeispiele

Wolfgang P. ist als Diplom – Ingenieur in einem Industrieunternehmen tätig. Er hat dort nach zwischenzeitlich über 20jähriger Firmenzugehörigkeit eine verantwortungsvolle Position inne: er ist für die Entwicklung, den Vertrieb und die Installation von Maschinen für das Ausland zuständig. Seine Auftraggeber kommen vornehmlich aus Süd- und Westeuropa. Es ist eine komplexe und vielschichtige Tätigkeit, die Wolfgang P. bis an die Grenze seines Leistungsvermögens bringt. Er arbeitet 10-14 Stunden täglich. Mitunter ist er auch an den Wochenenden beschäftigt, wo er Pläne und Entwürfe seiner Mitarbeiter überprüft und »verbessert«. Die Kontakte zu den ausländischen Kunden möchte er persönlich unterhalten, da er glaubt, nur er selbst sei am besten in der Lage, diese Kontakte auch richtig zu pflegen. Andere Mitarbeiter sind zwar der jeweiligen Landessprache mächtiger als Wolfgang P., doch hält er sich für unersetzbar. Die Installation der Maschinen in den jeweiligen Standorten wird natürlich von Wolfgang P. persönlich vorgenommen. Nur unter seiner Anleitung ist ein Garant dafür gegeben, daß die Auftraggeber auch zufrieden sind, so denkt er. Wenn er dann mitunter eine Woche im Ausland verweilt, türmt sich die tägliche Arbeit in der Firma an. Durch Wochenendarbeit und Überstunden wird versucht dieses wieder aufzufangen. Wolfgang P. verlangt von sich keine 100 Prozent, sondern 110 Prozent, wie er stolz berichtet. Auch von seinen Mitarbeitern erwartet er diese Leistung. Im Grunde sei er mit sich zufrieden, gibt er an. Er habe zwar kaum Freunde, aber die Arbeit befriedige ihn sehr. Allerdings könne er nicht einordnen, daß sich in den letzten Monaten verstärkt Schwindelattacken und Kreislaufveränderungen ergeben hätten. Das EKG sei jedoch in Ordnung. Auch fühle er sich manchmal schlapp und etwas ausgelaugt. Dies könne er sich jedoch nur schlecht eingestehen. Sein Arzt sage, er sei überarbeitet. Er habe ihm Aufbauspritzen verabreicht und ein leichtes Beruhigungsmittel gegeben. »Auf pflanzlicher Basis«, wie Herr P. betont. Wolfgang P. leidet unter Perfektionismus.

Die 28jährige Modedisignerin Gundula L. ist sehr engagiert in ihrem Beruf. Sie entwirft für ein Modeunternehmen Modelle. Die Konkurrenz für ihren Posten ist groß. Gundula L. hat den Job erst seit einem Jahr. Sie erhält von ihrem Vorgesetzten Themen vorgeschlagen und muß ihre Arbeit innerhalb eines bestimmten Zeitraumes abliefern. Der Zeitraum ist zwar eng bemessen, aber doch so ausreichend breit, so daß bei konstanter Arbeit die Aufträge bewältigt werden können. Gundula L. tut sich jedoch immer sehr schwer. Sie ist zwar sehr kreativ und hat gute Ideen, aber sie verwirft diese auch immer wieder sehr schnell. Sie erwartet von sich das Beste. Ist auf ihren Entwürfen auch nur ein Strich etwas versetzt, zerreißt sie das Blatt unmittelbar und fängt von neuem an. So kommt es wiederholt vor, daß sie bis kurz vor dem Abgabetermin nichts fertig hat. Gundula L. arbeitet in diesen Situationen dann immer die ganze Nacht hindurch. Sie deckt sich mit Kaffee und Zigaretten ein und absolviert eine Sonderschicht, wie sie zu sagen pflegt. Am anderen Morgen ist sie zwar kaputt und gerädert, aber die Arbeit ist fertig. Aufgrund des engen Zeitrahmens hat sie dann auch keine Gelegenheit mehr, ihre Entwürfe noch einmal nachzuschauen, sondern sie muß sie unmittelbar abgeben. Bisher war ihr Chef mit ihr zufrieden.

Silke B. ist leidenschaftliche Tennisspielerin. Sie spielt in der ersten Mannschaft ihres Vereins und hat sich in der Vergangenheit durch gute Leistungen hervorgetan. Ihre Chancen höherrangig zu spielen, seien sehr gut, berichtet Silke Doch gerade in der Zeitphase, in der es um die Weiterqualifikation geht, bricht sie leistungsmäßig zusammen. Sie steigert sich in eine Art Panikzustand hinein, und es kommen vermehrt Selbstzweifel auf. Während die Sportlerin in der Vergangenheit weniger über den Ausgang des Spiels nachdachte und auf dem Platz ging, um zu spielen, kreisen ihre Gedanken in der letzten Zeit zunehmend mehr darum, daß sie auch als Sieger den Platz verlassen will, um dann nach oben zu kommen. Sie denkt plötzlich auch an frühere Niederlagen und entwickelt Ängste zu versagen. Je mehr sie diese Gedanken denkt, um so mehr versucht sie über Anstrengung, eine bessere Leistung zu bringen. Doch gerade das Gegenteil tritt ein. Sie verkrampft sich und muß wiederholte Niederlagen einstecken, was wiederum ihre Angst zu versagen verstärkt. Auch Silke B. leidet unter dem Anspruch perfekt sein zu wollen.

Perfektionistisches Denken

Dies sind drei Beispiele aus der Praxis. Das Gemeinsame an diesen Beispielen ist, daß die betreffenden Personen ihren Selbstwert rein über ihre Produktivität und Leistung definieren. Sie verlangen von sich die unbedingte Perfektion. Haben sie Erfolg, so sind sie oben auf und denken. »Ich bin phantastisch! Ich bin der Größte!« Doch bei dem geringsten Mißerfolg kippt das Überlegenheitsgefühl um in Minderwertigkeit und Selbstzweifel: »Ich bin der letzte Idiot! Ich habe versagt! Nichts bekomme ich auf die Reihe!«

Bei Erreichen eines anvisierten Standards geht es dem Perfektionisten zunächst gut und er ist zufrieden. Allerdings ist diese Erleichterung nur von kurzfristiger Dauer, denn schon bald macht sich die Angst bemerkbar, das nächste Mal diesen Standard nicht zu schaffen und zu versagen. Tritt jedoch einmal ein Mißerfolg auf, so wird durch extreme Anstrengung versucht, diesen Fehler wieder wettzumachen. Der perfektionistisch

Handelnde befindet sich so oder so in einem Ablauf der Angst und Minderwertigkeit:

a) Ablauf bei Erfolg:

Selbstkonzept: »Ich bin minderwertig!« – Dazugehörige Kompensation: »Ich muß Erfolg haben!«

A	B	C
Erfolg	»Ich habe mich ja auch angestrengt.« »Die Umstände waren günstig.« »Ich habe einfach Glück gehabt.«	kurzfristige Freude Angst, zukünftig zu versagen
(Situation)	(Gedanken)	(Gefühle)

b) Ablauf bei Mißerfolg:

Selbstkonzept: »Ich bin minderwertig!« – Dazugehörige Kompensation: »Ich muß Erfolg haben!«

A	B	C
Mißerfolg	»Ich wußte ja, daß ich dazu zu dumm und unfähig bin.«	Minderwertigkeitsgefühl verstärkt sich
(Situation)	(Gedanken)	(Gefühle)

Der Perfektionist unterliegt verschiedenen Denkfehlern. Wie aus dem vorherigen Beispiel ersichtlich, zeigen sich ein

Alles- oder- Nichts- Denken

Entweder ist er perfekt oder minderwertig. Was fehlt, sind die Zwischentöne, d.h. die realistische Einschätzung und Einordnung seiner Fähigkeiten. Realistisch wäre es zu sagen: »Es gibt Dinge, die kann ich gut, und es gibt Dinge, die kann ich nicht gut. Aber trotzdem bin ich ein wertvoller Mensch.« Der Wert des Menschen sollte abgetrennt werden von seinen

Fähigkeiten. Da der Perfektionist seinen Selbstwert jedoch rein über die Leistung definiert, gibt es für ihn nur das Eine (Erfolg = wertvoller Mensch) oder das Andere (Mißerfolg = minderwertiger Mensch). Erfolge führen daher nicht etwa zu einer Beruhigung, sondern vielmehr zu einer Angst, zukünftig versagen zu können. Bei Fehlern tritt dann eine Überreaktion auf diese Fehler auf.

Verallgemeinerungen
Stellt sich einmal der befürchtete Mißerfolg ein, so folgert der Perfektionist, daß sich dieser Mißerfolg auch zukünftig wiederholen wird (Fallbeispiel Silke B.). »Einmal Mißerfolg, immer Mißerfolg«, wie es ein Klient in einer Therapiesitzung sagte. Diese Verallgemeinerungen machen sich im Denken durch derartige Sätze bemerkbar, wie: »Ich mache ja sowieso immer alles falsch. Auch früher hatte ich immer schon Fehler gemacht. Nie werde ich es besser schaffen.«

Absolutistische Forderungen
Um den eigenen Selbstwert anzuheben, fordert der Perfektionist von sich, daß er Erfolg haben muß. Er läßt sich somit keine Alternative offen, sondern hat nur eine Möglichkeit, um sich selbst annehmen zu können. Tritt dann ein Mißerfolg ein, so verharrt er in den »Sollte-, Müßte- oder Hätte- Sätzen«, statt sich zu überlegen, was er zukünftig anders machen könnte, um einen Fehler zu vermeiden. Durch diese Einstellung nimmt sich der Perfektionist die Möglichkeit, aus Fehlern zu lernen.

Das perfektionistische Vorgehen führt also, wie Sie bemerkt haben, nicht etwa zu positiven Gefühlen der Zufriedenheit oder Zuversicht. Vielmehr machen sich Ängste und Minderwertigkeitsgefühle breit, das Selbstvertrauen sinkt. Die Freude und der Spaß an einer tatsächlichen Leistung gehen verloren. Gesundheitliche Schäden bis hin zur Depression können auftreten.

Der perfektionistisch Handelnde und seine Beziehung zu anderen

Hinter der Perfektion befindet sich die Angst, als minderwertig angesehen und erkannt zu werden. So, wie der Perfektionist sich selbst im Grunde einschätzt, so befürchtet er, daß andere ihn entlarven könnten. Daher neigen perfektionistische Menschen auch dazu, möglichst wenig von sich preis zu geben und ihre Gedanken und Gefühle vornehmlich für sich zu behalten (Fallbeispiel Wolfgang P.). Es entwickelt sich eine Überempfindlichkeit gegenüber realer oder eingebildeter Kritik. Der Perfektionist nimmt »alles persönlich«, wie es umgangssprachlich heißt. Dadurch wird verhindert, daß sich engere und intimere Kontakte oder Beziehungen ergeben. Dieser Zugang von anderen zu ihm und umgekehrt, den der Perfektionist ja gerade will, wird versperrt. Durch ein perfektionistisches Verhalten läßt sich dies nicht erreichen.

Vielmehr erlebt der perfektionistisch Handelnde durch seine überhöhten Ansprüche, die er an sich und auch an andere stellt, sehr häufig Ablehnung. Seine überzogenen Maßstäbe werden als Überforderung erlebt und das Umfeld reagiert mit Abwehr. Der Perfektionist seinerseits ist wiederum frustriert ob dieser Reaktion und reagiert mit Verärgerung und noch höheren Anforderungen. Das Zusammenwirken schaukelt sich auf. Beide Seiten sind frustriert, enttäuscht und verbittert.

Daneben entwickeln Perfektionisten auch eine falsche Einschätzung darüber, wie erfolgreiche Menschen ihre Ziele realisieren. Sie meinen nämlich, daß sie diese mit einem nur geringen Aufwand an Zeit und Energie erreichen und zudem auch keine Fehler machen. Erfolgreiche Menschen haben für einen Perfektionisten keine Ängste und Minderwertigkeitsgefühle.

Diese verfügen für ihn über ein stabiles Selbstvertrauen und sind in der Lage, mit Leichtigkeit ihre gesteckten Ziele zu erreichen. Im Vergleich zu diesen »Größen« sieht sich der Perfektionist als klein und minderwertig an.

Perfektionismus und tatsächliche Leistung

Perfektionistisches Handeln führt nicht etwa zu einer Produktivitätssteigerung. Vielmehr leistet der Perfektionist weniger, obwohl er gerade im Gegenteil mehr erreichen möchte. Menschen, die perfektionistisch handeln, haben Probleme damit zu erkennen, wann eine Aufgabe als gelöst oder beendet angesehen werden kann. Aufgrund ihrer hohen Ansprüche und Anforderungen fällt es diesen Personen schwer, eine Überzeugung zu entwickeln, daß sie ihre gesteckten Ziele auch durch ihr eigenes Verhalten erreichen können. Daher kommen sie im Grunde nie zu einem Ergebnis, sondern fordern sich immer mehr. Die Fertigkeit, zwischen erreichbaren von nicht erreichbaren Zielen zu unterscheiden, ist bei Perfektionisten unzureichend ausgeprägt.

Roland K., ein 33jähriger Beamter, stellt fest, daß sein Kollege im Nebenzimmer das dreifache an Arbeit leistet wie er selbst. Hat Roland K. drei Fälle bearbeitet, so kann sein Kollege bereits neun Fälle zu den Akten legen. Bei genauerer Analyse stellt sich heraus, daß Roland K. aufgrund seiner perfektionistischen Einstellung zwar jeden Fall mit 99%iger Genauigkeit abschließt, während sein Kollege es etwa auf eine 80%ige Genauigkeit bringt. Unter zusätzlicher Berücksichtigung der Fallzahlen ist jedoch die Produktivität des Kollegen als höher einzustufen. Das gibt Roland K. zu denken.

Das Leistungsverhalten bei Perfektionisten ist mitunter starken Motivationsschwankungen unterlegen. Dies führt dazu, daß Anstrengungen nicht immer konsequent umgesetzt werden, sondern inkonsequente und wechselnde Anstrengungen bei der Verfolgung eines Zieles unternommen werden. Solange alles erwartungsgemäß abläuft, ist der Perfektionist motiviert. Stellt sich jedoch eine Schwierigkeit ein, so neigt er zur schnellen Aufgabe. Infolge treten natürlich unbefriedigende Ergebnisse auf, die den Selbstwert reduzieren und das Selbstvertrauen sinken lassen.

Ein häufig anzutreffendes Phänomen, daß den labilen Selbstwert schützen soll, besteht darin, wichtige Arbeit aufzuschieben (siehe Fallbeispiel Gundula L.). Bei mißerfolgsorientierten Menschen, die ihren Selbstwert über die Leistung definieren (Selbstwert = Leistung), wird diese Gleichung durch Arbeitsaufschub außer Kraft gesetzt. Dadurch, daß unter Zeitdruck das Letzte an Leistung »herausgeholt« wird, wird der Selbstwert nicht mehr nur über die Leistung definiert, sondern über die Fähigkeit, unter Zeitdruck etwas zu bringen, und die Leistung selbst (Selbstwert = Fähigkeit + Leistung). Tritt jedoch ein Versagen ein, so ist dies nicht als so schlimm anzusehen, da ja niemand erwarten kann, daß unter Zeitdruck auch noch ausreichend positive Ergebnisse zustande kommen können. Der Selbstwert bleibt dadurch erhalten.

Lassen Sie uns dieses Kapitel wie folgt zusammenfassen:

- Menschen mit perfektionistischer Orientierung definieren ihren Selbstwert rein über die Leistung.

- Erfolg erklären sie durch das Vorhandensein von instabilen Faktoren, wie die eigene Anstrengung oder günstige Umstände. Mißerfolg wird auf stabile Faktoren, wie beispielsweise die eigene Unfähigkeit, zurückgeführt.

- Perfektionistische Menschen haben nur selten befriedigende Beziehungen zu anderen Personen und sind nur schwer in der Lage, persönlich intimere Kontakte herzustellen.

- Ihre tatsächliche Leistung liegt unter den Erwartungen. Sie können nur schwer einschätzen, wann ein gestecktes Ziel erreicht ist, und unterscheiden unzureichend zwischen relevanten und nicht relevanten Informationen, die für eine Zielerreichung wichtig sind.

- Perfektionistisches Handeln führt sehr häufig zu emotionalen Problemen und gesundheitlichen Schäden.

Die Angst vor dem Versagen und vor der Ablehnung durch andere

Einige Beispiele aus der Praxis

Gerda W. hat mit ihrer Familie eine neue Wohnung in einem Mehrfamilienhaus bezogen. Sie wird zum Samstag abend von einer Nachbarin zu einer Geburtstagsfeier eingeladen, zu der auch einige der anderen Nachbarn kommen werden. Es ist eine gute Gelegenheit, neue Kontakte zu knüpfen. Leider kann der Mann von Gerda W. nicht mit zu der Feierlichkeit, da er eine berufliche Verpflichtung hat. Gerda W. müßte allein dort hingehen. Kurz vor dem Termin läßt sie durch eines ihrer Kinder mit der Begründung absagen, daß sie plötzlich einen Migräneanfall erlitten habe.

Lothar B. ist ein gutaussehender junger Mann. Er hat ein nettes Äußeres, ist höflich und zuvorkommend. Bei den Mädchen, die ihn kennen, ist er sehr beliebt. Manch eine wartet nur darauf, daß Lothar sie einmal zu einer gemeinsamen Unternehmung einlädt. Bisher vergeblich. Umgekehrt war es zweimal vorgekommen, daß Mädchen Lothar eingeladen haben mit ihnen etwas zu unternehmen. Beide Versuche hat Lothar erfolgreich »abwehren« können. Auch Lothar hat Angst zu versagen und abgelehnt zu werden.

Bei ihren Mitschülerinnen und Mitschülern ist Inge H. sehr beliebt. Die 38jährige alleinerziehende Mutter zweier pubertierender Kinder hat sich entschlossen, das Abitur nachzuholen und besucht zwischenzeitlich die 12. Klasse. Inge H. ist sehr fleißig und arbeitet den Lernstoff gewissenhaft auf. Sie kann fast jede Frage, die durch die Lehrer im Unterricht gestellt werden, beantworten. Doch nur selten meldet sie sich zu Wort. Hinterher ärgert sie sich, daß sie nichts gesagt hat, obwohl sie die Antwort wußte.

Birgit S., eine 23jährige Bürokauffrau, wird von ihren Mitarbeitern als attraktive junge Frau angesehen, die aber gleichzeitig auch als sehr schüchtern und zurückhaltend gilt. Wird Birigt S. einmal von einem jungen Mann angelächelt, wird sie schnell rot. Versuche, mit ihr zu flirten, werden von ihr meist bereits im Keim erstickt, indem sie den Blick von dem anderen abwendet. Birgit S. findet sich unattraktiv. Sie meint, sie sei zu klein, ihre Augen würden zu weit auseinanderstehen und auch ihr Busen sei nicht so proportioniert, wie es eben bei attraktiven Frauen sein müßte. Zudem seien ihre Oberschenkel zu dick. Ihr Freund sei zwar anderer Meinung als sie, aber das nehme sie ihm nicht ab.

Peter gilt als hochbegabter Schüler. Von allen Seiten hört er, wie leicht ihm das Lernen falle und wie schnell seine Auffassungsgabe sei. Nachdem ihn dies zunächst mit Stolz erfüllt und er spielend gute Noten nach Hause bringt, werden doch seine Leistungen in den letzten Monaten immer schlechter. Peter bleibt weit unter seinen Möglichkeiten. Er entwickelt Ängste, weiter aufzufallen oder gar als Streber verschrien zu werden.

Der Vorgesetzte von Kurt M. plant eine Umstrukturierung in seiner Abteilung. Da er Kurt M. als fachlich kompetenten und bei den Kollegen als beliebten Mitarbeiter kennengelernt hat, schlägt er ihm vor, eine durch die Umstrukturierung sich ergebende neue verantwortungsvollere Position zu bekleiden. U.a. müßte Kurt M. dann Vorträge vor anderen Mitarbeitern der Firma halten bzw. die Abteilung vor auswärtigen Besuchern darstellen. Kurt M. lehnt das Angebot ab, aus der Angst heraus, diesen Ansprüchen nicht gerecht werden zu können.

Es gibt abertausende von Beispielen, in denen sich die Ängste vor dem Versagen oder vor Ablehnung durch andere widerspiegeln. Sie werden sicher selbst, wenn Sie auch nur einen kleinen Augenblick überlegen, viele eigene Beispiele finden, wenn Sie diese nicht schon bereits für sich haben formulieren können. Die Angst vor Versagen und Ablehnung ist die häufigste Angst, die wir Menschen haben. Als soziales Wesen sind wir auf die Billigung durch andere angewiesen. Aber das ist an sich noch kein Problem. Problematisch wird es erst dann, wenn die Anerkennung durch andere zu einem »Muß« stilisiert wird. »Nur dann, wenn der andere mich anerkennt, kann ich mich akzeptieren.« Bei einer derartigen Abhängigkeit von anderen entwickeln sich schnell emotionale Probleme.

Wie sich soziale Ängstlichkeit zeigt

Die Angst zu versagen ist nicht nur auf Leistungssituationen als solche bezogen, wie z.B. Prüfungen oder berufliche Anforderungen. Vielmehr werden von dem Betroffenen auch viele soziale Situationen zu Leistungssituationen hochstilisiert. »Wie komme ich bei den anderen an?«, »Hoffentlich mache ich nichts verkehrt!«, »Ich darf mich auf keinen Fall blamieren oder unangenehm auffallen!« »Werde ich auch von den anderen akzeptiert?« – diese und ähnliche Fragen gehen Menschen durch den Kopf, die von der Anerkennung durch andere abhängig sind. Aufgrund einer eigenen negativen Selbstbewertung erwarten sie förmlich, daß sich ein Mißerfolg einstellt oder andere sie ablehnen. Aufgrund dieser mißerfolgsorientierten Erwartung trifft dann auch meist das ein, was sie im Grunde nicht wollen, nämlich der Mißerfolg und die Ablehnung. Die negative Selbstsicht wirkt im Sinne einer »sich selbst erfüllenden Prophezeiung«. Daher werden auch gerade schüchterne und selbstunsichere Menschen von anderen als uninteressant beurteilt und meist wenig beachtet. Gerade in der heutigen Zeit, wo eine optimale Selbstdarstellung mehr und mehr verlangt wird, fällt dies Menschen schwer, die von sozialer Billigung abhängig sind, um sich selbst akzeptieren zu können.

Die Angst zu versagen möchte ich am Beispiel von Inge H. einmal schematisch darstellen:

A	B	C
Die Lehrperson stellt eine Frage.	»Ich gebe sowieso die falsche Antwort. Die anderen werden mich auslachen und ich bin dann die Blamierte!«	Angst und passives Verhalten
(Situation)	(Gedanken)	(Gefühle/ Verhalten)

Lassen Sie uns auch die Beispielsituation von Lothar B. einmal in ein Schema bringen:

A	B	C
Möglichkeit, ein Mädchen zu einer Verabredung einzuladen.	»Sie könnte mir einen Korb geben und das wäre schlimm. Denn das würde beweisen, daß ich ein total uninteressanter Mensch bin!«	Angst Vermeidungsreaktion
(Situation)	(Gedanken)	(Gefühle/ Verhalten)

Wie Sie sehen, liebe Leserinnen und Leser, führt die Erwartung eines Mißerfolgs zu einem Gefühl der Angst und zu einem passiven, vermeidenden Verhalten. Ein Erfolg kann nicht eintreten. Vielmehr wird nach jeder Vermeidung die Angst vor einer zukünftigen Ablehnung noch größer, so daß die Vermeidungsreaktionen verstärkt werden. Es entwickelt sich ein Aufschaukelungsprozeß.

Aber nicht nur eine Angst vor Ablehnung ist bei schüchternen und sozial unsicheren Menschen zu finden, sondern sie zeigen auch Ängste davor, von anderen gelobt zu werden. Lob und Erfolg führt vermeintlich zu erhöhten Ansprüchen von Seiten der Umwelt. Erfolgreiche Menschen müssen sich mehr der Kritik und Anforderung von anderen aussetzen und sind damit angreifbarer. Das Risiko zu versagen und einen Mißerfolg zu erleben steigt. Da ist es mitunter einfacher, als »graue Maus« im Hintergrund zu bleiben.

Typische gedankliche Muster

Einige gedankliche Muster, die für Menschen mit Versagensängsten und Schüchternheit typisch sind, möchte ich Ihnen aufzeigen:

Stete Erwartung des Schlimmsten
Bevor eine Aufgabe oder Anforderung überhaupt angegangen wird, malen sich Versagensängstliche und sozial Unsichere immer gleich schon das Schlimmste aus. Die größte Katastrophe, die überhaupt eintreten kann, wird als hoch wahrscheinlich angenommen. Gekoppelt mit dieser Annahme ist gleichzeitig die mangelnde Fähigkeit, mit Anforderungen umzugehen und Lösungswege zu entwickeln. Angst führt zu Apathie und Lähmung.

Immer wiederkehrende negative Gedanken
Die seit der Kindheit verinnerlichten negativen Denkstrukturen laufen permanent und automatisch ab. Die Betroffenen fühlen sich nicht in der Lage, diese zu kontrollieren oder zu stoppen. Vielmehr führen die immer wiederkehrenden negativen Gedanken zu einem gefühlsmäßigen Chaos, das jede gedankliche Ordnung und Struktur verhindert.

Erhöhte Empfindlichkeit
Da Menschen mit Ängsten vor Versagen und sozialer Zurückweisung sich in ständiger Habachtstellung befinden, reagieren sie sehr sensibel auf Reize und Reaktionen des Umfeldes. Eine unbeabsichtigte Bemerkung des Gegenüber kann als persönlicher Angriff oder gar als Ablehnung aufgefaßt werden, obwohl dies gar nichts mit ihnen zu tun haben muß. Aufgrund des negativen Selbstbildes und einer negativen Erwartungshaltung ist die Empfindlichkeit gegenüber Außenreizen erhöht und »die Sirenen geben bei der kleinsten Kleinigkeit sofort Alarm«.

Ständige Selbstbeobachtung
Versagensängstliche und schüchterne Menschen beobachten sich ständig. Da ihnen die Reaktion der anderen extremst wichtig ist, wollen sie sich optimal darstellen und keinen Fehler machen. Statt sich zu fragen: »Was kann ich tun, um die Aufgabe zu lösen?« fragen sie sich: »Wie ist das Ergebnis?«. Anstelle der Frage: »Über was kann ich mich mit meinem Gegenüber unterhalten?« denken sie: »Bin ich gut genug für ihn?«.

Vielen betroffenen Menschen sind diese Denkmuster nicht bewußt, da sie an diese ein Leben lang gewöhnt sind und sie diese für etwas Selbstverständliches halten. Sie machen sich daher mitunter auch nicht ausreichend deutlich, daß je mehr Anerkennung sie von anderen haben wollen, desto manipulierbarer sie für das Umfeld sind. Das, was vielfach nur bemerkt wird, sind die »unguten« Gefühle und Spannungszustände. Die zugrundeliegenden Gedanken können meist nicht benannt werden.

Zusammenfassung:

- Angst vor dem Versagen und vor Ablehnung durch andere führt zur Passivität und Risikovermeidung.
- Erfolge können sich nicht einstellen. Vielmehr wird durch die Erwartung eines Mißerfolges die Wahrscheinlichkeit erhöht, daß tatsächlich das erwartete Versagen oder die erwartete Ablehnung auftritt.
- Das negative Selbstbild wird dadurch verstärkt und das Selbstvertrauen sinkt.

Der Überlegenheitskomplex: »Ich bin der Größte!«

Einige Fallbeispiele

Britta B. arbeitet als Modell für eine Modeagentur. Sie posiert für Aufnahmen von Katalogen und bekommt auch Aufträge für Modenschauen. Einerseits hält sich Britta B. für die attraktivste Frau der Welt. Ihr Gang ist erhaben, und sie blickt auf ihre Mitmenschen von »oben herab«. Manche bezeichnen sie als arrogant. Aber neben dem Erhabenheitsgefühl ist auch eine tiefe Angst davor vorhanden, nicht gemocht und abgelehnt zu werden. Britta B. hat es bisher auch vermieden, Beziehungen mit Männern einzugehen. Die wenigen Kontakte zu Frauen beschränken sich auf Oberflächlichkeiten.

Das Ehepaar C. hat es geschafft, die soziale Leiter hinaufzuklettern. Mit viel Anstrengung, Zähigkeit und Zeitaufwand ist es ihnen gelungen, eine gutgehende Firma im Werbebereich aufzubauen. 14 Stunden tägliche Arbeit sind für beide Ehepartner die Norm. Die Wochenenden dienen ebenfalls der Beruflichkeit, Kontaktpflege oder des gesellschaftlichen Präsentierens. Die beiden 8 und 6 Jahre alten Kinder sehen ihre Eltern recht selten und werden teils von den Großeltern, teils von Hausangestellten großgezogen. Die Eltern von Herrn C. waren »einfache Leute«. Sein Vater war Briefträger, und die Mutter hat mit den vier Kindern so viel zu tun gehabt, daß für eine Berufstätigkeit keine Zeit mehr blieb. Auch Frau C.'s Herkunft ist eher als bescheiden zu bezeichnen. Ihr Vater war als ungelernter Arbeiter tätig, die Mutter half in einer Reinigung aus. Beide wollten aus ihrem »kleinbürgerlichen« Umfeld heraus, wie sie betonen. Es ist ihnen auch gelungen, und der neue Status wird offensiv nach außen getragen: mehrere PKW's nennen die C.'s ihr eigen und eine 400 qm große Villa mit entsprechendem parkähnlichen Garten, wovon einige Räumlichkeiten im Prinzip nicht genutzt werden. Die Fliesen für das Bad wurden speziell in Italien für sie angefertigt, und auch die Türen sind eine Sonderanfertigung. Das Haus ist auch sonst mit allen Neuigkeiten des Marktes ausgestattet. Neben Hausangestellter und Putzfrau ist für die Hof- und Gartenanlagen speziell ein Angestellter zuständig. Vereinstätigkeit im Reit- und Golfverein ist selbstverständlich. Regelmäßiger Besuch von Gesellschaften und Repräsentationen wird vorausgesetzt. Eigene häusliche Festivitäten finden im Schnitt zweimal jährlich statt, nicht unter 100 eingeladenen, gesellschaftsträchtigen Personen. Ja, die C.'s sind jetzt wer, und dies machen sie auch nach außen hin deutlich. Sie glauben, von allen bewundert zu werden, und erhoffen sich einer allseitigen Beliebtheit. Aber vielfach wird hinter vorgehaltener Hand über sie geredet und getuschelt. Von »neureiche Spinner« bis »arrogante Affen« gehen die Titulierungen. C.'s wissen nichts davon und leben in der Illusion, die bewunderungswürdigsten Bürger ihrer Stadt zu sein.

Barbara G. ist das Lieblingskind ihres »Papis«. Herr G. wird noch einmal im späten Alter von 52 Jahren Vater, nachdem die beiden älteren Kinder schon fast erwachsen sind. Obwohl Barbara kein Wunschkind ist, wird sie doch der Liebling aller Familienmitglieder. Von allen verwöhnt, wird ihr jeder Wunsch von den Augen abgelesen. Vor allem Herr G. hat einen Narren an seiner kleinen Tochter gefressen. Bereits bei den kleinsten Unpäßlichkeiten und Frustrationen macht Barbara G. als Kind ihrem Unwohlsein Luft. Die Familie ist bereits darauf »abgerichtet«, mit sofortigem und unmittelbarem Einsatz zu versuchen, diese Unpäßlichkeiten abzustellen. Es ergeben sich im Laufe der Entwicklung dann auch immer wieder Probleme. Mit kleineren Kindern kann Barbara G. nicht richtig spielen, da diese angeblich nicht ausreichend auf sie eingehen wollen. Im Kindergarten gefällt es ihr nicht, so daß sie zunächst häufig nach Hause geholt wird und letztlich dem Kindergarten ganz fern bleibt. Auch in der Schule treten Unpäßlichkeiten auf. So wird es Barbara G. öfter schlecht und schwummerig, so daß sie nach Hause muß. Die Jungen und die meisten anderen Mädchen sind ihr zu wild, so daß sie höchstens mit einer Freundin spielt. Auch in späteren Jahren sind ihre Sozialkontakte eher begrenzt. In der Pubertät gibt es dann heftige Auseinandersetzungen, vor allem mit der Mutter. Aber Barbara setzt sich durch, wie sie meint. Obwohl sie dann später auch immer wieder einmal Spannungszustände und depressive Verstimmungen hat, fühlt sie sich doch insgesamt recht wohl. Sie kommt mit den wenigen Sozialpartnern zurecht, und auch ihr Freund paßt sich ihren Ansprüchen meistens an. Als dieser sich dann für Barbara G. unerwartet von ihr trennt und ihr Vater ein Jahr später nach einer Krebserkrankung stirbt, rutscht sie in eine tiefe depressive Krise hinein. Barbara G. will nicht mehr leben.

Der 28jährige Single Klaus K. hat auf einer Party bei entfernten Bekannten eine junge Frau kennengelernt, mit der er die Nacht verbringen möchte. Klaus K. hält sich für sehr attraktiv, gleichzeitig auch für intelligent und weltgewandt. »Es ist ein Geschenk Gottes«, so sagt er, »wenn Frauen eine Nacht mit mir verbringen dürfen.« Klaus K. hat zudem großen Erfolg beim anderen Geschlecht und fühlt sich dadurch in seiner Selbstherrlichkeit bestätigt. Gleichzeitig entwickelt er Tendenzen dahingehend, daß er meint, aufgrund seiner Überlegenheit auch alles kontrollieren zu können. Er hält sich für unverwundbar und ist fest davon überzeugt, daß ihm nichts passieren kann. Bei seinen zahlreichen one – night – stands verzichtet er daher auch immer auf einen Schutz durch ein Präservativ. Die Illusion der Unverwundbarkeit platzt eines Tages wie ein Luftballon: Klaus K. hat sich an Aids infiziert.

Selbstherrliches Denken

Während das Gefühl der Minderwertigkeit zu Zweifeln an der Fähigkeit der eigenen Person führt, dient das Überlegenheitsgefühl dazu, eine befürchtete Minderwertigkeit zu kompensieren. Beide Ausprägungen haben jedoch nichts mit einem realistischen Selbstbild zu tun, sondern führen entweder zu einer Unter- bzw. zu einer Überschätzung von vorhandenen Fähigkeiten und Verhaltensweisen.

Bereits in der Kindheit entwickeln sich Schwankungen zwischen Kleinheits- und Größenphantasien, die mit ins Erwachsenenalter hineingenommen werden. Beide Tendenzen treten gleichzeitig auf (siehe auch Fallbeispiel Britta B.). So kann bei einem jungen Mann die Angst vor Ablehnung durch Frauen gekoppelt sein mit dem Anspruch, daß ihm aufgrund der eigenen Genialität und Attraktivität Frauen eigentlich in Strömen nachlaufen müßten.

Gerade in unserer heutigen Zeit der Egomanie und Selbstdarstellung neigen viele Zeitgenossen zur »Selbstverherrlichung«. Es ist gesellschaftlich legitimiert, sich möglichst positiv ins Rampenlicht zu rücken. Wer nach oben kommen möchte, muß in der Lage sein, sein Selbst möglichst effektiv zu vermarkten. Doch damit sind sehr hohe Risiken verbunden, denn eine überzogene Selbstwahrnehmung geht an der Realität vorbei. Die Auftretenswahrscheinlichkeit negativer Konsequenzen wird falsch eingeschätzt, wie das Beispiel Klaus K. eindrucksvoll aufgezeigt hat.

Als Folge der Selbstüberschätzung werden Risiken unterschätzt. Der Betreffende ist der Meinung, persönliche Kontrolle über die jeweilige Situation zu haben, obwohl dies eigentlich nicht zutrifft.

Selbstverherrlichung führt dazu, daß vorhandene Informationen im Sinne der optimalen Selbstwertpflege manipuliert werden. Nur das, was den eigenen Selbstwert erhöht, wird aufgenommen. Selbstwertschädigende Aspekte werden entsprechend verändert. Es zeigen sich hierbei für Erfolg und Mißerfolg jeweils folgende gedankliche Schemata:

a) Ablauf bei Erfolg:

Selbstkonzept: »Ich bin der Größte!«

A	B	C
Erfolg	»Ich bin absolut fähig und habe die Kompetenz.«	Stolz Überlegenheitsgefühl
(Situation)	(Gedanken)	(Gefühle)

b) Ablauf bei Mißerfolg:

Selbstkonzept: »Ich bin der Größte!«

A	B	C
Mißerfolg	»Ich habe einfach Pech gehabt. Die Umstände waren äußerst ungünstig.«	kurzfristiges Bedauern
(Situation)	(Gedanken)	(Gefühle)

Die entsprechenden Bewertungen der jeweiligen Situation führen dazu, daß sich das Selbstkonzept jeweils wieder bestätigt. Bei Erfolg wird die Ursächlichkeit in der eigenen Kompetenz und Fähigkeit gesehen (= stabiler und zeitüberdauernder Faktor). Bei Mißerfolg werden die ungünstigen Umstände als auslösend angesehen (= instabiler und zeitlich sich ändernder Faktor). In Konsequenz wird der eigene Selbstwert nicht angezweifelt und eine zukünftige Erfolgserwartung aufrecht erhalten.

Menschen, die sich selbst überschätzen, und ihre Beziehung zu anderen

Menschen, die zur eigenen Selbstüberschätzung und Selbstverherrlichung neigen, tendieren dazu, ihre Mitmenschen nach Verhaltensweisen und Eigenschaften einzuordnen, die bei ihnen selbst stark ausgeprägt sind. Bringt das Umfeld dieselbe Leistung wie sie selbst auch, so wird diese Leistung als schwächer eingeschätzt (»Ich bin besser! Das was der andere gemacht hat, ist nicht so gut!«). Treten jedoch Fehler von Seiten des Umfeldes auf, so werden diese als besonders hoch bewertet, im Gegensatz zu eigenen Fehlern (»Solche Fehler wie die von den anderen, die mache ich selbst nicht!«). Das eigene Ego wird somit jeweils besonders herausgestellt und die Selbstherrlichkeit aufrechterhalten. Informationen werden im Sinne einer effektiven Selbstwertpflege benutzt. Negative Informationen, die den eigenen Selbstwert in Frage stellen könnten, werden so verändert, bis sie ihren schädigenden Einfluß auf die eigene Selbstverherrlichung verlieren. Das aus diesen Bewertungen heraus resultierende Gefühl der Überschätzung bleibt solange stabil, solange auch die entsprechenden Überzeugungen aufrecht erhalten werden. Bricht die Überzeugung jedoch zusammen, beispielsweise als Folge von plötzlich eintretenden Umweltveränderungen (siehe Fallbeispiel Barbara G.), entwickeln sich meist starke depressive Reaktionen und Hilflosigkeitsempfindungen.

Weiterhin neigen Personen, die sich selbst überschätzen, leicht zu aggressivem Verhalten in Situationen, in denen sie ihr überzogenes Selbstkonzept in Frage gestellt wissen und damit als gefährdet ansehen. Auf Kritik oder Widerspruch überreagieren sie, selbst wenn diese auch nur als gering anzusehen sind. Sie bewerten dies als persönlichen Angriff und versuchen durch aggressive, übersteigerte Maßnahmen ihr Selbstbild vor möglichen Einschnitten zu bewahren.

Regina R. ist Leitende Krankenschwester einer internistischen Abteilung eines Kreiskrankenhauses. Neben ihrer fachlichen Fähigkeit und Kompetenz ist sie bei Kolleginnen und Kollegen eher gefürchtet als beliebt. Auch ihr vorgesetzter Pflegedienstleiter und die Abteilungsärzte haben Respekt vor Regina R., die ihr »Reich« im Sinne einer »Alleinherrschaft« regiert. In einer Teambesprechung wird über Möglichkeiten einer noch besseren Informationsweitergabe diskutiert. Regina R. ist in dieser Besprechung sehr erregt, sieht sie doch allein schon die Themenauswahl als persönlichen Affront an, der nur ihre Autorität und Führungsposition schwächen will. In aggressiver Art unterbricht sie häufig andere Kolleginnen und Kollegen. Gut gemeinte Vorschläge werden von ihr als »nicht durchführbar« kategorisch abgelehnt.

In wissenschaftlichen Studien konnte bestätigt werden, daß Menschen, die unter Alkoholeinfluß stehen, zu starker Selbstüberschätzung neigen, und auch zu aggressiven Handlungen tendieren. Vergewaltiger und Männer, die Gewalt gegen Frauen ausüben, haben in der Regel ein übersteigertes Geltungsbedürfnis und überzogenes Selbstwertgefühl. Sie neigen besonders dann zu Gewalttaten, wenn sie sich in ihrer Einmaligkeit in Frage gestellt sehen. Gewalt in der Ehe tritt meist dann auf, wenn Männer die Überzeugung gewinnen, daß ihre Ehefrauen sie in einigen Bereichen überholt haben. Sie sehen sich damit in ihrer Grandiosität bedroht und entwickeln aggressive Tendenzen.

Die Reaktionen der Umwelt auf Menschen mit Neigung zur Selbstverherrlichung sind meist negativ und ablehnend. Da Personen mit dem Hang zur Selbstdarstellung von anderen bewundert werden wollen, stellen sie eigene Fähigkeiten besonders in den Vordergrund und spielen eigene Schwachpunkte herunter. Doch das, was sie von der Umwelt erwarten, nämlich unumwundene Bewunderung, erhalten sie in den meisten Fällen nicht. Im Gegenteil sind solche Menschen meist wenig beliebt, wie am Fallbeispiel des Ehepaar C. verdeutlicht wurde. Häufig wird zudem die Selbstverherrlichung mit oberflächlichen zwischemenschlichen Beziehungen und Einsamkeit bezahlt.

Lassen Sie uns dieses Kapitel wie folgt zusammenfassen:

- Selbstverherrlichung und der Anspruch nach Grandiosität stellen den Kompensationsversuch einer befürchteten Minderwertigkeit dar.

- Erfolge werden uneingeschränkt der eigenen Person zugeschrieben, während umgekehrt für Mißerfolge externe Faktoren, wie Umwelt oder Zufall, verantwortlich gemacht werden.

- Menschen mit Tendenzen zur Selbstverherrlichung neigen zu aggressivem Verhalten, vor allem dann, wenn sie ihre eigene Grandiosität durch andere in Frage gestellt sehen.

- Bricht die Illusion der Selbstüberschätzung und Unverwundbarkeit zusammen, treten in Folge Hilflosigkeitsreaktionen und depressive Gefühle auf.

II. Teil

Möglichkeiten der Veränderung

In den bisherigen Kapiteln haben Sie, liebe Leserinnen und Leser, einige grundlegende Informationen zum Thema Selbstwert und Selbstvertrauen bekommen. Sie haben erfahren, daß sich unser Selbstkonzept bereits in früher Kindheit entwickelt, und daß wir Menschen anhand des Verständnisses, das wir über uns selbst haben, mit unserer Umwelt interagieren und Beziehungen eingehen. Unser Selbstkonzept und unsere Identität sind jedoch im Laufe des Lebens permanenten Veränderungen unterlegen, so daß es immer wieder zu Neubewertungen und Rücküberprüfungen kommt. Die Bewertungen und die Interpretationen unseres Selbst führen dann auch zu dem, was wir als Selbstwertgefühl verstehen. Eine Störung im Gefühlsbereich unseres Selbst kann sehr gravierend sein und dazu führen, das wir den Anforderungen, die an uns gestellt werden, nicht angemessen begegnen können. Belastungen, Streß und kritischen Lebensereignissen können wir um so konstruktiver begegnen, je mehr wir in der Lage sind, unseren Gefühlsbereich zu ordnen und den vorhandenen inneren Aufruhr der sich widersprechenden Gefühle zu überwinden. Wir würden uns damit die Möglichkeit einer realistischen Bewältigung vorhandener Anforderungen geben. Über die Möglichkeit, unseren Gefühlsbereich der Realität und den wirklich vorhandenen Gegebenheiten anzupassen, möchte ich Ihnen nachfolgend berichten.

Das ABC der Gefühle

Der amerikanische Psychologe Dr. Albert Ellis konzipierte in den 50ziger Jahren die ABC- Theorie der Gefühle, die ich Ihnen nachfolgend vorstellen möchte. Diese Theorie hat sich zwischenzeitlich zu einem modernen und wirksamen Therapiemodell entwickelt, der »Rational – Emotiven – Verhaltenstherapie« – kurz REVT genannt. Ellis beschäftigte die Frage, wodurch die Qualität unserer menschlichen Gefühle zustande kommt. Im Zuge seiner Überlegungen entstand das, was wir das ABC der Gefühle nennen:

A (= activating event) steht für die Situation
B (= beliefs) steht für unsere Gedanken und Bewertungen
C (= consequences) steht für Gefühle, physiologische Reaktionen und Verhaltensweisen

Ellis stellte fest, daß nicht die gegebene Situation an sich, zu bestimmten Gefühlen und Konsequenzen führt, sondern, daß die Art uns Weise, wie die betreffende Person diese Situation einschätzt und bewertet, einem entsprechenden Gefühl vorausgeht.

Beispiel:

A (Situation): Der Verkäufer im Supermarkt antwortet auf meine Frage, ob es heute Sonderangebote gibt, mit folgender Bemerkung: »Da müssen Sie schon den Chef fragen!«

B (Gedanken): So ein unhöflicher Zeitgenosse. Es ist eine Unverschämtheit, wie der mich behandelt. So etwas sollte man nicht tun.

C (Gefühle): Ärger
(vegetative Erregung als physiologische Reaktion, mit dem Fuß auf die Erde stampfen als Verhalten)

In diesem Fall wurde die Situation durch Gedanken bewertet, die ein Gefühl des Ärgers nach sich ziehen. Immer dann, wenn ich meine, daß jemand anderer meine Regeln und Vorstellungen verletzt und ich dieses als schlimm oder katastrophal bewerte, entsteht ein Gefühl des Ärgers (»Es ist schlimm, daß sich der andere so verhält!«).

Viele Menschen glauben jedoch, daß ein Gefühl durch die gegebene Situation an sich entsteht. Vor allem auch im umgangssprachlichen Bereich ist die Beziehung »Situation / Gefühl« häufig zu finden. Sätze wie z.B. »Das macht mich krank!«, »Der macht mich ärgerlich!« oder »Die ist daran schuld, daß ich mich so fühle!« führen zu der falschen Überzeugung, daß die gegebene Situation zu dem betreffenden Gefühl führt. Aber dem ist nicht so. Denn wäre es so, so müßten alle Menschen, d.h. 100% der Menschheit, in jeder Situation gefühlsmäßig gleich reagieren.

Glauben Sie, daß in unserem Beispiel mit dem unfreundlichen Verkäufer jeder Mensch, der eine derartige Situation erleben würde, so wie beschrieben reagiert?

Nein, sicherlich nicht. – Wahrscheinlich würde die Mehrzahl so denken und fühlen, wie in dem Beispiel. Jemand anderer würde sich aber möglicherweise sagen: »Der ist zwar nicht so freundlich, wie er sein müßte. Vielleicht hat er heute auch nur einen schlechten Tag. Na, das kann jedem von uns einmal passieren!« Bei einer derartigen Bewertung der Situation würde in Folge kein Gefühl des Ärgers aufkommen. Vielmehr würde die betreffende Person eher mit dem Gefühl des Bedauerns auf die Situation reagieren. Eine andere gedankliche Reaktion könnte so sein: »Ich finde das Verhalten des Verkäufers völlig normal. Wahrscheinlich ist er nicht darüber informiert, ob es heute Sonderangebote gibt. Deshalb ist sein Verweis an den Chef für mich sehr hilfreich gewesen.« Auch bei dieser Einschätzung der Situation würde kein Ärgergefühl aufkommen. Vielmehr wäre die betreffende Person eher erfreut, da sie den Verweis des Verkäufers als hilfreich ansieht.

Sie sehen an diesen Beispielen, daß nicht die Situation an sich zu einem bestimmten Gefühl führt, sondern immer die Art und Weise, wie ich darüber denke.

Wenn ich in den folgenden Analysen nur den Aspekt des »Gefühls« als Reaktion auf die Gedanken berücksichtige, so tue ich das der Einfachheit halber. Die Auflistung der physiologischen und verhaltensbezogenen Reaktionen wäre zu komplex und würde Sie wahrscheinlich nur verwirren. Ein Ratgeber sollte relativ verständlich konzipiert sein, damit möglichst viele Menschen davon profitieren können. Behalten Sie sich deshalb zunächst nur: **»Ich fühle, wie ich denke!«**

Dieses von Ellis entwickelte Konzept wurden in vielen wissenschaftlichen Untersuchungen bestätigt. Es steht in der Tradition der antiken griechischen Philosophie. Bereits der Urvater der Rational – Emotiven – Verhaltenstherapie, der griechische Philosoph Epiktet, sagte sinngemäß: »Es sind nicht die Dinge an sich, die uns Probleme bereiten. Es ist die Art und Weise, so wie wir die Dinge sehen.«

Doch mit dem ABC ist unser Modell noch nicht vollständig, denn es gibt auch noch ein D und ein E:

D (= Disputation) steht für das Hinterfragen der Gedanken
E (= Effekt) steht für das sich neu entwickelnde Gefühl aufgrund der neu gewonnen Einstellung am Punkt D

Das, was wir Menschen seltener benutzen als dies sinnvoll wäre, ist die Instanz, die unser Denken hinsichtlich seiner Richtigkeit hinterfragt, nämlich unser Bewußtsein. Unser Gefühlsbereich reagiert automatisch auf die vorhandenen Gedanken. Er hinterfragt sie nicht, sondern geht zunächst davon aus, daß das, was wir denken, auch richtig ist. Da wir einen Großteil unserer Einstellungen in der Kindheit und Jugend bereits gelernt und von unseren Erziehungspersonen übernommen haben, nehmen wir an, daß das, was wir denken, auch richtig ist. Es besteht erst einmal kein Grund, die gelernten Einstellungsmuster zu hinterfragen. Das, was wir täglich hören, vor allem von Personen, von denen wir meinen, daß sie schon wissen, was richtig ist, übernehmen wir als eigene Meinung und Einstellung. Erst dann, wenn in Folge unseres Denkens emotionale Probleme auftreten und somit Leidensdruck entsteht, sollten wir anfangen zu überlegen, ob die Art und Weise, wie wir mit uns und unserer Umwelt umgehen, so richtig ist. Leider führt bei vielen Menschen die Überlegung in eine andere Richtung. Sie gehen davon aus, daß sie selbst in Ordnung seien und ihre Einstellung stimme, aber die Umwelt nicht richtig funktioniere. Bedauerlicherweise läßt sich jedoch die Welt nicht in dem Maße verändern, wie einige es gerne hätten, so daß diese Überlegungen letztlich in eine Sackgasse führen und sich die emotionalen Probleme nur noch vergrößern.

Die Instanz, die unser Denken hinsichtlich seiner Stimmigkeit mit der Realität hinterfragt, ist das D: Ist das, was ich denke, richtig? Wo ist der Beweis für die Richtigkeit? Hilft mir mein Denken, daß ich mich so fühlen oder verhalten kann, wie ich es möchte? Stimmt mein Denken?

Derartige Fragen sind typische Fragen für eine Disputation. Anhand eines Beispiels möchte ich es Ihnen verdeutlichen:

Beispiel:

A	B	C
Eine Freundin ist nicht zu meiner Geburtstagsfeier gekommen, zu der ich diese eingeladen habe.	»Die will bestimmt nichts mehr von mir wissen (= Satz 1). Da ich für sie uninteressant und langweilig bin, ist sie nicht erschienen (= Satz 2).«	Niedergeschlagenheit, Minderwertigkeitsgefühl
(Situation)	(Gedanken)	(Gefühle)

Und jetzt zu unseren neuen Bausteinen, dem D und dem E:

D | E

Satz 1:
Wo ist der Beweis dafür, daß sie nichts mehr von mir wissen will, nur weil sie nicht zu meiner Geburtstagsfeier erschienen ist?

Bedauern

Realistsiche Alternative:
Einen Beweis habe ich nicht. Ich gehe einfach davon aus, daß es so ist. Es könnten jedoch auch andere Gründe dazu geführt haben, daß sie nicht gekommen ist. Solange ich keine weiteren Informationen habe, ist aber alles andere Spekulation. Ich sollte daher besser abwarten, ob sie sich bei mir meldet und sich dazu äußert, oder ich frage selbst bei ihr nach.

Satz 2:
Woher weiß ich, daß ich für sie uninteressant und langweilig bin, nur weil sie nicht erschienen ist?

Realistsiche Alternative:
Auch für diese Annahme habe ich im Grunde keinen Beleg. Es könnten auch andere Gründe vorliegen, warum meine Freundin nicht erschienen ist. So wäre es möglich, daß sie kurzfristig verhindert wurde und auch nicht mehr dazu kam, mir abzusagen. Im Grunde war sie in der Vergangenheit immer zuverlässig. Wenn sie mich uninteressant und langweilig finden würde, hätten wir wahrscheinlich nicht so viele Kontakte zusammen.
(Disputation) | (Effekt)

Eine realistische Einschätzung der Situation erfolgt auf der Grundlage der wirklich vorhandenen Informationen. Aufgrund dieser können hier keine ursächlichen Aussagen gemacht werden. Vielmehr steht nur fest, daß die Freundin nicht zur Geburtstagsfeier erschienen ist. Warum, das wissen wir nicht. Als angemessenes Gefühl (= Effekt) würden wir mit Bedauern auf eine derartige Situation reagieren.

Lassen Sie uns das ABC der Gefühle noch einmal zusammenfassen:

- Unser Gefühl ist eine Folge unseres Denkens über eine gegebene Situation.

- Unangemessene Gefühle, wie Angst, Wut, Depression und Minderwertigkeitsgefühle, entstehen durch eine unrealistische Bewertung der vorhandenen Situation.

- Durch Hinterfragen der Richtigkeit unseres Denken sind wir in der Lage, dieses der Realität anzupassen. In Folge treten der Situation gegenüber angemessene Gefühlsreaktionen auf.

Der Veränderungsprozeß

Die Veränderung einer eingeschliffenen Gewohnheit ist keine einfache Sache. Es wäre schön, wenn das so wäre, und wir nur einmal eine rationale Einsicht gewinnen müßten, um langfristig mit der neu gewonnen Einstellung unsere emotionalen Probleme lösen zu können. Leider geht es nicht so schnell. Vielmehr ist Veränderung ein prozeßhaftes Geschehen und kostet von daher sehr viel Mühen, Anstrengung und Frustrationstoleranz.

Langjährig vorhandene Einstellungsmuster, wie solche, die bereits seit der Kindheit bestehen, sind tief verwurzelt und mit den dazugehörigen Gefühlen fest verankert. Und gerade unser Gefühlsbereich ist es, der etwas längere Zeit für sich beansprucht, bevor er sich ändert – lange, nachdem sich bereits unsere Einstellungen verändert haben.

Stellen Sie sich einmal vor, Sie würden täglich Cornflakes zum Frühstück essen. Seit Jahren ist dies eine für Sie lieb gewonnene Gewohnheit geworden, die Sie als kleines Kind begonnen haben. Ihre Mutter hatte Ihnen damals erstmals Cornflakes zum Frühstück gegeben, und Sie waren so begeistert davon, daß Sie seitdem täglich Ihre Cornflakes essen. Ihre Einstellung (»Cornflakes schmecken mir sehr gut!«) und das dazugehörige Gefühl (Freude, Zufriedenheit) sind im Laufe der Jahre schon zu einem Automatismus, zu einer Selbstverständlichkeit geworden. Sie denken nicht mehr darüber nach, was Sie tun. Sie tun es einfach und fühlen sich dabei wohl.

Stellen Sie sich nun weiterhin vor, daß es plötzlich eines Tages für Sie keine Cornflakes mehr zum Frühstück gibt. Möglicherweise ist vergessen worden, diese einzukaufen, oder es waren im Geschäft gerade keine mehr vorrätig. Wie würde Ihnen dies wohl vorkommen, wenn Sie daran denken, daß Sie dann einer seit Jahren eingeschliffenen Gewohnheit nicht mehr nachkommen könnten? – Richtig, es würde Ihnen komisch vorkommen und Sie hätten das Gefühl, daß etwas nicht stimmen würde. Obwohl Ihr Verstand Ihnen sagt: »Es gibt heute und in den nächsten Tagen keine Cornflakes, da sie derzeit in der Stadt nicht vorrätig sind. Erst in der nächsten Woche wird es wohl wieder welche geben.« – reagiert Ihr Gefühl möglicherweise mit Ärger auf diese Frustration infolge Ihrer alten gedanklichen Muster, die sagen: »Ich muß aber unbedingt meine Cornflakes haben, so wie ich es seit Jahren gewohnt bin!« Sie denken in diesem Moment quasi auf zwei Ebenen. Es ist eine gewisse rationale Einsicht vorhanden (»Ich muß nicht unbedingt Cornflakes zum Frühstück essen!«), die allerdings noch nicht so stark und ausgeprägt ist, sich gegen das alte Denkmuster mit den dazugehörigen Gefühlen durchzusetzen (»Ich muß aber unbedingt meine Cornflakes haben, so wie ich es seit Jahren gewohnt bin!«).

Dieser Widerspruch zwischen Ihrem »neuen« Denken (rationale Einsicht) und Ihrem Fühlen (Ärger) besteht noch einige Zeit, und zwar so lange, bis sich Ihr Gefühl dem Denken angepaßt hat und die neue Einstellung (»Ich kann es ertragen, auch zeitweise auf meine morgendlichen Cornflakes zu verzichten!«) akzeptiert wird. In diesem Moment hat sich dann die neue, rationale Einstellung gegen das alte Denken durchgesetzt. Für den Fall, daß Sie über einen gewissen Zeitraum auf Cornflakes verzichten müßten, würde sich auch Ihr Gefühl notgedrungen diesen Gegebenheiten anpassen müssen. Der Widerspruch zwischen Kopf (= Denken) und Bauch (= Gefühl) würde sich dann auflösen.

Diesen Veränderungsprozeß möchte ich Ihnen einmal schematisch darstellen:

1. Schritt: Feststellung der unangemessenen Gedanken und der dazugehörigen Gefühle
2. Schritt: Hinterfragen der Gedanken in Bezug auf ihre Richtigkeit
3. Schritt: Entwickeln einer der Situation angemessenen Einstellung
4. Schritt: Obwohl die neu gewonnene Einstellung mit der Realität übereinstimmt, bleibt das »alte« Gefühl zunächst noch einige Zeit bestehen (= Widerspruch Verstand – Gefühl)
5. Schritt: Trotz dieses Widerspruchs sollten Sie sich so verhalten, wie es Ihr Verstand als richtig ansieht (Den-

ken und Verhalten sind eins, obwohl das Gefühl anders ist)

6. Schritt: Das Gefühl paßt sich dem neuen Denken an

In Bezug auf das Cornflakes- Beispiel sehen die Schritte der Veränderung so aus:

1. Schritt: »Ich muß aber unbedingt meine Cornflakes essen, so wie ich es seit Jahren gewohnt bin!« (= unangemessene Gedanken). Gefühl des Ärgers.
2. Schritt: »Muß ich wirklich unbedingt meine Cornflakes essen, selbst wenn ich dies seit Jahren so gewohnt bin?«
3. Schritt: »Ich muß nicht notwendiger Weise morgens Cornflakes essen, selbst wenn ich dies seit Jahren so gewohnt bin. Ich kann es auch aushalten, eine Zeitlang auf diese zu verzichten!«
4. Schritt: Trotz rationaler Einsicht, bleibt das alte Gefühl des Ärgers noch eine gewissen Zeitraum bestehen.
5. Schritt: Da ich es auch aushalten kann, eine Zeitlang morgens auf Cornflakes zu verzichten, so setze ich auch diesen Verzicht um, obwohl mir mein Gefühl signalisiert, daß dies nicht zu ertragen sei.
6. Schritt: Ich bin durchaus in der Lage, zum Frühstück auf Cornflakes zu verzichten (Denken), und praktiziere diesen Verzicht auch (Verhalten). Mein Gefühl reagiert angemessen im Sinne eines Bedauerns ob dieses Verzichtes.

Es spielt dabei keine Rolle, ob ein Verzicht freiwillig geschieht oder aus der Not der Situation heraus entspringt. Entscheidend ist vielmehr, daß die damit verbundene Frustration akzeptiert wird im Sinne eines Aushaltenkönnens, so daß sich ein angemessenes Gefühl entwickeln kann.

Wie vielleicht deutlich geworden ist, reicht eine alleinige rationale Einsicht nicht aus, um eine vollständige Veränderung herbeizuführen. Vielmehr ist es wichtig, daß auch die dazugehörigen Verhaltensweisen ausgeübt werden. Nur dadurch, daß ich auch das tue, was meine rationale Einsicht aussagt, kann ich feststellen, inwieweit es sich um meine wirkliche Einstellung handelt, und nicht etwa um etwas Aufgesetztes oder nur so Dahergesagtes (»action speaks louder than words«).

Wenn ich beispielsweise Angst davor habe, mit dem Flugzeug zu fliegen, und ich mir rational deutlich gemacht habe, daß die Wahrscheinlichkeit eines Flugzeugabsturzes relativ gering ist, muß ich, wenn ich diese Angst überwinden möchte, auch tatsächlich irgendwann im Flugzeug fliegen und mich dieser Situation stellen. Es reicht nicht aus, wenn ich mir täglich dreimal für 5 Minuten Zeit nehme, um mir ganz bewußt zu sagen: »Du brauchst keine Angst vor dem Fliegen zu haben. Die Wahrscheinlichkeit eines Absturzes ist sehr gering!« Dies mag durchaus eine sinnvolle Vorübung zur Angstbewältigung sein. Die tatsächliche Veränderung erfolgt aber erst dann, wenn sich meine rationale Einsicht in einem konkreten Handeln äußert, damit sich mein Gefühl dieser Gegebenheit auch anpassen kann.

Aus Ihrem täglichen Leben sind Ihnen sicherlich auch einige Beispiele bekannt, an denen der Widerspruch zwischen den Gedanken und Gefühlen deutlich wird. Denken Sie beispielsweise einmal daran, wie es Ihnen geht, wenn Sie die Autobahn verlassen und auf die normale Landstraße kommen. Während Sie auf der Autobahn höhere Geschwindigkeiten gewöhnt gewesen sind und Ihr Denken (»Diese Geschwindigkeit ist für die Autobahn normal!«) mit Ihrem Fühlen übereinstimmte, so ist es häufig beim Verlassen der Autobahn so, daß sich das Gefühl entwickelt, Sie würden zu langsam fahren, obwohl Ihre Geschwindigkeit mitunter noch über der vorgeschriebenen Höchstgrenze liegt. Ihr Gefühl hat sich an die höhere Geschwindigkeit auf der Autobahn gewöhnt und kann sich nicht so schnell an die sich veränderten Geschwindigkeitsbedingungen auf der Landstraße anpassen, wie es Ihrem Denken gelingt. Erst nach einiger Zeit Autofahrt auf der Landstraße mit reduzierterer Geschwindigkeit werden Ihr Denken und das daraus resultierende Verhalten und Ihr Fühlen dann wieder deckungsgleich sein.

Zusammenfassung:

- Veränderung vollzieht sich zunächst dadurch, daß wir lernen, eine neue, realistische Einstellung der Situation gegenüber zu entwickeln.
- In dieser Phase der Veränderung zeigt sich häufig ein Widerspruch zwischen unserem Denken und Fühlen.
- Als Folge unserer neu gewonnenen Einstellung ist es notwendig, um die Veränderung auch wirklich zu vollziehen, unser Verhalten zu verändern.
- Das Gefühl paßt sich mit der Zeit diesen Veränderungen an, so daß das Denken, Verhalten und Fühlen deckungsgleich sind.

Kritische Phasen bei der Veränderung

Die tatsächliche Verhaltensumsetzung einer rationalen Einsicht stellt eine der kritische Phasen im Veränderungsprozeß dar. Häufig vermeiden es Menschen an dieser Stelle, sich auf die Veränderung einzulassen. Sie bleiben dann, trotz besseren Wissens, in ihren alten Mustern haften. Meist geht es ihnen danach emotional noch schlechter als vorher, da ihnen in diesem Augenblick auch ihre Vermeidung deutlich wird und sie bewußt merken, daß sie vermieden haben. Scham, Hilflosigkeitsempfinden und Abnahme des Selbstvertrauens sind häufige Folgen.

Karin H. nimmt an einem Trainingskurs »Soziale Kompetenzen« teil. Sie hat Probleme im Rahmen der sozialen Durchsetzung und kann nur unzureichend ihre Meinung sagen. Anderen Menschen gegenüber ist sie stets freundlich und anpassungsfähig. Wenn es um ihre eigenen Rechte geht, gibt sie sehr schnell nach. Sie ist der typische Fall von jemandem, der in ein Geschäft geht, um eine bestimmte Ware zu kaufen, und später mit einem ganz anderen, teueren Produkt, daß sie zudem nicht gebrauchen kann, zurückkommt. Karin H. weiß, daß sie diese massiven Probleme hat. Theoretisch ist sie zwischenzeitlich im Bilde darüber, wie sie sich eigentlich verhalten müßte, wenn sie in Bezug auf die Weiterentwicklung ihrer sozialen Fertigkeiten Fortschritte machen möchte. Die rationalen Alternativen und realistischen Einschätzungen der entsprechenden für sie schwierigen Situationen hat sie wiederholt durchgearbeitet. Aber Karin H. ist eine extremst starke Vermeiderin. Immer wieder geht sie der Umsetzung ihrer kritischen Situationen aus dem Weg. Obwohl der Schwierigkeitsgrad in Absprache mit ihr relativ niedrig angesetzt wird, vermeidet sie stets und hat immer wieder neue Ausreden, warum die Umsetzung ihres Verhaltens gerade nicht möglich ist. Eines Tag erscheint sie nicht mehr zu den Gruppensitzungen. Karin H. hat sich dafür entschieden, in ihren alten Mustern zu bleiben. Der Preis, den sie für ihre Entscheidung zahlt, ist allerdings sehr hoch, denn Karin H. wird es auf Dauer emotional schlechter gehen als zuvor. Ihr sind nämlich durch das Gruppentraining ihre Defizite noch deutlicher geworden. Sie hat zudem erfahren, daß sie über eine bestimmte Grenze der Bewältigung nicht hinauskommt. Totale Vermeidung erweist sich als ungünstigste Alternative.

Ein zweiter Stolperstein stellt die Ausdauer und Beharrlichkeit dar, mit der Sie an die Überwindung Ihrer emotionalen Probleme gehen sollten. Wie Sie aus dem vorherigen Kapitel erfahren haben, paßt sich unser Gefühl nicht unmittelbar dem neuen Denken an, sondern es braucht eine gewisse Zeit, bis Denken und Fühlen deckungsgleich sind. Viele Veränderungswillige haben nicht ausreichend Geduld und »Biß«, solange »am Ball zu bleiben«, bis das Problem auch wirklich gelöst ist. Sie geben zu schnell auf, wenn sich nicht der baldige Erfolg einstellt.

Günter N. neigt dazu, sich schnell aufzuregen und zu ärgern. Schon als Kind habe er eine gewisse »cholerische Neigung« gehabt, wie er mitteilt. In letzter Zeit habe er sich jedoch fast kaum noch unter Kontrolle. Er spüre auch die Ablehnung des sozialen Umfeldes als Reaktion auf seine Aggressionsausbrüche. Besonders rege er sich über seine Schwiegermutter auf. Nach dem Tod ihres Mannes, seines Schwiegervaters, komme sie häufig zu Besuch und beklage ständig ihr Leid. Es sei nicht zum Aushalten, so Günter N. Seine Frau versuche ihn zwar zu beruhigen, aber dies gelinge ihr nur zeitweise. Nach einem Gefühlsausbruch vor drei Wochen seiner Schwiegermutter gegenüber sei diese zwar für zwei Tage »eingeschnappt« gewesen. Danach sei sie aber wieder erschienen, fast noch häufiger als zuvor. Zudem habe seine Frau ihm Vorwürfe gemacht. Er wolle auch an der Kontrolle seines Ärgers arbeiten und ihm sei ja auch deutlich, daß er viele Dinge »zu eng« sehe, aber es müsse doch auch bald besser werden. Als Günter N. nach weiteren zwei Wochen immer noch nicht den erhofften Durchbruch erlebt, bricht er die weiteren therapeutischen Kontakte ab.

Geduld zahlt sich aus. Machen Sie sich deshalb auch deutlich, daß es sich um einen Veränderungs**prozeß** handelt. Prozesse dauern immer eine gwisse Zeit, bis sie erfolgreich abgeschlossen werden können. Solange sollten Sie deshalb auch, wenn Sie Erfolg haben wollen, bei der Sache bleiben.

Folgende Zusammenfassung möchte ich Ihnen anbieten:

- Eine kritische Phase während der angestrebten Veränderung besteht darin, die gewonnene realistische Überzeugung am konkreten Verhalten zu überprüfen. Erst dann, wenn Sie auch das tun, was Sie tun müßten, um sich zu verändern, ist eine Veränderung als stabil anzusehen.

- Eine zweite kritische Phase ist die Zeitspanne des Widerspruchs zwischen unserem Denken und unserem Fühlen.

Das Fühlen paßt sich nicht unmittelbar dem Denken an, sondern benötigt eine gewisse Zeit. Bis dahin sollten Sie Geduld bewahren und beharrlich an Ihrem Ziel der Veränderung weiterarbeiten.

Wege zu mehr Selbstvertrauen

Viele Menschen glauben, daß ihr persönlicher Wert abhängig davon ist, über möglichst viele geschätzte Fähigkeiten, Kompetenzen und Verhaltensweisen zu verfügen, und daß es notwendig ist, tunlichst viel Beachtung durch andere zu erhalten. Je positiver sie ihr Selbstkonzept sehen, d.h. über je mehr geschätzte Eigenschaften sie verfügen und je mehr soziale Anerkennung sie erfahren, desto höher ist ihr Selbstwertgefühl. Umgekehrt wird das Selbstwertgefühl als niedrig erlebt, je mehr negative Eigenschaften für sie vorhanden sind, je weniger leistungsfähig sie sind und je weniger soziale Bekräftigung sie erleben. Daher entwickeln diese Menschen vornehmlich Tendenzen dahingehend, möglichst viele der von ihnen geschätzten Dinge zu tun und herausragende Leistungen zu vollbringen. Um so höher wäre ihr Selbstwert. Dieser sinkt umgekehrt dann rapide ab, wenn die Dinge nicht so laufen, wie sie sich das wünschen, oder sie auch nur wenig Beachtung durch andere erfahren. So oder so ist jedoch ihr Selbstwertgefühl abhängig von vorhandenen Leistungen, Fähigkeiten oder vom Urteil durch andere.

Denken Sie bitte einen Augenblick über das nach, was Sie jetzt gleich lesen werden:

Ist die Folgerung richtig, daß mein Nachbar, der über mehr Geld verfügt als ich, folglich auch mehr wert ist als ich? Ist es richtig, daß dieser Nachbar, der zudem eine 10 km- Distanz im Laufen schneller bewältigt als ich, mehr Wert hat als ich? – Was meinen Sie?

Der Schluß, von einem Merkmal auf den Wert eines Menschen zu schließen, ist unlogisch. Selbst wenn mein Nachbar über mehr Geld verfügt als ich, ist er deshalb kein wertvollerer

Mensch. Vielmehr ist es richtig zu sagen, daß der Reichtum meines Nachbarn größer ist als mein Reichtum. Mein Nachbar ist doch nicht gleichzusetzen mit seinem Geld. Selbst wenn er zudem noch über eine 10 km- Distanz schneller laufen würde als ich, kann daraus nicht gefolgert werden, daß er deshalb ein wertvollerer Mensch ist als ich. Richtig ist vielmehr, daß seine Laufleistung besser ist als die meine. Er selbst stellt weder seinen Reichtum noch seine Laufleistung dar. Tatsache ist lediglich, daß sein Reichtum größer ist als der meine und daß er über die 10 km- Distanz schneller läuft als ich. Aber daraus zu folgern, daß er deshalb ein wertvollerer Mensch ist, entspricht nicht der Realität.

Eine derartige Sichtweise unseres Selbst ist insofern als sehr kritisch anzusehen, da Menschen an sich viel zu komplex sind, als daß sie sich ausreichend einschätzen und bewerten könnten. Daher ist es praktisch gar nicht möglich, bei einer potentiellen Bewertung alle vorhandenen positiven und negativen Aspekte zu berücksichtigen. Selbst wenn man dies tun könnte, wäre nicht klar, wie die unterschiedlichen Bewertungsgrundlagen miteinander verrechnet werden müßten, um zu einer Gesamtbewertung zu kommen. Ein derartiger Schluß, von den einzelnen Aspekten zu einer Gesamtbeurteilung, wäre definitorisch und würde nicht berücksichtigen, daß eine Überzeugung oder Bewertung keine Tatsache darstellt.

Zur Verdeutlichung dieses Sachverhalts möchte ich Ihnen einmal die nachfolgende Analogie zeigen, die häufig in der REVT verwendet wird: *

Stellen Sie sich vor, daß Sie eben einen riesigen Früchtekorb bekommen haben. Sie greifen in den Korb hinein und nehmen einen wundervollen roten Apfel heraus, dann eine reife saftige Birne und dann eine faule Orange und dann eine gute Banane und dann ein Bündel Trauben, von denen einige verfault

* (aus: Walen, di Guiseppe, Wessler: RET- Training, Pfeiffer, München 1982)

sind. Wie würden Sie nun die einzelnen Früchte beschreiben? Klar, einige sind gut und einige sind nicht gut. Sie würden einige davon wegwerfen wollen. Und wie würden Sie den Korb etikettieren? Sie sehen, der Korb stellt Sie dar, und die Vielfalt der Früchte, die einen reif, die anderen verfault, sind so etwas wie Ihre Eigenschaften. Sich selbst aufgrund eines einzigen Charakterzuges zu bewerten wäre so ähnlich, wie wenn Sie sagen würden, der Korb sei schlecht, weil er einige schlechte Früchte enthält.

Einen sinnvollerer Weg, zu einer angemessenen Sicht seines Selbst zu kommen, besteht darin, prinzipiell auf eine Gesamtbewertung der Person zu verzichten und statt dessen einzelne Fähigkeiten und Verhaltensweisen als gut oder schlecht einzuschätzen. Da sich das Selbst aus einer Vielzahl von Merkmalen und Eigenschaften zusammensetzt, wäre es besser, diesen einzelnen Faktoren einen Wert zu geben. Jemand kann erfolgreich im Beruf sein, gleichzeitig aber seine Kinder vernachlässigen. Ein anderer ist ein lausiger Liebhaber. Er ist jedoch intellektuell sehr bewandert. Ein dritter hat eine Glatze und ist gleichzeitig bei Sozialkontakten sehr einfühlsam.

Zum besseren Verständnis dazu ein Beispiel:

Heike B. ist eine 43jährige Sachbearbeiterin, die unter depressiven Verstimmungen leidet. Sie ist in zweiter Ehe geschieden, derzeit alleinlebend und ist Mutter eines volljährigen Sohnes. Noch heute, Jahre nach der letzten Trennung, denkt sie häufig an ihre Partner und wirft sich vor, innerhalb der Partnerschaften versagt zu haben. Sie klagt sich an, vorschnell diese Beziehungen eingegangen zu sein, zu wenig Zeit für ihre Partner investiert zu haben und ihrem Sohn dann auch noch den Vater genommen zu haben. Heike B. fühlt sich insgesamt minderwertig und nicht liebenswert. Sie wundert sich insgeheim, daß ihre Ex- Männer überhaupt Interesse an ihr gefunden haben. Auch an ihrem Arbeitsplatz hat sie wenig Erfolgserlebnisse. Sie vergleicht sich ständig mit ihren Kolleginnen, um zu dem Ergebnis zu kommen, daß diese besser und schneller arbeiten als sie, über eine höhere berufliche Kompetenz verfügen und bei Kunden und dem Vorgesetzten besser ankommen. Kurzum: Heike B. erlebt sich als minderwertig. Jeder Tag ist für sie seit Jahren eine Qual. Sie hat Probleme damit, ihren Alltag zu strukturieren und gezielt Anforderungen zu bewältigen. Innerhalb einer Verhaltenstherapie lernt sie umzudenken. Sie lernt ihren Alltag zu strukturieren und anfallende Aufgaben nach und nach in Angriff zu nehmen. Je besser es ihr gelingt, ihre Alltäglichkeit zu strukturieren und zu leben, um so mehr hat sie das Gefühl einer Kontrolle über ihr Leben. Sie gewinnt mehr Selbstvertrauen und lernt, sich selbst differenzierter zu sehen mit ihren Stärken wie auch mit ihren Schwächen. Sie gibt ihren verinnerlichten Satz: »Ich bin minderwertig und wertlos!« auf und sagt sich statt dessen: »Es gibt Dinge, die kann ich gut, wie beispielsweise charmant zu anderen zu sein und eine schnelle Auffassungsgabe zu entwickeln, und es gibt Dinge, die kann ich nicht so gut, wie beispielsweise Geduld zu bewahren oder Schriftstücke anzufertigen. Aber ich akzeptiere mich so wie ich bin, mit meinen guten und meinen schlechten Seiten!« Heike B. hat es geschafft, ihr Leben zu steuern und in die Hand zu nehmen. Sie erlebt sich identisch mit den verschiedenen Seiten ihrer Persönlichkeit, ihren Fähigkeiten und Verhaltensweisen. Heike B. lebt heute ein zufriedenes Leben.

Jeder Mensch verfügt über positive wie negative, erwünschte wie unerwünschte, sozial- akzeptierte wie sozial- nichtakzeptierte Eigenschaften. Aus dem einen oder anderen Aspekt jedoch zu folgern, daß er deshalb wertvoller oder minderwertiger sei, ist irrational. Vielmehr wäre eine Einschätzung realistischer, die sich an den einzelnen Merkmalen orientiert. Jeder Mensch an sich ist wertvoll und einmalig und sollte sich aus diesem Grunde prinzipiell schon bedingungslos akzeptieren, unabhängig davon, was er kann, woher er kommt und wie andere ihn einschätzen. Als Konsequenz einer derartigen bedingungslosen Selbstakzeptierung würden sich mehr Selbstvertrauen, persönliche Unabhängigkeit und emotionales Wohlbefinden entwickeln.

Zusammenfassend lassen Sie uns noch einmal festhalten:

– Jeder Mensch setzt sich aus einer Vielzahl von Merkmalen, Fähigkeiten und Verhaltensweisen zusammen. Aufgrund dieser Komplexität ist es nicht möglich, einen Menschen global einzuschätzen oder zu bewerten.

- Sinnvoller wäre es deshalb, den einzelnen Merkmalen an sich einen Wert zuzusprechen. Dies würde dazu führen, daß diese Merkmale in ihrer Bedeutung realistisch eingeschätzt werden können.

- Als Folge einer derartigen Selbstakzeptierung entwickeln sich verstärktes Selbstvertrauen, ein höheres Maß an persönlicher Unabhängigkeit und Zufriedenheit.

Wie Sie Ihren Perfektionismus reduzieren können

Perfektionistisch zu handeln und dabei auch noch zu bemerken, daß man dies tut, ist zweierlei. Die meisten Perfektionisten können in die erste Kategorie eingeordnet werden, denn die wenigsten registrieren ihren Perfektionismus. Dies wäre gleichzeitig auch der erste Schritt einer Änderung, nämlich zunächst erst einmal eine Sensibilität dafür zu entwickeln, daß man perfektionistisch handelt.

Einen gewissen Anhaltspunkt für das Vorliegen von Perfektionismus gibt Ihnen die nachfolgende Skala, die von dem amerikanischen Perfektionismus – Forscher Prof. David D. Burns entwickelt wurde.*

So messen Sie Ihren Perfektionismus

Nachfolgend finden Sie eine Liste von zehn menschlichen Verhaltensweisen und Einstellungen. Stellen Sie fest, in welchem Umfang Sie einer Äußerung zustimmen, und zwar anhand der folgenden Bewertungsskala:

+2 = ich bin voll und ganz derselben Meinung
+1 = ich stimme dem im großen und ganzen zu
0 = dazu habe ich gar keine Meinung
-1 = dem kann ich nicht ganz zustimmen
-2 = da bin ich ganz und gar anderer Meinung

Tragen Sie in den freien Raum vor jeder Äußerung die Zahl

* (aus: Psychologie Heute, Heft 1, 1984, 11 Jahrgang, David D. Burns, Perfektionismus: »Niemand ist vollkommen«)

ein, die in etwa dem entspricht, was Sie empfinden. Es ist nur eine Zahl pro Äußerung möglich. Es gibt keine »falschen« oder »richtigen« Antworten.

___ 01. Wenn ich nicht die höchsten Anforderungen an mich selbst stelle, laufe ich Gefahr, in Mittelmäßigkeit abzusinken.

___ 02. Wenn mir ein Fehler unterläuft, werden die Leute wahrscheinlich weniger von mir halten als jetzt.

___ 03. Wenn ich etwas nicht wirklich gut machen kann, dann hat es keinen Sinn, es überhaupt zu tun.

___ 04. Wenn ich einen Fehler mache, beunruhigt mich das sehr.

___ 05. Wenn ich mich nur genug anstrenge, sollte mir eigentlich alles, was ich mir vornehme, perfekt gelingen.

___ 06. Es ist eine Schande für mich, Schwächen zu zeigen und mich kindisch zu verhalten.

___ 07. Ich darf nicht immer wieder denselben Fehler machen.

___ 08. Durchschnittliche Leistungen sind für mich auf jeden Fall unbefriedigend.

___ 09. Wenn mir etwas Wichtiges nicht gelingt, dann ist das ein Zeichen für Minderwertigkeit.

___ 10. Wenn ich mich selbst tadele, weil ich meine eigenen Erwartungen nicht erfüllt habe, wird das eine Hilfe für bessere Leistungen in der Zukunft sein.

Die Auswertung finden Sie im Anhang II am Ende des Buches.

Die Vor- und Nachteile von Perfektionismus

Sollten Sie festgestellt haben, daß Sie eine Tendenz zum Perfektionismus entwickeln oder sollte Ihnen dies bereits bekannt gewesen sein, bevor Sie die Perfektionismus- Skala ausgefüllt haben, so möchte ich Ihnen zur Reduzierung Ihres Perfektionismus folgende Übung vorschlagen:

Nehmen Sie sich einmal 15 Minuten Zeit und bewaffnen Sie sich mit einem Zettel und einem Schreibgerät. Überlegen Sie bitte, welche Vor- und welche Nachteile mit Ihrem Perfektionismus verbunden sind. Lassen Sie sich für die Übung diese Zeit und gehen Sie in Gedanken verschiedene Situationen durch, in denen Sie sich perfektionistisch verhalten haben. Denken Sie darüber nach, worin der Vorteil in Ihrem Verhalten bestanden hat und welche Nachteile damit verbunden waren. Notieren Sie beides auf einen Zettel, wobei Sie in einer linken Spalte die Vor- und in einer rechten Spalte die Nachteile auflisten können.

Was haben Sie für sich finden können? Welche Überlegungen haben Sie angestellt? Überwiegen Ihre Vor- oder überwiegen Ihre Nachteile?

Eine typische Auswertung könnte wie folgt aussehen:

Vorteile	**Nachteile**
Ich bin mit dem Ergebnis meiner Arbeit ziemlich zufrieden.	Es kommt wenig Spaß und Freude auf.
Mein Chef lobt mich häufig.	Ich fühle mich häufig sehr gestreßt und angespannt.
	Abends komme ich nur selten zur Ruhe.
	Ich gehe selten Risiken ein, sondern

bewege mich meist innerhalb eines Sicherheitsbereiches. Dadurch kann ich nur wenig an Kreativität entwickeln. Ich fühle mich mehr als Einzelkämpfer.
Manchmal glaube ich, daß ich mich nicht weiterentwickele.

Bei den meisten Personen, denen ich diese kleine Aufgabe gegeben habe, überwogen die Nachteile sehr deutlich in Relation zu den Vorteilen.

Es ist wichtig, wenn Sie sich auch wirklich verändern wollen, daß Sie diese Übung machen. Es reicht nicht aus, daß Sie dies dann nur lesen. Dadurch, daß Sie etwas schriftlich fixieren, setzen Sie sich mit dem Sachverhalt intensiver auseinander und entwickeln ein Bewußtsein darüber, ob es wirklich so vorteilhaft ist, perfektionistisches Verhalten auszuüben.

Der Zusammenhang zwischen Freude und Leistung

Nicht jede Leistung, die wir vollbringen, und nicht jede Aktivität, die wir ausüben, ist mit Spaß und Freude behaftet. Umgekehrt führt nicht all das, was uns Freude bereitet, auch zu einer tollen Leistung.

Damit Sie für sich den Zusammenhang zwischen Freude und Leistung einmal feststellen können, möchte ich Ihnen einmal Folgendes vorschlagen:

Nehmen Sie sich bitte einmal eine Woche lang Zeit und legen Sie sich ein kleines Heft an. Notieren Sie für jeden Tag die Aktivitäten und Tätigkeiten, die Sie ausüben, und schätzen Sie zunächst ein, bevor Sie etwas tun, wieviel Freude und Spaß diese Aktivität wohl für Sie bringen würde. Stellen Sie sozusagen im Voraus eine Prognose auf. Die Einschätzung sollte im Bereich von 0 (= absolut keine Freude) bis 100 (= extreme Freude) erfolgen. 50 wäre dann der mittlere Wert. Bei 25 wäre die Freude gering, bei 75 bereits schon stark ausgeprägt.

Nachdem Sie die Freude und Befriedigung vorausgeschätzt haben, würde ich Sie bitten, nach Durchführung der Aktivität, Ihre tatsächlich empfundene Freude einzuschätzen. Wieviel Spaß habe ich bei Ausübung der Aktivität wirklich erlebt? Die Beurteilung erfolgt ebenfalls im Bereich von 0 bis 100.

Eine letzte Einschätzung bezieht sich auf Ihre Leistung an sich. Schätzen Sie in einer weiteren Spalte ein, wie Ihre Leistung war, d.h. wie erfolgreich Sie waren oder wie leicht bzw. schwer es Ihnen gefallen ist, diese Aktivität auszuüben. Nehmen Sie wieder eine Einschätzung von 0 (= kein Erfolg) bis 100 (= maximaler Erfolg/ es ist mir sehr leicht gefallen) vor.

Als Beispiel zur Veranschaulichung die Beurteilung eines Leitenden Angestellten:

Aktivität	**Wieviel Freude werden Sie wohl bei Ausübung der Atktivität erleben?**	**Wieviel Freude haben Sie wirklich erlebt?**	**Wie erfolgreich waren Sie?**
Der Sekretärin einen Brief diktiert	70	50 (Es war doch nur Routine)	95 (Stellt für mich kein Problem dar)
Teambesprechung geleitet	80	40 (Einige Mitarbeiter bringen nicht die erwartete Leistung)	60 (War verärgert, wirkte verkrampft)
Regal für die Tochter zusammengesetzt	25	95 (Bei meiner handwerklichen Ungeschicklichkeit	30 (Lange dafür gebraucht, häufig Fehler gemacht)

		hätte ich nicht erwartet, daß ich es überhaupt schaffen würde)	
Mit dem Nachbarn ein Bier über den Zaun getrunken	40	90 (Ich dachte zuerst, er hält mich von der Arbeit ab. Hat dann aber doch Spaß gemacht)	40 (Der Small-talk ist für mich ungewöhnlich, wirkte etwas steif)
Tennis gespielt	70	80 (War nicht in Form. Trotzdem war es sehr lustig)	20 (Schlappe Leistung)
Gespräch mit einem Bewerber für eine Anstellung	90	60 (Fand das Bewerbungsgespräch doch nicht so reizvoll, wie zunächst wartet)	90 (Habe es schnell geschafft, den Bewerber richtig einzuschätzen)

Haben Sie beim Durchlesen dieser Beispiele etwas bemerkt? Ist Ihnen etwas aufgefallen? Ist Ihre eigene Beurteilung so ähnlich, wie diese hier im Buch?

Vielleicht ist Ihnen deutlich geworden, daß nicht bei jeder Aktivität, von der im Vorhinein erwartet wurde, daß sie auch eine große Freude bereiten würde, diese letztlich auch eintrat. Ferner gibt es auch Aktivitäten, die erfolgreich bewältigt wurden, aber deren Ausmaß an Freude und Spaß niedriger liegt. Umgekehrt tritt ein hohes Ausmaß an Freude bei Aktivitäten auf, von denen im Vorhinein gar nicht erwartet wurde, daß sie zu solch einem hohen Ausmaß an Freude führen würden und die zudem in ihrer Bewältigung niedrig eingeschätzt wurden. Perfekte Bewältigung einer Aktivität und Tätigkeit ist somit nicht unbedingt auch gleichzeitig mit erlebter Freude verbunden, und umgekehrt geht erlebte Freude nicht unbedingt mit einer perfekten Leistung einher.

Wenn Sie daher glauben und fest davon überzeugt sind, eine perfekte Leistung bringen zu müssen, um auch gleichzeitig Freude zu erleben und Spaß zu haben, machen Sie sich etwas vor. Perfekte Leistungen und tolle Ergebnisse sind nicht unbedingte Voraussetzung für persönliche Zufriedenheit. Vielfach führt die Angst davor, eine Leistung nicht perfekt zu bringen, dazu, daß bestimmte Tätigkeiten nicht ausgeführt oder bestimmte Aktivitäten erst gar nicht begonnen werden. Sie nehmen sich dadurch Möglichkeiten, Erfahrungen zu sammeln, die eigene Perspektive zu erweitern, Produktivitäten zu entwickeln und mehr Lebensfreude zu entfalten.

Es geht in diesem Zusammenhang jedoch nicht darum, das Leistungsverhalten an sich zu verteufeln. Sondern es geht darum, die Einseitigkeit des Leistungsprinzips in Frage zu stellen. Leistung sollte angemessen in unser Leben eingebettet werden und nicht umgekehrt, unser Leben dem Leistungsprinzip untergeordnet werden.

Perfektionistisches Denken ändern

Menschen mit perfektionistischen Tendenzen unterliegen bestimmten Denkfehlern. Diese Denkfehler sind das Alles- oder-Nichts- Denken, unzulässige Verallgemeinerungen und absolutistische Forderungen. Ein erster Schritt zur Veränderung des eigenen Denkens besteht darin, eine Sensibilität dafür zu entwickeln, daß derartige Gedanken auftreten. Meistens bemerkt man gar nicht, was man denkt. Das Denken findet automatisch statt, ohne daß es dem Einzelnen überhaupt deutlich wird, was er denkt. Unsere Gedanken sollten uns deshalb bewußt werden, um sie dann nachfolgend verändern zu können.

Meiner Erfahrung nach ist es für Menschen häufig zunächst zu schwierig, das eigene Denken zu erfassen und die eigenen Gedanken zu registrieren. Es ist oft einfacher, erst einmal andere zu beobachten und deren Einstellungen festzustellen. Nehmen Sie sich deshalb wieder Ihr Heft zur Seite, und beobachten Sie zunächst einmal eine Woche lang die Gespräche und die Redensweisen **von anderen Personen**. Achten Sie auf deren Verhalten und versuchen Sie daraus Rückschlüsse auf deren Denkmuster zu ziehen. Sinnvoll wäre es, besonders Personen zu beobachten, von denen Sie der Meinung sind, daß diese über perfektionistische Tendenzen verfügen. Achten Sie auf deren Reden und Kommunikation. Halten Sie alles in Ihrem Heft fest.

Im nächsten Schritt möchte ich Sie bitten, wenn Sie Ihre Beobachtungen notiert haben, jeweils **realistische Alternativen** dafür zu entwickeln. Realistsiche Alternativen sind solche, die an der Realität orientiert sind und mit der Realität übereinstimmen (»Ist das, was die andere Person denkt, auch richtig?«, »Stimmt ihr Denken mit den Gegebenheiten überein?«).

Beobachtung 1:
Meine Chefin hat meine Kollegin, die in der letzten Zeit relativ wenig Umsatz gemacht hat, mit den Worten angeraunzt: »So eine schlechte Verkäuferin wie Sie habe ich noch nie gehabt! Schauen Sie sich einmal Frau X an, das ist eine gute Verkäuferin!«

Wie könnte eine realistische Alternative aussehen? – Zum Beispiel so:

Es gibt keine guten oder schlechten Verkäuferinnen, sondern Verkäuferinnen, die besser oder schlechter verkaufen können. Aber die Verkaufsleistung ist nicht jeden Tag gleich, da Menschen keine Maschinen sind, sondern Leistungsschwankungen unterliegen. Auch Verkäuferinnen, die in der Regel gut ver-

kaufen, haben Phasen, in denen ihre Leistung schlechter ist. Sind sie deshalb gleich schlechte Verkäuferinnen?

Beobachtung 2:
Mein Freund sagte mir einen Tag nach seiner Party, daß diese wohl eine ganz große Pleite gewesen sei. Er habe vergessen, Altbier zu besorgen, was einige Gäste verlangt hätten.

Realistische Alternative:
Selbst wenn einige Gäste Altbier verlangt haben und dies nicht dagewesen ist, hat die Feier doch den meisten sehr viel Spaß gemacht. Die Stimmung war locker, das Essen schmackhaft und die Getränke gut gekühlt. Nichtvorhandenes Altbier ist doch nicht der einzige Maßstab für das Gelingen einer Party.

Beobachtung 3:
Der Abteilungsleiter von mir hatte einen Vortrag halten müssen, in dem er die Konzeption unserer Abteilung vorstellen mußte. Es waren viele »hohe Tiere« der Firma dabei. Nach dem Vortrag mußte er Fragen beantworten. Auf eine wußte er keine Antwort. Er war hinterher darüber sehr verärgert und meinte: »Das hätte mir nicht passieren dürfen. Der ganze Vortrag war unzureichend. Ich habe mich vor versammelter Mannschaft gründlich blamiert!«

Realistische Alternative:
Ist denn ein Vortrag deshalb schon automatisch schlecht, nur weil dabei eine einzige Frage nicht beantwortet werden konnte? Dies sicherlich nicht. Da hat mein Abteilungsleiter aber überreagiert.

Ich hoffe, es ist für Sie verständlich, was gemeint ist und möchte Sie dazu motivieren, diese Übung auch wirklich einmal eine Woche lang durchzuführen. Vielleicht kommt Ihnen dann das

Denken der anderen manchmal recht komisch vor. – Dazu werden Sie mir jedoch erst nach einer Woche etwas sagen können!

Ich würde Sie nun in einem weiteren Schritt bitten, einmal **selbst übertrieben zu denken**. Nehmen Sie als Maßstab die Denkmuster von Menschen mit perfektionistischer Ausrichtung und versuchen Sie bewußt – extra übertrieben – die Welt in derartigen Mustern zu sehen. Fangen Sie damit bereits morgens schon nach dem Aufstehen an:

»Geht es mit gut oder geht es mir schlecht?«, »Wird der Tag ein voller Erfolg oder eine mißliche Pleite?«, »Ist mein Partner sehr gut oder sehr schlecht gelaunt?«, »Sind meine Kinder heute artig oder sind sie ungezogen?«, »Ist mein Chef freundlich oder ist er mies drauf?«, »Ist die Wohnung sauber oder ist sie schmutzig?«, »Ist sie aufgeräumt oder ist sie unaufgeräumt?«, »Ist die Person, die mir begegnet, ausgesprochen hübsch oder ist sie extrem häßlich?«, »Ist der Kellner im Restaurant sehr dick oder ist er sehr dünn?«

Das waren Beispiele für das Alles- oder- Nichts- Denken. Beispiele für Verallgemeinerungen könnten sein: »Ich habe jetzt mit dem Kaffee gekleckert. Ich kleckere immer mit dem Kaffee!«, »Ich habe den Bus verpaßt. Oh Gott, das passiert mir jedesmal!«, »Meine Nachbarin schaut mich so kritisch an. Irgend etwas an mir scheint nicht zu stimmen. Alle schauen mich immer kritisch an.«, »Eine Kundin ist wieder aus dem Geschäft gegangen, ohne etwas zu kaufen. So etwas passiert nur mir!« Schließlich noch Beispiele für absolute Forderungen: »Ich muß mich heute korrekt anziehen, wer weiß, was so alles auf mich zukommt!«, »Ich hätte beim Umschlagen der Zeitung besser aufpassen müssen. Jetzt ist ein Knick im Blatt!«, »Ich muß unbedingt vor 12.00 Uhr fertig sein!«, »Innerhalb der nächsten 15 Minuten muß es mir gelungen sein, die Aufgabe zu bewältigen.«, »Ich hätte meinen Kollegen freundlicher grüßen sollen!«

Machen Sie auch diese Übung eine Woche lang jeden Tag. Sie soll Ihnen dabei helfen, sich Ihrer eigenen Denkmuster deutlicher bewußt zu werden. Diese sollen Sie nämlich nun, im weiteren Vorgehen, selbst erfassen und täglich darüber Buch führen. **Notieren Sie Ihr eigens Denken** für jeden Tag und machen Sie eine ABC – Analyse, so wie Sie es im Kapitel »Das ABC der Gefühle« kennengelernt haben. Dies soll Ihnen dabei helfen, Ihr Denken auf eine realistische und angemessene Ebene zu bringen.

Auch hierfür wieder zwei Beispiele:

1. Beispiel:

A	B	C
Sie erwarten für heute Abend Besuch	»Ich muß alles perfekt organisiert haben, wenn der Besuch heute abend kommt!«	Angst, Anspannung
(Situation)	(Gedanken)	(Gefühle)

D	E
Muß ich wirklich alles unbedingt so perfekt organisiert haben, wenn der Besuch kommt? <u>Realistische Alternative:</u> *So perfekt muß es nicht organisiert sein, wenn der Besuch heute kommt. Ich werde einiges zu trinken besorgen und einige Knabbereien anbieten. Das wäre für den Anlaß des Besuches angemessen. Als wir bei ihnen zu Besuch waren, haben sie auch Getränke und Knabbereien angeboten.*	neutrales Gefühl Angst und Anspannung lassen nach
(Disputation)	(Effekt)

2. Beispiel:

A
Ein Kunde sagt einen zuvor vereinbarten Termin ab.
(Situation)

B
»Ich muß irgend etwas falsch gemacht haben, daß der Kunde abgesagt hat!«
(Gedanken)

C
Niedergeschlagenheit
Minderwertigkeitsgefühl
(Gefühle)

D
Woher weiß ich denn überhaupt, daß ich irgend etwas falsch gemacht habe.
Selbst, wenn ich etwas falsch gemacht hätte, woher weiß ich denn, ob der Kunde deshalb den Termin abgesagt hätte?

<u>Realistsiche Alternative:</u>
Wenn ich die Situation analysiere, stelle ich fest, daß ich mich dem Kunden gegenüber nicht anders verhalten habe, als anderen Kunden gegenüber auch. Ich kann an meinem Verhalten keinen Fehler finden.
Selbst, wenn ich dem Kunden gegenüber etwas falsch gemacht hätte, wüßte ich trotzdem nicht, ob er deshalb den Termin abgesagt hätte.
Schade jedoch, daß er den Termin abgesagt hat.
(Disputation)

E
Gefühl des Bedauerns
Selbstwertgefühl bleibt stabil
(Effekt)

Damit Sie sich auch auf Dauer ändern, ist es unabdingbar, die ABC – Analysen auch weiterhin durchzuführen. Ihr Denken ändert sich nicht gleich, nur weil sie eine Zeitlang einige ABC – Analysen gemacht haben. Veränderung ist vielmehr ein langer und harter Prozeß, der Ihnen sicherlich so einiges abverlangen wird.

Doch allein mit der Durchführung der ABC – Analysen ist es noch nicht getan. Sie müssen noch einen letzten Schritt tun, um Ihr Ziel zu erreichen. Sie müssen nämlich noch Ihr neues, realistisches **Denken an der Realität erproben**, d.h. Sie müssen Ihr Verhalten auch nach dem realistischen Denken ausrichten.

Zur Verdeutlichung möchte ich noch einmal auf das Beispiel 1 zurückkommen (A: Sie erwarten für heute Abend Besuch). Nachdem es Ihnen nun gelungen ist, eine realistische Einschätzung der Situation zu gewinnen, müssen Sie auch Ihr Verhalten nach dieser neuen Einstellung ausrichten. In diesem Fall sollten Sie Ihre Vorbereitung auf die Besorgung von Getränken und Knabbereien beschränken. Dies wäre eine angemessene Vorbereitung für die Situation. Es wäre deshalb unsinnig, wenn Sie zwar sagen würden: »Ja, eigentlich reichen die besprochenen Vorbereitungsmaßnahmen aus!«, Sie dann aber dennoch den ganzen Nachmittag die Wohnung aufräumen und putzen würden, verschiedene Sorten Bier, Wein und Spirituosen einkaufen sollten und dazu noch eine Palette nichtalkoholischer Getränke wie verschiedene Sorten Säfte, Mineralwässer und Sprudel besorgen würden. Zudem gäbe es ein mehrgängiges Menü, das Sie in sorgfältiger Weise vorbereiten würden. In einem derartigen Fall, wäre Ihr Verhalten nicht übereinstimmend mit Ihrem Denken. Sie sagen sich dann zwar die realistischen Sätze, sind aber dennoch nicht vollständig überzeugt davon. Sie haben sich dann nicht geändert. Eine »richtige« Änderung bedeutet auch gleichzeitig, daß sich Ihr Verhalten dem Denken anpaßt.

Unser Abteilungsleiter aus der Beobachtung 3 dieses Kapitels hätte die Möglichkeit, um sein Denken an der Realität zu orientieren, bei anderen einmal nachzufragen, ob auch sie der Meinung sind, daß er sich wirklich blamiert habe, da er bei seinem Vortrag eine nachfolgende Frage nicht beantwortet hatte.

Wahrscheinlich wird er dann feststellen, daß die meisten Personen ihm sagen würden, daß es wirklich nicht so schlimm und katastrophal sei, wie er es sich einbilden würde, und daß die Nichtbeantwortung einer Frage bei einer sonst fehlerfreien Vorstellung keine Blamage darstelle.

Vielfach stellt die Phase der Verhaltensänderung – vom Denken zum Handeln – eine kritische Phase dar. Häufig treten dabei sich widersprechende Gefühle und Spannungszustände auf. Obwohl der betreffenden Person sehr deutlich ist, daß Ihr Denken richtig ist, erlebt Sie die Spannungen als so stark, daß sie in dieser Phase der Gefahr unterliegen könnte, ihre Veränderungstendenz aufzugeben. Sollte dies dann auch wirklich geschehen – wir Verhaltenstherapeuten sprechen von einem Vermeidungsverhalten – würde sich ein Nachlassen der Spannung einstellen, was als erleichternd erlebt wird. Allerdings wird dadurch lediglich das Fehlverhalten und nicht das erwünschte Verhalten verstärkt. Halten Sie deshalb unbedingt Ihre Veränderungstendenzen durch, auch wenn es sehr schwer fallen sollte. Ihre alten Muster sind stark und lassen Sie so schnell nicht los. Aber Sie sind im Endeffekt doch stärker, wenn Sie nur beharrlich bleiben und sich immer wieder motivieren, die Veränderungen umzusetzen. Auf Dauer lassen die alten Muster und damit auch die Anspannungen nach. Ihr Denken hat sich dann durchgesetzt und an der Realität erprobt. Sie haben es nun geschafft.

Zusammenfassung:

- Veränderung beginnt im Kopf und umfaßt verschiedene Schritte.

- Beobachten Sie zunächst andere Personen und achten Sie

auf deren Redensarten. Notieren Sie das perfektionistische Denken der anderen und entwickeln Sie dazu realistische Alternativen.

- Denken Sie eine Zeitlang übertrieben perfektionistisch.

- Achten Sie auf Ihr eigenes Denken und schreiben Sie es auf. Entwickeln Sie anhand der ABC- Analyse realistische Alternativen.

- Erproben Sie diese Alternativen an der Realität. Denken und handeln Sie angemessen und realistisch.

Die Angst vor dem Versagen und vor Ablehnung durch andere überwinden

Angsterzeugendes Denken ändern

Da Sie bisher einiges über Veränderungsmöglichkeiten in diesem Buch gelesen haben, werden Sie bestimmt auch schon einige Überlegungen darüber angestellt haben, wie die Ängste vor dem Versagen oder vor einer Ablehnung durch andere Menschen überwunden werden können. Richtig, der erste Schritt besteht darin, sensibel dafür zu werden, daß man unter derartigen Problemen leidet. Häufig wissen Menschen zwar, daß sie Schwierigkeiten haben, und daß sie emotional belastet sind. Sie bringen dies jedoch nicht damit in Verbindung, daß sie unter Ängsten leiden. Vielfach wird unter Angst nur eine Objekt- oder Situationsangst verstanden, wie z.B. Angst vor wilden Tieren, Überfällen, Tätlichkeiten oder Unfällen. Angst bedeutet jedoch immer, daß eine negative Konsequenz im Vorhinein angenommen wird. Unser Denken – »Ich glaube, es passiert etwas Schlimmes!« – führt zum Gefühl der Angst. Die häufigste Angst, unter der wir Menschen leiden, ist die Angst zu versagen und abgelehnt zu werden.

Um sich seiner Ängste bewußter zu werden, würde ich Ihnen zunächst einmal empfehlen, sich eine Woche lang zu **beobachten** und die entsprechenden Situationen in das Heft, daß Sie sich sicherlich bereits schon angeschafft haben, zu notieren. Wie sehen die Situationen aus, in denen die Ängste auftreten? Wo erleben Sie starke Spannungen, die ein Anzeichen für Angst sein könnten? Wie reagieren Sie? Welche Gedanken gehen Ihnen dabei durch den Kopf? Notieren Sie dies alles in Ihrem Heft.

Im nächsten Schritt sollten Sie sich Ihrer **angsterzeugenden Gedanken deutlich bewußt werden**. Wie Sie ja bereits wissen, führt nicht die gegebene Situation an sich zu dem Gefühl der Angst, sondern unser erlebtes Gefühl ist eine Folge unseres Denkens. Wenn Sie nun Angst erleben, machen Sie sich auch angsterzeugende Gedanken. Diese sollten Sie für sich identifizieren und notieren.

Ihre Notizen für eine Woche könnten beispielsweise so aussehen:

Montag:
Ich war bei Julia zu Besuch. Eine ihrer Freundinnen war bereits da, von der ich wußte, daß Julia viel von ihr hält. Ich war auf deren Anwesenheit nicht vorbereitet und wurde sehr verlegen, als ich diese sah. Ich habe die ganze Zeit unter Spannungen gestanden und mich auch nicht getraut zu sagen, daß ich Milch und Zucker in den Kaffee wollte. Ich glaube, ich wollte irgendwie nicht negativ auffallen und hatte Angst vor einer abwertender Bewertung von beiden.

Dienstag:
Mein Arbeitskollege hat in drei Tagen Geburtstag. Es ist üblich, daß gesammelt wird, um ein Geschenk für ihn zu kaufen. Normal hat niemand Lust dazu, denn es ist ein ziemlich unliebsamer Job, der häufig mit Ärger verbunden ist. Mein Chef hat mich gefragt, ob ich diesmal, wie die letzten beiden Jahre, das Geld einsammeln und ein Geschenk kaufen wollte. Ich hatte nicht den Mut abzusagen, da ich befürchtet hatte, er könnte es mir übelnehmen.

Am Abend war ich im Sportclub. Wir haben für diese Saison einige neue Mitspieler bekommen, zu denen ich noch nicht so den Kontakt gefunden habe. Einen von ihnen finde ich sehr interessant. Ich hätte ihn beinahe angesprochen, verlor aber kurz davor den Mut. Ich sagte mir: »Was ist, wenn er nicht auf deine Frage eingeht? Das wäre sehr blamabel!«

Mittwoch:
Katrin hat mich zum Abendessen in Vinzencos Pizzeria eingeladen. Ich hatte eigentlich keine richtige Lust dazu, da ich die letzten drei Abende bereits ausgegangen war und den heutigen Abend relaxen wollte. Ich hatte jedoch die Befürchtung, daß sie mir eine Absage übelnehmen würde und mich nie wieder einladen würde.

Donnerstag:
.... bis *Sonntag*

Als nächstes erfolgt die **Realitätsüberprüfung** durch die ABC-Analyse. Sie müssen, um diese auch sinnvoll durchführen zu können, Ihre Notizen in das ABC- Schema bringen und anschließend Ihre Gedanken nach ihrer Richtigkeit hinterfragen: Ist mein Denken an der Realität orientiert? Stimmt das, was ich denke?

Es ist zwar für den Anfang nicht ganz einfach, die wichtigen Informationen einer komplexen Situation zu erfassen. Sie haben jedoch langfristig eine Erleichterung dadurch, daß Sie sich auf die relevanten Informationen nur noch beschränken brauchen, um eine angemessene Bewältigungsstrategie für sich zu entwickeln. Ich möchte um des besseren Verständnisses willen, die im Kapitel »Wie sich soziale Ängstlichkeit zeigt« beschriebenen ABC's der Gefühle einer weiteren Analyse unterziehen.

Beispiel Inge H.: Die Angst zu versagen

A	B	C
Die Lehrperson stellt eine Frage.	»Ich gebe sowieso die falche Antwort. Die anderen werden mich auslachen, und ich bin dann die Blamierte!«	Angst und passives Verhalten
(Situation)	(Gedanken)	(Gefühle/ Verhalten)

D	E
Woher weiß ich, daß ich sowieso die falsche Antwort gebe? Selbst wenn mir dies passieren würde, weiß ich denn deshalb, daß mich die anderen auslachen würden? Selbst wenn ja, wäre es denn dann wirklich so schrecklich? <u>Realistische Alternative:</u> *Ob ich eine falsche Antwort gebe, weiß ich nicht, da ich es nicht ausprobiert habe. In den meisten Fällen war es umgekehrt so, daß ich die Antworten zu den gestellten Fragen gewußt habe. Daher wäre es eher wahrscheinlich, daß ich auch folgende Fragen beantworten könnte.* *Selbst wenn ich eine falsche Antwort geben würde, so wüßte ich nicht, wie die anderen darauf reagieren würden. Wahrscheinlich würden sie nicht lachen, da dies bisher auch noch niemals geschehen ist.* *Selbst wenn sie lachen sollten, wäre es mir zwar schon unangenehm, aber die Welt würde damit auch nicht untergehen. Es gibt weitaus schlimmere Dinge, die eintreten könnten. Ich sollte mich melden.*	nachlassende Angst aktives Verhalten
(Disputation)	(Effekt)

Beispiel Lothar B.: Die Angst abgelehnt zu werden

A	B	C
Möglichkeit, ein Mädchen zu einer Verabredung einzuladen.	»Sie könnte mir einen Korb geben, und das wäre schlimm. Denn das würde beweisen, daß ich ein total uninteressanter Mensch bin!«	Angst Vermeidungsreaktion
(Situation)	(Gedanken)	(Gefühle/ Verhalten)

D	E
Woher weiß ich denn, daß sie mir einen Korb geben wird? Selbst wenn sie mir einen Korb geben würde, wäre es denn wirklich so schlimm? Wäre dies denn dann auch ein Beweis dafür, daß ich ein total, d.h. 100%, uninteressanter Mensch bin? <u>Rationale Alternative:</u> *Ob sie mir einen Korb geben wird, weiß ich im Vorhinein nicht. Ich müßte es ausprobieren.* *Selbst wenn ich einen Korb bekommen sollte, wäre das nicht die Katastrophe schlechthin. Es wäre mir zwar recht unangenehm. Ich könnte aber versuchen, ein anderes Mädchen anzusprechen.* *Ob ich deshalb total uninteressant bin, kann ich nicht wissen. Vielleicht war ich nur nicht ihr Typ. Mir gefallen andererseits ja auch nicht alle Mädchen. Ich sollte das Risiko eingehen.*	nachlassende Angst aktives Verhalten
(Disputation)	(Effekt)

Führen Sie nun selbst weiterhin regelmäßig ABC – Analysen durch. Es wird Ihnen dabei helfen, eine realistische Einschätzung der Situation zu gewinnen und mehr Angemessenheit in Bezug auf Ihre Einstellungen zu erzielen. Auch wenn es am Anfang etwas schwierig sein sollte, mit dieser Methode zurechtzukommen, so werden Sie nach einigem Üben jedoch feststellen, daß es einfacher wird und Ihnen leichter fällt. Es ist empfehlenswert, diese Analysen auch wirklich schriftlich zu machen, anstatt sich lediglich mündlich realistische Alternativen zu überlegen. Das, was Sie schriftlich vor sich haben, ist plastischer und prägt sich daher besser ein. Sie können zudem feststellen, inwieweit Sie in der Lage sind, Ihre Gedanken zu strukturieren. Sie werden erleben, daß es gar nicht so einfach ist, die Gedanken schriftlich in Worte zu kleiden. Ein weiterer Vorteil, die Analysen schriftlich zu gestalten, besteht zudem darin, daß Sie sich zu einem späteren Zeitpunkt noch einmal Ihr Heft vornehmen können, um nachzulesen, was Sie bereits schon für sich festgestellt haben. Es wirkt oft motivierend, sich seine Fortschritte innerhalb des Veränderungsprozesses wiederholt deutlich zu machen.

Gehen Sie Risiken ein

Jedes Denken erprobt sich an der Realität. Erst dann, wenn Sie das auch tun, was Ihre realistischen Alternativen ergeben haben, ist eine Veränderung vollzogen. Gehen Sie daher Risiken ein und fordern Sie die Situation. Geben Sie sich einen Ruck, um Ihr Angstgefühl zu überwinden, und lassen Sie sich auf neue Situationen ein. Sie können nur gewinnen und sind hinterher überglücklich darüber, wenn Sie es geschafft haben.

Im Trainingskurs »Soziale Kompetenzen« hat Frau O. die Aufgabe, sich an einer Telefonzelle zu postieren und einen Passanten zu bitten, ihr 30 Pfennige zu geben, damit sie telefonieren kann. Frau O. tut sich sehr schwer mit dieser Übung. Obwohl ihr rein gedanklich sehr deutlich ist, daß eine Ablehnung nichts Schlimmes bedeutet und sie auch nur gewinnen kann – sie hat vor dem Nachfragen keine 30 Pfennige und würde bei einer Ablehnung ebenfalls keine 30 Pfennige haben –, so scheut sie doch immer wieder diese Übung. Eines Abends jedoch kommt sie freudestrahlend zum Kurs. Sie hält triumphierend 30

Pfennige in der Hand. Ihr ist es gelungen, eine für sie schwierige Übung mit Erfolg umzusetzen. Nachdem eine erste Person ihr einen Korb gegeben hat, nimmt sie all ihren Mut zusammen und fragt noch eine zweite Person, die ihr dann das Geld gibt. Es ist ein doppelter Erfolg, denn die Überwindung an sich, unabhängig ob man das Geld bekommt oder nicht, ist bereits der eigentliche Erfolg. Erhält man nach der Überwindung zudem noch die 30 Pfennige, ist es um so schöner. Frau O. beabsichtigt übrigens die 3 Zehnpfennigstücke in einen Glasträger einzurahmen, als Zeichen ihres Selbstvertrauens.

Selbst wenn es einige Zeit brauchen sollte, bis Sie sich überwinden, Ihre Risikosituation anzugehen, so lassen Sie sich auch diese Zeit. Mitunter ist es nötig, sich erst eine Zeitlang mit einer Aufgabe anzufreunden, bis man soweit ist, diese dann anzugehen. Warten Sie jedoch nicht zu lange, denn dann besteht die Gefahr, daß Sie die Risikosituation nicht mehr eingehen und das Risiko scheuen.

Unterstützend können als Vorbereitung auf die Verhaltensausübung auch **Vorstellungsbilder** sein. Unser Körper reagiert nämlich nicht nur auf gedankliche Prozesse, sondern auch auf Phantasien, Vorstellungen und innere Bilder. Die meisten Menschen haben von den Situationen ihres Alltags bildliche Vorstellungen und sind daher auch fähig, sich bestimmte Situationen bildlich vorzustellen. Häufig wird die bildliche Vorstellungskraft im negativen Sinn genutzt, indem man sich Katastrophenszenarios vorstellt, wie z.B. Ablehnungen, Mißerfolge oder sonstige Pannen. Nutzen Sie deshalb Ihre Vorstellungskraft im umgekehrten Sinn, nämlich als Möglichkeit der Bewältigung.

Nehmen wir zur Veranschaulichung noch einmal das Beispiel von Lothar B., der Angst hat, von einem Mädchen einen Korb zu bekommen. Eine Vorstellungsübung könnte wie folgt aussehen:

Nehmen Sie sich zu Hause einmal etwas Zeit. Legen oder setzen Sie sich entspannt hin, möglicherweise in einen Sessel, auf einen Stuhl, eine Couch, auf den Teppich oder auf eine Ihnen genehme Unterlage. Sorgen Sie dafür, daß Sie während der folgenden Übung nicht gestört werden. Schließen Sie dann Ihre Augen und atmen Sie bewußt ganz ruhig ein und aus. Ganz ruhig ein und aus, und lenken Sie Ihre Atmung in den Bauch, so daß dieser sich leicht hebt. Machen Sie dies ein paar Minuten lang, bis Sie merklich ruhiger geworden sind und stellen Sie sich dann einmal die folgende Situation vor:

Stellen Sie sich einmal vor, Sie sind in einer Disko und wollen ein Mädchen zum Tanzen auffordern. Sie sitzen auf Ihrem Platz und haben ein Glas Cola vor sich. Sie blicken dabei in die Runde und schauen sich die anwesenden Mädchen an. Es fällt Ihnen zunächst nicht ganz einfach, den Blick aufrechtzuhalten, doch Sie sagen sich: »Es ist schon gut so, es passiert ja nichts. Schauen darf jeder einmal!« Aufkommende Spannungsgefühle reduzieren Sie durch vertieftes Einatmen, das Sie drei-, viermal hintereinander vornehmen. Sie spüren, daß Sie dadurch merklich ruhiger werden, Ihr Gesichtsausdruck entspannt sich. Während Sie die Mädchen betrachten, fällt Ihnen eine auf, die Sie recht attraktiv finden. Sie überwinden sich, diese auch anzulächeln. »Klappt ganz gut!«, sagen Sie sich, selbst ein bißchen verwundert darüber, daß es so einfach für Sie war. Das Mädchen erwidert Ihr Lächeln. »Ein gutes Zeichen«, sagen Sie sich. Ihnen fällt dabei wieder ein, daß das Mädchen bereits vorher schon mehrfach mit anderen jungen Männern getanzt hat. Das spricht dafür, daß sie Interesse am Tanzen hat. Sie holen deshalb noch ein-, zweimal tief Luft, geben sich ein Ruck und gehen auf das Mädchen zu. »Möchtest Du mit mir tanzen?«, fragen Sie etwas aufgeregt. »Gerne«, sagt sie und lächelt Sie dabei an. Sie gehen beide zur Tanzfläche.

Bleiben Sie nun noch einen Augenblick liegen und lassen Sie die Vorstellungsübung auf sich wirken. Nach ein paar Minuten holen Sie dann bitte tief Luft und recken sich dabei. Öffnen Sie Ihre Augen und nehmen Sie den Effekt mit in Ihren Alltag.

Es wäre natürlich auch vorstellbar gewesen, daß der Ablauf etwas anders ausgesehen hätte, z.B. so:

... »Möchtest Du mit mir tanzen?«, fragen Sie etwas aufgeregt. »Nein danke«, erwidert das Mädchen. »Ich habe gerade mehrfach getanzt und habe keine Lust mehr dazu!« Sie antworten: »Schade. Vielleicht ein anderes Mal.« und denken insgeheim »Wirklich schade, daß sie nicht mit mir tanzen wollte. Sie hätte mir gut gefallen. Aber wenn sie keine Lust hat, dann kann man nichts machen. Ich sollte mich deshalb nach einer anderen Tanzpartnerin umschauen.«

Sie stecken diese kleine Frustration weg und machen sich dabei deutlich, daß es völlig normal ist, einmal einen Korb zu bekommen. Man hat nicht jedesmal Erfolg. Interessant sind ja nicht die Mädchen, die nicht tanzen wollen, sondern vielmehr die, die gerne tanzen möchten. Daher gehen Sie ruhig auf Ihren Platz zurück, nippen an Ihrer Cola und blicken sich wieder in der Disko um. Sie merken, daß Sie trotz des Korbes immer ruhiger werden. Ihr Blick wird sicherer, wenn Sie in die Runde schauen. Sie machen sich deutlich: »Es kann mir nichts passieren, wenn ich nur schaue. Das ist nicht verboten!« Als Sie ein Mädchen erblicken, das Ihnen zusagt, lächeln Sie es an. Ihr Lächeln wird auch beantwortet und Sie fühlen sich dadurch gestärkt, auf das Mädchen zuzugehen. Sie geben sich einen kleinen Ruck, sagen sich innerlich: »Hoffentlich klappt es jetzt!« und sprechen das Mädchen an: »Möchtest Du mit mir tanzen?« »Oh, ja«, kommt die Antwort. »Warum nicht.« Ihnen fällt ein mittelgroßer Stein vom Herzen und Sie sind glücklich, daß Sie es geschafft haben. Sie gehen beide zur Tanzfläche.

Bleiben Sie nach der Vorstellung einen Augenblick liegen und lassen Sie die Bilder noch auf sich wirken. Nach ein paar Minuten holen Sie dann bitte tief Luft und recken sich dabei. Öffnen Sie Ihre Augen und nehmen Sie den Effekt mit in Ihren Alltag.

Wie Sie bemerkt haben, trat bei der ersten Vorstellungsübung ein schneller Erfolg ein. Und das ist natürlich auch wichtig, wenn man etwas Neues ausprobiert, und vermittelt Sicherheit. Dadurch, daß Sie den Ablauf einer Übung bereits schon einmal in der Vorstellung durchgegangen sind, wird Ihnen die Situation nicht mehr so fremd vorkommen, da Sie diese dadurch bereits kennen. Sportler machen so ähnliche Übungen, wenn Sie vor einem Match noch einmal die Strecke in der Phantasie durchgehen oder sich bestimmte Bewegungsabläufe vergegenwärtigen.

Da jedoch nicht jeder Versuch, etwas zu bekommen auch gleichzeitig zu einem Erfolg führt, ist es wichtig, sich auch Ablehnungen in der Phantasie vorzustellen. Argumentieren Sie in der Vorstellung mit sich und verdeutlichen Sie sich dabei die realistischen Alternativen. Das wird Ihnen dabei helfen, auch in real erlebten Ablehnungssituationen, realistisch mit diesen umzugehen und sinnvolle Alternativen zu entwickeln. Nicht jeder Versuch führt zu einem Erfolg. Doch je häufiger Sie etwas versuchen, um so wahrscheinlicher wird es sein, daß sich auch der Erfolg einstellt. Daher ist es sehr wichtig, eine gewisse Frustrationstoleranz zu entwickeln. Wie Lothar B. in dem Beispiel bereits gesagt hat: »Interessant sind nicht die Mädchen, die nicht tanzen wollen, sondern umgekehrt die, die dazu bereit sind.«

Derartige Vorstellungsübungen können Sie bei den verschiedensten Angst- und Spannungssituationen anwenden: wenn Sie beispielsweise irgendwohin eingeladen sind und sich unsicher fühlen, können Sie den Ablauf bereits einmal in der Vorstellung durchgehen. Wenn Sie einen Vortrag halten müssen, in eine schwierige Verhandlung gehen oder eine Prüfung haben, sind Vorstellungsübungen probate Möglichkeiten einer Vorbereitung. Im Anhang III stelle ich Ihnen ein Kurzentspannungstraining vor, das Sie vor den Vorstellungsübungen anwenden sollten. Es ist sinnvoll entspannt zu sein, bevor Sie mit den Übungen beginnen, da in der Entspannung der Vorstellungseffekt intensiver wirkt.

Gehen Sie die Vorstellungssituationen mehrfach durch. Üben Sie diese beispielsweise zweimal täglich eine Zeitlang, bevor Sie dann an die reale Umsetzung gehen. Lothar B. könnte beispielsweise seine Übung zwei Wochen lang wiederholen, bevor er dann zur wirklichen Umsetzung übergeht.

Es ist wichtig, daß Ihre Vorstellungen mit einem positiven Ausgang enden. Der positive Ausgang stellt ja auch gleichzeitig Ihr Ziel in der Realsituation dar und wird somit vorstellungsmäßig bereits vorweggenommen. Die reale Umsetzung wäre dann natürlich der weitere Schritt. Das, was Sie sich vorstellen, sollten Sie anschließend auch in der Realität umsetzen. Es reicht nicht aus, sich nur etwas Schwieriges vorzustellen, und dann zu meinen, man habe sich danach schon geändert. Eine Veränderung erprobt sich immer erst an der Realität. Die Vorstellungsübungen sind lediglich ein hilfreicher Zwischenschritt.

Übungen für ganz Mutige

Die folgenden Übungen sind dafür gedacht, daß Sie sich bewußt in eine mißliche Situation bringen. Sie sollen sich extra der Aufmerksamkeit und der potentiellen Ablehnung durch andere aussetzen. Hintergrund für diese Übungen ist die Überlegung, daß eine Angst erst dann nachläßt, wenn man wirklich auch einmal die angenommene negative Konsequenz erlebt hat, um dadurch zu erfahren, daß diese Konsequenz nicht so schlimm ist, wie anfangs gedacht. Lothar B., unser Beispiel von eben, würde aufgefordert werden, solange Mädchen anzusprechen, bis er einmal eine Ablehnung erhalten würde. Er soll dabei feststellen, daß es zwar enttäuschend sein kann, von einem Mädchen abgelehnt zu werden, daß eine Ablehnung jedoch zu ertragen ist. Eine Ablehnung nimmt ihm nicht die Möglichkeit, weitere Mädchen anzusprechen. Je häufiger er Mädchen anspricht, um so wahrscheinlicher wird es dann auch sein, daß er eines findet, das mit ihm tanzen möchte.

Johannes L. ist Außenhandelsvertreter für den Vertrieb von Krankenhaus- und Altenheimprodukten. Es ist eine fahrende Tätigkeit und Johannes L. muß regelmäßige Kontakte zu seinen Kunden – Krankenhäuser und Altenheime – halten, um im Geschäft zu bleiben. Darüber hinaus versucht er natürlich auch in geschäftlichen Kontakt mit neuen Kunden zu treten. Er muß daher Krankenhäuser- und Altenheime anfahren, in denen er noch nicht bekannt ist, und sich und seine Produkte vorstellen. Viele von Ihnen werden jetzt möglicherweise sagen: »Oh Gott, welch ein frustrierender Job. Klinkenputzer möchte ich nicht sein!« Aber nicht so Johannes L. Im Gegenteil, ihm macht die Tätigkeit sehr viel Freude, und er ist dabei auch ziemlich erfolgreich. Vor allem reizt es ihn, wenn er von potentiellen Neukunden Absagen erhält und diese seine Produkte nicht beziehen wollen, diese auf Dauer für sich zu gewinnen. Diese Ablehnungen führen dazu, daß in Johannes L. der Ehrgeiz geweckt wird. Statt, wie es möglicherweise viele andere in dieser Situation tun würden, nach einer Absage frustriert den Schwanz einzuziehen, merkt sich Johannes L. gerade diese Namen, um strategisch geplant immer wieder dort vorstellig zu werden. Führt ihn seine Route einmal wieder in die Gegend, wo beispielsweise ein Altenheim liegt, das seine Produkte nicht kaufen möchte, und wo er sich schon einmal eine Absage geholt hat, so geht Johannes L. trotzdem immer wieder hin, hält den Kontakt und verweist auf seine Produkte. »Steter Tropfen höhlt den Stein«, ist seine Erfahrung. Der Erfolg gibt ihm recht, denn Johannes L. hat eine Verkaufsquote von 95%, und liegt damit weit über dem Schnitt seiner Kolleginnen und Kollegen.

Eine Ablehnung, liebe Leserinnen und Leser, hat nichts mit der Person als solcher zu tun, die die Ablehnung erhält, sondern spiegelt die Einstellung des Gegenüber wider. Stellen Sie sich einmal vor, Sie würden auf der Straße angesprochen und jemand fragt Sie: »Können Sie mir einmal bitte 1,— DM schenken?« Wie würden Sie reagieren? Manche von Ihnen wären bereit, die 1,— DM zu geben. Sie würden sich so etwas ähnliches sagen wie: »Armer Schlucker. Dir hilft die Mark mehr als mir. Hier hast Du das Geld.« Andere würden die 1,— DM nicht geben und sich vielleicht sagen: »Soll er sich das Geld doch selbst verdienen. Ich gehe ja auch für mein Geld arbeiten.« Zwei unterschiedliche Reaktionen und zwei unterschiedliche Meinungen. In beiden Fällen aber ist die Situation gleich, da Sie in beiden Fällen gefragt würden, ob Sie 1,— DM verschenken würden. Hätte Ihre Reaktion also etwas mit der Person des Fragenden zu tun? – Eben nicht. Vielmehr wäre Ihre Reaktion von der Person des Fragenden unabhängig. Sie wäre vielmehr eine Folge der Einstellung, die Sie zu solch einem Anliegen haben oder wie sympathisch bzw. unsympathisch Ihnen die Person des Fragenden ist. Ihre Reaktion sagt jedoch nichts über den Wert des Fragers aus, sondern etwas über Ihre Einstellung.

Übertragen Sie einmal dieses Beispiel auf eine Ablehnung, die Sie selbst erleben. Sie stellen beispielsweise auf einer Geburtstagsfeier bei einer Nachbarin fest, daß sich deren Bekannte Ihnen gegenüber sehr abweisend verhält. Sagt diese Abweisung etwas über Sie aus? – Leiden Sie möglicherweise unter einer ansteckenden Krankheit? Haben Sie die Pocken oder die Cholera? Stehen möglicherweise Ihre Augen zu weit auseinander oder stimmen die Proportionen Ihres Körpers nicht? Oder sind Sie vielleicht zu attraktiv? – Sie wissen es nicht, warum die Person sich Ihnen gegenüber so verhält. Es könnten diese Gründe sein, die zu einer Ablehnung führen, aber auch andere Gründe wären vorstellbar. Die Gründe für die Reaktion der Bekannten liegen jedoch in deren Person selbst begründet und haben mit Ihnen absolut nichts zu tun. Es ist wichtig, das eine vom anderen zu unterscheiden. Ihr Wert als Mensch hat nichts mit den Reaktionen von anderen zu tun.

Und jetzt zu unseren Übungen. Es sind Übungen für besonders Mutige. Gehören Sie auch dazu?

Übung 1:
Postieren Sie sich vor eine Telefonzelle und bitten Sie entgegenkommende Passanten, Ihnen 30 Pfennige zu schenken. Sie wollten einmal telefonieren, hätten aber das Geld vergessen.

Übung 2:
Fahren Sie die Rolltreppe in einem Kaufhaus hinunter. Während der Fahrt rufen Sie wiederholt laut die Uhrzeit: »Es ist 12.15 Uhr! 12.15 Uhr ist es! Und gleich ist es 12.16 Uhr! 12.16 Uhr ist es gleich«

Übung 3:
Gehen Sie mit erhobenen Händen durch die Hauptverkaufsstraße. Halten Sie Ihre Arme deutlich erhoben, so wie ein vom Sheriff abgeführter Bandit in einem Western.

Übung 4:
Nehmen Sie sich eine Banane und binden Sie diese mit einem bunten Band fest. Führen Sie die Banane damit auf der Straße spazieren.

Übung 5:
Sprechen Sie verschiedene Passanten auf der Straße an. Fragen Sie diese: »Können Sie mir bitte einmal das Datum von heute und den Wochentag sagen? Ich komme gerade aus der Nervenheilanstalt.«

Na, wie geht es Ihnen dabei, wenn Sie sich vorstellen, daß Sie diese Übungen einmal selbst durchführen sollten? Trauen Sie es sich zu? Sie können etwas für Ihr Selbstvertrauen tun. Machen Sie deshalb wenigstens eine von diesen Übungen, die Sie sich selbst heraussuchen sollten. Nehmen Sie sich die für Sie einfachste Übung vor. Es wäre toll, wenn Sie es machen würden. Führen Sie die Übungen nicht unbedingt in Ihrer Heimatgemeinde durch, sondern gehen Sie dorthin, wo Sie niemand kennt. Besonders Fleißige können selbstverständlich auch zwei, drei oder gleich alle Übungen machen. Möglicherweise werden Sie auch feststellen, daß diese Übungen sogar Spaß machen. Und soooooo schlimm sind sie nun auch nicht. Oder?

Lassen Sie uns das Kapitel wie folgt zusammenfassen:

- Beobachten Sie sich zunächst selbst und stellen Sie fest, in welchen Situationen Ihre Ängste auftreten. Notieren Sie alles in einem Heft, das Sie sich anlegen sollten.

- Identifizieren Sie Ihre angsterzeugenden Gedanken und entwickeln Sie mit Hilfe der ABC- Analyse realistische Alternativen. Machen Sie dies auch schriftlich.

- Gehen Sie Risiken ein und konfrontieren Sie sich mit Ihren Angstsituationen.

- Unterstützend können zunächst Vorstellungsübungen sein. Sie allein führen jedoch nicht dazu, daß Ihre Ängste von selbst nachlassen. Die Konfrontation mit der realen Situationen bleibt Ihnen nicht erspart.

- Seien Sie mutig und setzen Sie sich bewußt dem allgemeinen Interesse aus. Gehen Sie bewußt in schambesetzte Situationen.

Weitere Übungen für mehr Selbstvertrauen

Unser Selbstwertgefühl ist nicht abhängig davon, über welche Merkmale und Eigenschaften wir an sich verfügen, sondern davon, welche Bewertungen und Bedeutungen wir diesen Momenten zuweisen. Das Gefühl ist eine Folge unseres Denkens. Aufgrund der Komplexität der menschlichen Merkmale ist jedoch eine generelle Einschätzung nicht möglich. Auf die Problematik einer generellen Einschätzung habe ich Sie bereits an anderer Stelle hingewiesen. Daher ist es sinnvoller, statt einer generellen Bewertung, die einzelnen Merkmale, Eigenschaften und Verhaltensweisen an sich einzuschätzen.

Menschen, die unter Minderwertigkeitsgefühlen leiden, haben einen ständigen Streß. Entweder befürchten sie ein Ziel nicht zu erreichen oder wenn sie es erreicht haben, sind sie zutiefst davon überzeugt, daß es das nächste Mal wieder schiefgehen wird. So oder so sind sie die Verlierer und bleiben immer unter einem Limit. Menschen mit Überlegenheitsgefühlen haben diese Form der Belastung nicht. Im Gegenteil, sie sind von sich überzeugt. Erfolg ist für sie selbstverständlich, bei Mißerfolgen haben sie einfach einmal Pech gehabt. Sie tun alles, um den Selbstwert hoch zu halten. Ihr Streß fängt erst an, wenn das ganze Selbstbewertungssystem zusammenfällt. Sie laufen dann sogar Gefahr, in tiefe Depressionen und in Zustände von Hilflosigkeit zu verfallen.

Weder eine Unterlegenheit, noch eine Überlegenheit ist somit dauerhaft hilfreich, um mit den Alltags- und Lebensanforderungen sinnvoll umgehen zu können. Sinnvoll ist es statt dessen, die einzelnen Fähigkeiten und Merkmale nach den realen Möglichkeiten und Gegebenheiten angemessen einzuschätzen. Wie dies möglich und machbar ist, haben Sie bereits an verschiedenen Stellen dieses Buches erfahren. Ich möchte in diesem Kapitel noch auf einige Überlegungen zu sprechen kommen und Ihnen einige Übungen zeigen, die Ihnen dabei helfen sollen, Ihren Weg zu einer angemessenen Einschätzung Ihrer Merkmale und Eigenschaften zu finden.

Die Annahme der äußeren Erscheinung

Nicht nur für Frauen, sondern auch für Männer, stellt die Annahme ihrer äußeren Erscheinung im gleichen Ausmaß ein Problem dar. Einige finden sich zu dick, andere wiederum zu dünn. Manch anderer klagt über verschobene Körperproportionen, über zuviel oder zuwenig Körperbehaarung, über dicke Oberschenkel, einen zu platten Po, über einen zu kleinen oder zu großen Busen, über Bauchansatz und Röllchen, über eine schiefe Nase, abstehende Ohren, zu dünne oder zu wulstige Lippen und einiges mehr, dessen Aufzählung den vorgegebenen Rahmen sprengen würde. Gemeinsam ist all diesen Dingen, daß es sich um Merkmale handelt, mit denen der Einzelne nicht zufrieden ist. Es gibt jedoch kein objektivierbares Maß dafür, was richtig oder falsch, schön oder häßlich ist. Vielmehr wird in dem Moment, wenn man einen körperlichen Makel an sich feststellt, ein ästhetisches Urteil gefällt. Ein anderer könnte diesen Makel, oder besser gesagt diesen Körperbereich, der als Makel angesehen wird völlig anders bewerten. Das Problem fängt jedoch nicht damit an, daß der Einzelne einen Makel für sich feststellt, sondern vielmehr damit, daß er sich weigert, sich auch mit seinem Makel zu akzeptieren. Denn wo steht geschrieben, daß ich nicht mit großen Ohren herumlaufen darf, selbst wenn 98% meiner Vergleichsgruppe über kleinere Ohren verfügen? Bin ich deshalb minderwertiger oder habe ich nur größere Ohren, als die meisten anderen? Könnte ich nicht genausogut denken: »Ich habe etwas Besonderes, was kaum jemand hat. Ich habe große Ohren.«

Ein weiteres Problem, das in diesem Zusammenhang zu sehen ist, sind dabei weniger die großen Ohren an sich, sondern vielmehr, daß erst der soziale Vergleich dazu führt, daß man zu der Erkenntnis kommt, im Gegensatz zu vielen anderen über größere Ohren zu verfügen. Würden umgekehrt 98% der Menschheit mit großen Ohren herumlaufen, wäre die Akzeptanz der eigenen großen Ohren ziemlich unproblematisch. Aber wären deshalb meine eigenen Ohren anders? – Nein, sie bleiben so oder so gleich groß.

Die Werbung macht sich die Tendenz des Menschen, sich sozial zu vergleichen, natürlich zunutze. Es werden Ideale aufgestellt, von denen der Einzelne in der Regel entfernt ist. Er hat jedoch die Möglichkeit, nach dem Erwerb des entsprechenden Produktes diesem Ideal mehr zu entsprechen. Während in der heutigen Zeit eine gebräunte Hautfarbe dafür spricht, gesund, erfolgreich und sportlich zu sein, gab es schon einmal eine Zeit, da war eine braune Hautfarbe verpönt. Braun war nämlich die Hautfarbe der arbeitenden Bevölkerung, die aufgrund ihrer Feld- oder sonstigen Arbeit dem Sonnenlicht ausgesetzt war, während die Bessergestellten sich im häuslichen Bereich mit höherwertigeren Tätigkeiten wie Musik, Kunst und Literatur beschäftigen konnten, und daher über eine helle Hautfarbe verfügten. Um diesem Anspruch zu genügen, bedeckten entsprechende Personen ihr Gesicht und ihre Hände mit Kleidungsstücken, um diese Körperbereiche vor der Sonneneinstrahlung zu schützen. Ob sie sich dann wirklich auch der Kunst hingegeben haben, ist darüber hinaus noch eine andere Frage. Vielmehr sollte deutlich werden, daß ein bestimmtes Merkmal nicht an sich höher- oder minderwertig ist, sondern, daß es sich um soziale Zuschreibungen handelt. Menschen, die diesen Zuschreibungen blind folgen, ohne diese kritisch zu hinterfragen, werden immer abhängig bleiben und sich von dem eigenen Selbst entfernen. Schönheitsideale sind wandelbar und veränderbar. Die Industrie ist sehr erfinderisch darin, entsprechende Ideale aufzubauen und zu vermarkten.

Machen Sie sich deshalb bewußt, daß Ihr Körper und seine Teile so sind, wie sie sind. Und das ist gut so. Nehmen Sie sich so an, wie Sie sind. Ihr Körper und seine Teile gehören zu Ihnen, als einer einzigartigen Person auf dieser Welt. Niemand anderer ist wie Sie.

Übung:

Notieren Sie die Teile Ihres Körpers, die Ihnen nicht gefallen. Schreiben Sie diese in Ihr Heft. Lassen Sie sich Zeit dafür und denken Sie in Ruhe darüber nach. Im Anschluß daran machen Sie bitte die folgende Übung:

Nehmen Sie sich Zeit und arrangieren Sie, daß Sie ungestört sind. Ziehen Sie sich in Ihr Zimmer zurück und sorgen Sie dafür, daß der Raum warm genug ist. Entkleiden Sie sich und stellen Sie sich einmal nackt vor einen großen Spiegel. Lassen Sie sich dabei wirklich Zeit und betrachten Sie sich in aller Ruhe so, wie die Natur Sie schuf. Wie gefallen Sie sich? Scheuen Sie nicht, sich bewußt anzuschauen. Auch wenn es anfangs vielleicht etwas schwierig sein sollte und negative Gefühle aufkommen sollten, so bleiben Sie doch in der Situation. Atmen Sie bei Spannungen einfach mehrmals etwas tiefer ein und aus, um die vorhandenen Spannungsgefühle zu reduzieren. Akzeptieren Sie diese Gefühle und kämpfen Sie nicht dagegen an. Diese Gefühle werden nach einiger Zeit von selbst wieder nachlassen.

Während Sie sich betrachten, achten Sie bitte einmal auf sich.

Schauen Sie sich ins Gesicht. Sehen Sie in Ihre Augen. Sehen Sie die Augenbrauen, die Stirn, den Haaransatz. Betrachten Sie Ihre Nase, die Lippen, Ihre Wangen, Ihr Kinn. Schauen Sie in Ruhe jedes Körpermerkmal an, vom Kopf bis zu den Füßen. Lassen Sie sich Zeit dabei, auch wenn es Ihnen zunächst erst einmal ungewöhnlich erscheinen mag.

Wenn Sie wollen, können Sie sich auch dabei mit einer Creme oder Reinigungsmilch eincremen. Achten Sie dabei gleichzeitig darauf, wie es Ihnen gefällt und wie Ihr Körper auf die eigenen Berührungen reagiert. Genießen Sie es mit Ihrem Körper in Kontakt zu kommen. Was ist dabei mit den Körperteilen, die Ihnen zu Beginn der Übung nicht gefallen haben? Fühlen sich diese beim Eincremen anders an, als die übrigen Körperteile? Reagieren sie aufs Eincremen anders oder ist die Reaktion Ihres Körpers eher gleich?

Gehen Sie Ihren Empfindungen nach und versuchen Sie Ihren Körper als Ganzes zu spüren. Seien Sie nett zu Ihrem Körper und sagen Sie für sich deutlich hörbar mindestens fünfmal: »Mein lieber Körper, ich akzeptiere Dich so, wie Du bist. Du gehörst zu mir!« Auch wenn Ihnen dies zunächst etwas fremd vorkommen sollte, machen Sie diese Übung bitte in dieser Form, denn Sie kommen mit sich und Ihrem Körper in einen besseren Kontakt. Lassen Sie sich für diese Übung mindestens eine halbe Stunde Zeit.

Ich möchte Sie bitten, diese Übung für die nächsten acht Wochen mindestens zweimal die Woche zu wiederholen. Sie können sich dabei ruhig noch mehr Zeit lassen. Beginnen Sie die Übung beispielsweise mit einem Wannenbad. Besorgen Sie für sich ganz speziell einen Badezusatz, der Ihnen gefällt. Sie können dabei Ihre Lieblingsmusik hören, den Raum abdunkeln, Kerzen anbrennen oder Räucherstäbchen anzünden. Arrangieren Sie eine Zeit nur für sich, in der Sie und Ihr Körper sich näherkommen.

Bewahren Sie Ihre Liste der Körperteile, die Ihnen nicht an Ihnen gefallen, für diese acht Wochen auf, und schauen Sie nach dieser Zeit noch einmal darauf. Haben Sie dabei irgendwelche Veränderungen festgestellt?

Diese vorgeschlagene Übung ist nicht ganz einfach. Vor allem denjenigen von Ihnen, die bisher eher einen distanzierten Kontakt zu Ihrer Körperlichkeit entwickelt haben, wird es wahrscheinlich am Anfang eher schwer fallen, diese Übung so in dieser Form zu machen. Doch wenn es Ihnen auch schwerfallen sollte, so bleiben Sie doch bitte dabei. Erfahrungsgemäß lassen die Spannungsgefühle nach einigen (!) Wochen der regelmäßigen Durchführung nach und Sie entwickeln ein besseres Gefühl für sich und Ihren Körper.

Sollten Sie auf Dauer sogar Freude dabei haben, Ihren Körper spüren zu wollen, so wäre es sehr sinnvoll, etwas in dieser Richtung zu unternehmen. Manchen würde eine sportliche Betätigiung gut tun wie Schwimmen, Laufen oder die Ausübung einer anderen Sportart. Andere wiederum bevorzugen es, in die Sauna zu gehen, sich massieren zu lassen Yoga oder Feldenkrais zu machen oder andere Formen der Körperarbeit auszuüben. Finden Sie für sich Ihren Weg.

Zusammenfassung:

- Das, was uns Menschen an unser äußeren Erscheinung gefällt oder auch nicht gefällt, stellt ein ästhetisches Urteil dar.
- Das Problem bei der Feststellung eines vermeintlichen kör-

perlichen Makels ist nicht der Makel an sich, sondern dessen Nichtakzeptanz.

- Soziale Vergleiche führen häufig dazu, daß sich der Einzelne selbst in seiner äußeren Erscheinung herabsetzt.

- Übungen zur Körperlichkeit können Ihnen dabei helfen, mit sich und Ihrem Körper wieder identischer zu werden.

Auf positive Merkmale achten

Menschen mit wenig Selbstvertrauen lenken ihre Aufmerksamkeit häufig auf Aspekte ihrer Person und auf Verhaltensweisen, die negativ behaftet sind. Positive Anteile werden sehr häufig nicht oder nur unzureichend wahrgenommen. Daher ist es wichtig, um ein ausgewogenes Maß für Ihre Fähigkeiten und Verhaltensweisen zu bekommen, gerade auch auf diese positiven Anteile zu achten.

Übung 1:
Nehmen Sie bitte wieder einmal Ihr Heft zur Hand und lassen Sie sich für diese Übung ein wenig Zeit. Denken Sie einmal darüber nach, worin Ihre Stärken bestehen, über welche Fähigkeiten Sie verfügen, was Sie gut können und was Sie positiv an sich sehen. Notieren Sie all diese Dinge. Sprechen Sie anschließend mit verschiedenen Personen Ihres Vertrauens darüber und lesen Sie Ihnen Ihre Liste vor. Fragen Sie diese, ob sie darüber hinaus noch Merkmale oder Eigenschaften an Ihnen wahrgenommen haben, die Sie selbst bisher noch nicht oder noch nicht in dem Ausmaß registriert haben. Ergänzen Sie Ihre Liste und lesen Sie sich diese für die nächsten 6 Wochen mindestens dreimal täglich durch.

Übung 2:

Einen anderen Teil Ihres Heftes benutzen Sie bitte dafür, daß Sie sich Dinge notieren, die andere positiv über Sie berichten. Dies können Nettigkeiten sein, die andere Ihnen sagen oder antun, Komplimente, die man Ihnen macht, oder einfach positive Zuwendungen, die Sie durch andere erfahren. Lenken Sie den Fokus Ihrer Aufmerksamkeit auf diesen Bereich und notieren Sie sich diese Dinge. Lesen Sie diese ebenfalls für die nächsten 6 Wochen mindestens dreimal täglich durch.

Übung 3:

Leben Sie bewußter, indem Sie die Dinge an sich schätzen lernen, die Sie gut können. Versuchen Sie eigene Fehler oder Unzulänglichkeiten, die Sie haben, auszumerzen, sofern Ihnen diese als wichtig erscheinen. Dinge, die nicht änderbar sind, lernen Sie zu akzeptieren. Achten Sie auf persönliche Weiterentwicklung, selbst wenn diese noch so gering sein sollte. Belohnen Sie sich für Fortschritte. Veränderung braucht Zeit; und seien Sie nicht so streng mit sich, wenn Sie einmal einen Rückfall erleben. Dies ist vollkommen normal und kein Grund zur Besorgnis. Rom wurde bekanntlich auch nicht an einem Tag erbaut.

Übung 4:

Nehmen Sie sich regelmäßig täglich ganz bewußt die Zeit, um die im Buch vorgeschlagenen Übungen durchzuführen. Machen Sie jedoch nicht zuviel auf einmal, sondern eins nach dem anderen. Wichtiger ist vielmehr, daß Sie regelmäßig über einen längeren Zeitraum an sich arbeiten, anstatt mit viel Enthusiasmus anzufangen und nach drei Wochen die Flinte wieder ins Korn zu werfen.

Unterstützende tägliche Gedanken

Der nachfolgende Text soll Ihnen dabei helfen, mehr Selbstwert zu entwickeln und mehr Selbstvertrauen zu entfalten. Es wäre sinnvoll, wenn Sie sich diesen Text einmal auf Band sprechen würden, um ihn sich dann anschließend für einen Zeitraum von 30 Tagen mindestens einmal täglich anzuhören.

Förderlich und verstärkend ist es, wenn Sie sich, bevor Sie den Text hören, eine Zeitlang entspannen. Möglicherweise verfügen Sie bereits über die Fähigkeit, eine Entspannungstechnik, wie die Progressive Muskelrelaxation und das Autogene Training, ausüben zu können, oder Sie beabsichtigen diese in einem Kurs zu lernen. Im Anhang III stelle ich Ihnen eine Form der Kurzentspannung vor, die Sie ebenfalls als Einstieg in diese Übung benutzen können.

Zum Text:

»Jeder Mensch ist ein einzigartiges Wesen. Niemand ist gleich, und jeder Mensch hat seine eigene, persönliche Würde, die ihn als Menschen auszeichnet. Allein schon das Dasein als Mensch macht seinen Wert aus. Auch ich bin ein Mensch mit persönlicher Würde. Niemand anderer ist so wie ich. Ich bin einzigartig auf dieser Welt, und ich freue mich darüber, einzigartig zu sein. Ich bin stolz auf mich, und ich erkenne meinen Wert an.

Ich liebe meine positiven Seiten an mir und schätze meine Fähigkeiten und Kompetenzen. Aber natürlich ist nicht alles perfekt an mir. Deshalb bin ich ja Mensch, und jeder Mensch ist mit gewissen Fehlern behaftet. Aber ich werde mich bemühen, diese Fehler und Unzulänglichkeiten auch zu sehen und zu korrigieren. Ich werde mich für Fortschritte loben und mich über meine persönliche Weiterentwicklung freuen. Ich bin es mir wert, nett und freundlich zu mir zu sein. Dinge, die ich an mir nicht ändern kann, werde ich lernen zu akzeptieren. Es ist nicht schlimm, etwas nicht zu können. Kein Mensch ist allwissend und allmächtig. Niemand ist perfekt, auch ich nicht. Aber das tut meinem Wert keinen Abbruch, sondern zeichnet mich vielmehr als Menschen aus.

Ich vertraue meinen eigenen Fähigkeiten des Denkens und des Handelns, die mir dabei helfen, mit den Herausforderungen des Lebens zurechtzukommen. Ich vertraue auf mich und darauf, daß ich in der Lage bin, erfolgreich mit meinem Leben umzugehen. Ich habe ein Recht darauf, Glück und Erfolg zu erleben. Denn ich bin selbstverantwortlich für mein Denken, Handeln und Fühlen. Ich suche nicht nach Ausreden oder Ausflüchten. Das Vergangene ist vorbei. Es hat mich zwar geprägt und beeinflußt, aber ich lebe im Heute mit meinem vollen Bewußtsein meines menschlichen Wertes. Ich übernehme Kontrolle über mein Leben und flüchte nicht in Selbstmitleid und Resignation. Ich lebe jetzt und fühle mich dadurch von Tag zu Tag freier, selbständiger, offener und unabhängiger als je zuvor.

Mit jeder Entspannung werde ich offener für meine Interessen eintreten und meine eigenen Überzeugungen und Meinungen vertreten. Ich werde für meine ureigenen Wünsche und Ansprüche einstehen. Die Verwirklichung meiner Lebensziele werde ich nicht dem Zufall überlassen, sondern werde meine Ziele selbst definieren und anstreben. Ich werde meine eigenen Talente und Fähigkeiten ausnutzen und immer wieder erneut bereit sein, mich für meine Ziele einzusetzen. Denn ich weiß, daß ich mich auf mich verlassen kann. Auf meine Erfolge, Meinungen und Entscheidungen. Auf meine Unabhängigkeit, Selbständigkeit und meinen persönlichen Wert. Ich werde meine inneren Werte voll leben und meine Worte und mein

Verhalten werden meinen Werten entsprechen. Denn ich bin für mich der wichtigste Mensch in meinem Leben, und ich werde mich achten und ehren, denn ich habe meinen persönlichen Wert gefunden und anerkannt.«

Eine Bemerkung noch zum Abschluß

Liebe Leserin,
lieber Leser!

Unsere Wege werden sich nun gleich trennen. Wir sind ans Ziel unserer gemeinsamen Unternehmung angekommen, und ich hoffe, Sie haben etwas für sich dabei mitnehmen können. Ich hoffe und wünsche für Sie, daß Sie sich und Ihrem Selbst ein Stückchen näher gekommen sind.

Vielleicht hat sich ja auch Ihre Sicht und Ihre Einstellung über das Menschsein allgemein etwas verändert. Sie sehen jetzt einige Dinge relativer, und bestimmte Wertigkeiten haben sich für Sie verschoben. Sind wir Menschen nicht alle irgendwie gleich? Der eine etwas intelligenter, mit besonderen Fähigkeiten ausgestattet. Der andere irgendwo talentierter, erfolgreicher, sozial anerkannter, berühmter. Der weitere etwas bequemer, schwerfälliger, vielleicht aber reicher. Aber eben auch nur ein Mensch, wie Sie und ich. Ein Mensch, der versucht täglich sein Leben zu leben und die damit verbundenen Anforderungen zu meistern. Ein Mensch, der versucht, das Beste aus seinem Leben zu machen, und der ein wenig Spaß und Freude erleben möchte. Da sind wir Menschen doch alle gleich.

Und das Menschsein ist das, was uns auszeichnet. Es ist unser Wert, den wir haben und den uns niemand nehmen kann. Wir müssen ihn uns nur eben wieder geben, wenn wir ihn zwischenzeitlich verloren haben sollten. Und wenn ich Ihnen bei der Suche danach habe etwas helfen können, so würde es mich sehr für Sie freuen, und es wäre eine Belohnung für mich, das Buch geschrieben zu haben.

Ihr

Hans – Ulrich Dombrowski

Anhang I

Förderliche Erziehungsmaßnahmen

Nachfolgend habe ich Ihnen einige Erziehungsaspekte zusammengefaßt, die förderlich für die Entwicklung des Selbstvertrauens und des Selbstwertes Ihres Kindes sind.

Zur Entfaltung eines gesunden Selbstvertrauens ist es wichtig, daß das Kind eine ausreichende Bindungssicherheit an seine Bezugsperson erfährt. Entwicklung vollzieht sich in den ersten Lebensjahren als Wechselspiel zwischen Schutz und Geborgenheit sowie Neugierde und Erkundung. Eltern sollten sensibel genug sein für die Bedürfnisse ihres Kindes und sich von seinen Bedürfnissen leiten lassen. Einerseits sollten sie daher dem Kind ausreichende Sicherheit, Schutz und Geborgenheit vermitteln. Auf der anderen Seite ist es notwendig, dem Kind einen ausreichenden Raum für die Erkundung des Umfeldes und die Selbständigkeitsentwicklung zu lassen. Ein indisches Sprichwort sagt: »Kindern sollte man in frühen Jahren Wurzeln geben und in späten Flügel!« Gemeint ist damit, daß für das Kind eine frühe Sicherheit notwendig ist, damit es in sich gefestigt wird, um später selbständig eigene Wege gehen zu können. Sicherheit ist somit Voraussetzung für spätere Selbstsicherheit und Selbständigkeit.

Damit obliegt Ihnen als Eltern eine sehr große Verantwortung. Erziehung ist eine schwierige und anstrengende Angelegenheit für Eltern und Kind. Um Ihrer Verantwortung angemessen nachkommen zu können, müssen Sie auch lernen, eigene Ansprüche zurückzustellen, wenn die Notwendigkeit dafür besteht, sich um Ihr Kind zu kümmern, weil es beispielsweise Angst hat oder Trost braucht. Sie benötigen für die Erziehung

Geduld und häufig ein starkes Nervenkostüm. Vor allem Eltern, die als Kind selbst nicht ausreichend Sicherheit und Zuspruch von ihren Eltern wiederum erfahren haben, fällt es schwer, dies ihren Kindern zu geben. Mitunter sehen sie aufgrund ihrer eigenen Lebenserfahrung hierzu auch keine Notwendigkeit. Bereichernd ist es dann, wenn diese Elternteile einen Partner finden, mit dem sie eine emotional positive Beziehung leben können und selbst einmal Sicherheit und Verständnis erfahren. Diese spätere Erfahrung kann als Grundlage dazu dienen, auch auf die eigenen Kinder angemessen eingehen zu können.

Neben der Vermittlung einer Sicherheit für Ihr Kind, sollten Sie andererseits Möglichkeiten seiner Förderung unterstützen. Das kleine Kind beginnt mit der Erkundung der Welt und lernt permanent neue Dinge. Ist es in ein Spiel oder eine Betrachtung eines Gegenstandes vertieft, so lassen Sie dem Kind die Zeit und unterbrechen Sie nicht seinen Lernprozeß. Ihr Kind muß erfahren, daß Lernen Freude macht und daß es selbst in der Lage ist, Dinge zu erfahren und zu beeinflussen. Bereits in derartigen frühen Situationen entwickelt sich das, was wir als Selbstvertrauen verstehen. Verstärken Sie daher seine Versuche, selbständig etwas zu machen, und entwickeln Sie eine eigene Zuversicht in das Handeln Ihres Kindes. Es wird Ihre Zuversicht für sich übernehmen und verinnerlichen.

Ein Zuwenig an Bindung und eine zu frühe Forcierung der Selbständigkeit Ihres Kindes führen ebenso zu einem mangelnden Selbstwert wie umgekehrt eine Überbehütung oder ein Klammern. Lernen Sie daher loszulassen, damit Ihr Kind eigene Erfahrungen machen kann. Ihr Kind stellt keinen Partnerersatz dar und ist auch nicht Ihr Eigentum, sondern es ist ein Lebewesen mit einem Recht darauf, sich angemessen entwickeln zu können. Stellen Sie ihm daher bitte auch diese für es notwendigen Möglichkeiten und Spielräume zur Verfügung.

Dazu gehört auch, Ihr Kind bedingungslos so anzunehmen, wie es ist. Dies schließt jedoch nicht aus, daß Sie keine Anforderungen an Ihr Kind stellen sollten, wie z.B. die Übernahme bestimmter Pflichten und Aufgaben. Das Recht auf persönliche Entfaltung schließt gleichzeitig mit ein, daß auch Pflichten bestehen. Es ist kein einseitiger Prozeß. Einseitigkeit würde auf der einen Seite dazu führen, daß Sie einen extremen Egomanen mit ausgeprägter Tendenz zur Selbstherrlichkeit heranziehen würden oder, bei zu starker Einschränkung, einen Menschen mit starken Minderwertigkeitskomplexen und mangelndem Selbstwertgefühl.

Entwicklung unterliegt wie jede andere Form des Lernens einem Prozeß. Lernen sollte Freude und Spaß machen. Dieses wird dem Kind genommen, wenn das Lernen sehr stark auf das Ergebnis fixiert ist. Achten Sie daher nicht so stark auf Leistung und Leistungsergebnisse, sondern legen Sie den Schwerpunkt auf das Lernen an sich und die damit verbundenen positiven Emotionen. Was nutzt es, wenn Sie Ihr Kind zum Tennisspielen schicken, nur weil Sie meinen, daß dies für Ihr Kind sinnvoll wäre, Ihr Kind aber lieber Fußballspielen würde? Es würde nie Freude und Spaß bei dieser Betätigung finden und erst recht nicht die Leistung erbringen, von der Sie meinen, daß es sie erbringen müßte.

Lob und positive Rückmeldung sind sehr wichtig für die Selbstwertentwicklung. Sie bestärken Ihr Kind in seinem Handeln und geben ihm das Gefühl der Kompetenz und Kontrolle. Wichtig in diesem Zusammenhang ist es, daß Sie Ihrem Kind ein angemessenes Feedback über seine Fähigkeiten geben. Es braucht Informationen darüber, was es kann und was es nicht kann. Vorhandene Fähigkeiten sollten ebenso erkannt werden, wie auch mangelnde Fähigkeiten. Dies führt dazu, daß Ihr Kind lernt, sich angemessen einzuschätzen. Eine Über- oder Unterforderung würde vermieden, und angemessene Ursachenzuschreibungen für Erfolge und Mißerfolge könnten vorgenommen werden. Ein Erfolg bei der Ausübung einer Tätigkeit ist demzufolge nicht nur auf eigene Fähigkeiten zurückzuführen, sondern mitunter auch abhängig von Bedingungen der Situationen, wie Glück oder Leichtigkeit der Aufgabe. Ein Mißerfolg wiederum kann ebenso situations- wie personenabhängig sein. Eine entsprechende Einschätzung würde sich an den wirklich vorhandenen Fähigkeiten und Möglichkeiten des Kindes orientieren und keinen Fehleinschätzungen unterliegen.

Trennen Sie daher auch Aspekte des Verhaltens von Aspekten der Person, wenn Sie mit Ihrem Kind reden. Sie sollten ihm besser sagen: »Du hättest mehr für die Klassenarbeit lernen müssen!« statt: »Du bist ein faules Kind.« Bieten Sie Ihrem Kind Hilfsmöglichkeiten an, an denen es sich orientieren kann. Schimpfen Sie nicht, wenn Ihr Kind einmal ein Glas Milch umschüttet und sagen Sie nicht zu ihm: »Du Tollpatsch, immer mußt du das Glas umwerfen!« Fragen Sie Ihr Kind lieber: »Kann ich dir das nächstemal helfen, das Glas richtig auf den Platz zu stellen?« Vermeiden Sie daher derartige allgemeine Zuschreibungen sowohl im positiven, wie auch im negativen Sinn. Kontrollieren Sie sich selbst und Ihr Denken dabei. Ich weiß, es ist nicht einfach eine sprachliche Angemessenheit zu entwickeln und von Ihnen als Eltern wird auch einiges verlangt. Sie tun es jedoch für sich und Ihr Kind. Die Anstrengung und die Mühen sollten sich für Sie beide lohnen.

Abschließend noch eine Bemerkung dazu, falls Sie mehrere Kinder haben. Versuchen Sie, diese möglichst gleich zu behandeln und jedem Kind im gleichen Ausmaß Zuwendung und Aufmerksamkeit zu geben. Jedes Kind ist anders, und jedes Kind muß auch anders behandelt werden. Oftmals neigt man als Elternteil dazu, die Kinder, die einem selbst am ähnlichsten sind oder die sich am stärksten bemerkbar machen, mehr zu protegieren. Denken Sie aber nur noch einmal an die in unserer Gesellschaft unterschiedlich praktizierte Erziehung von Mädchen und Jungen und die damit zusammenhängende Verschiedenartigkeit in der Selbstwertentwicklung. Unterschiedliches Erziehungsverhalten führt jedoch nicht nur bei anders-, sondern auch bei gleichgeschlechtlichen Kindern zu einer unterschiedlichen Entwicklung des Selbstwertes. Seien deshalb so flexibel und hinterfragen Sie Ihr Erziehungsverhalten Ihren Kindern gegenüber.

Anhang II

Auswertung der Perfektionismus – Skala

Zählen Sie alle Punkte zusammen und vergessen Sie dabei nicht, daß sich gleiche Zahlen mit verschiedenen Vorzeichen aufheben.

Haben Sie beispielsweise in fünf Fällen +1 und in weiteren fünf -1 Punkte, dann ist das Ergebnis 0. Wenn Sie zehnmal +2 Punkte haben, lautet das Ergebnis +20 und deutet auf einen besonders stark ausgeprägten Hang zum Perfektionismus hin. Hatten Sie zehnmal -2 Punkte, dann sind das 20 Minuspunkte, die zum Ausdruck bringen, daß Sie keinerlei Neigung zum perfektionistischen Verhalten haben.

Bisherige Untersuchungen haben ergeben, daß etwa die Hälfte der Bevölkerung irgendwo zwischen +2 und +16 liegt, was auf einen unterschiedlich ausgeprägten Perfektionismus hinweist.

Die Auswertung der Perfektionismus- Skala gibt Ihnen einen gewissen Hinweis dafür, ob Sie eine Tendenz hin zum Perfektionismus haben oder nicht. Sie soll für Sie eine Hilfe sein, damit Sie sich besser einschätzen können.

Sind Sie für sich von Ihrem Ergebnis überrascht oder haben Sie bereits im Vorhinein mit einem derartigen Ergebnis gerechnet?

Anhang III

Kurzentspannungstraining

Nachfolgend möchte ich Ihnen eine Form der Kurzentspannung zeigen. Kurzentspannung meint, daß Sie aktuell auftretende Spannungsreaktionen für einen gewissen Zeitraum reduzieren zu können.

Dies geschieht, indem Sie verstärkt einatmen und die Luft in den Bauch fließen lassen. Atmen Sie verlängert aus, damit das Zuviel an Sauerstoff in Ihrem Körper ausgeatmet werden kann. Der Zeitraum der Ausatmung sollte länger sein, als der der Einatmung (zählen Sie beispielsweise bei der Ausatmung von 1 – 7, um ein Zeitgefühl für die Dauer der Ausatmung zu bekommen). Wiederholen Sie diese Übung für ca. 60 – 90 Sekunden (6 – 10 Atemzüge). In der Regel nimmt das Spannungsgefühl ab. Sie können die Kurzentspannung dann später noch einmal durchführen.

Sollte es Probleme beim Einatmen geben, so versuchen Sie nicht mit Gewalt die Luft einzuführen, denn das würde die vorhandene Anspannung nur noch verstärken. Versuchen Sie besser, zunächst die Ruhe zu bewahren und in kleinen, sich steigernden Atemzügen das Einatmungsvolumen zu erhöhen. Behalten Sie dabei die Geduld.

Sollten Sie Probleme damit haben, in den Bauch zu atmen, dann schlage ich Ihnen folgende Übung vor:

Legen Sie sich ruhig hin und legen Sie eine Hand auf die Brust, die andere auf den Bauch. Wenn sich bei der Einatmung die Hand auf Ihrer Brust hebt, so ist die Atmung zu flach. Versuchen Sie dann tiefer in den Bauch zu atmen, so daß sich das Zwerchfell nach unten drückt und der Bauchraum entspannt und gelockert wird.

Wenn sich die Hand, die auf dem Bauch liegt, leicht nach oben bewegt, dann atmen Sie richtig. Sollte dies nicht sofort gelingen, können Sie die Ein- und Ausatmung durch Mitbewegen der Hand unterstützen: Heben Sie bei der Einatmung die Hand langsam vom Bauch. Bei der Ausatmung drücken Sie umkehrt die Hand langsam auf den Bauch. Sie geben dadurch Ihrer Atmung eine

Richtung vor. Ihre Atmung wird sich dann nach einiger Zeit des konzentrierten Übens dieser Richtung anpassen.

Wie bei allen anderen Dingen auch, die man erlernt, bedarf es einiger Übung. Üben Sie deshalb regelmäßig mit dem Kurzentspannungstraining. Je häufiger und regelmäßiger Sie üben, um so besser und schneller werden Sie diese Form der Entspannung beherrschen können.

Sollten Sie Interesse an mehr Informationen über das Thema »Entspannung und Entspannungstraining« haben, so möchte ich Sie auf mein Buch »Angst erfolgreich überwinden« hinweisen, in dem ich ausführlich ein Entspannungsverfahren, die Progressive Muskelrelaxation von Jacobson, vorstelle.

Sachverzeichnis

Literaturverzeichnis

Adler, A.: Menschenkenntnis. Fischer, Frankfurt 1966

Brehmer, I.: Schule im Patriarchat – Schulung fürs Patriarchat?, Beltz, Weinheim 1991

Burns, D.D.: Perfektionismus: »Niemand ist vollkommen«. Psychologie Heute 1, Beltz, Weinheim 1984

Dombrowski, H.- U.: Evaluation der Effektivität von Tagesgruppen. Unveröffentlichte Dissertation, Universität Bielefeld 1992

Dombrowski, H- U.: Angst erfolgreich überwinden. Verlag Walter Leimeier, Lippstadt 1997

Dyer, W.: Der wunde Punkt. Rowohlt, Reinbek 1977

Ellis, A.: Grundlagen und Methoden der Rational – Emotiven Verhaltenstherapie. Pfeiffer, München 1997

Ellis, A.: Die rational – emotive Therapie. Das innere Selbstgespräch bei seelischen Problemen und seine Veränderung. Pfeiffer, München 1977

Ellis, A., Hoellen, B.: Die Rational – Emotive Verhaltenstherapie – Reflexionen und Neubestimmungen. Pfeiffer, München 1997

Lotz, N., Diekstra, R.: Rational- Emotive Therapie: Eine zusammenfassende Betrachtung. Klotz, Eschborn 1991

Merkle, R.: So gewinnen Sie mehr Selbstvertrauen. PAL – Verlagsgesellschaft, Mannheim 1989

Mummendey, H.D.: Psychologie der Selbstdarstellung. Hogrefe, Göttingen 1995

Nuber, U.: Ist Kindheit doch Schicksal? – Gespräch mit K. und K. Großmann, Psychologie Heute 8, Beltz, Weinheim 1991

Sanfort, L.T., Donovan, M.E.: Frauen und Selbstachtung. Ich bin ich, und ich bin o.k. Ingrid Klein Verlag, Hamburg 1994

Schwartz, D.: Gefühle erkennen und positiv beeinflussen. Das Lebenshilfebuch zur Rational-Emotiven-Verhaltenstherapie. mvg-Verlag, München 1997

Walen, S., Di Giuseppe, R., Wessler, R.L.: RET – Training. Einführung in die Praxis der rational-emotiven Therapie. Pfeiffer, München 1982

Der Autor

Dr. phil. Hans–Ulrich Dombrowski ist Diplom–Psychologe und Psychotherapeut. Er lebt und arbeitet in Lippstadt. Als Autor von Lebenshilfebüchern gibt er seine praktischen Erfahrungen weiter, die sich in vielen Therapien und Beratungen bewährt haben.

Ratgeber · Psychotherapie

Hans-Ulrich Dombrowski

Angst erfolgreich überwinden

Effektive Strategien zur Angstbewältigung. Auch Sie können es schaffen, aus dem Teufelskreis der Angst herauszukommen und wieder Lebensfreude zu entwickeln.

2001 • € 14,00 • Bibl. Nr. 14039

Heribert Unland

Nichtraucher werden und bleiben

Der Raucher-Ratgeber. Mit frischem Wind gegen den blauen Dunst

Damit wird Ihre Entwöhnung zwar nicht einfach - das geht auch nicht mit der besten Methode - aber einfacher als Sie denken.

2000 • € 14,00 • Bibl. Nr. 14022

Ingrid Sender

Borderline - Syndrom

Betroffene und Angehörige finden hier eine Beschreibung aller Symptome und Beschwerden, die zum Krankheitsbild gehören. Dem therapeutischen Ansatz liegt die Dialektisch-Behaviorale Therapie von Linehan zugrunde, der es gelang, Einfühlungsvermögen und Zielstrebigkeit in der Therapie zu vereinen.

2000 • € 14,00 • Bibl. Nr. 13177

Willi Ecker

Die Krankheit des Zweifelns

Wege zur Überwindung von Zwangsgedanken und Zwangshandlungen

2003 • € 14,00 • Bibl. Nr. 14035

Hans-Ulrich Dombrowski

Lösungswege bei Alkoholproblemen

Im vorliegenden Buch wird Ihnen ein Modell vorgestellt, das Alkoholmißbrauch und -abhängigkeit als fehlgeschlagenen Bewältigungsversuch versteht, um mit den anfallenden Problemen und Anforderungen erfolgreich umgehen zu können.

1999 • € 14,00 • Bibl. Nr. 14041

Gerd Mannhaupt

Welche Schule ist die beste für mein Kind?

Psychologische Hilfestellungen zur Schullaufbahn

1998 • € 14,00 • Bibl. Nr. 14036

Ratgeber · Psychotherapie

Ratgeber Depression

Serge K. D. Sulz

Alles, was Sie für das Verständnis und den Umgang mit Krankheit und Kranken wissen sollten. Betroffene finden den Ursprung Ihrer Depression und erkennen den Weg aus dem Leiden.

Angehörige und Helfer finden zum Verständnis des Patienten und lernen richtig zu helfen.

Neu: mit Selbsthilfemanual!

2003 • € 14,00 • Bibl. Nr. 10018

Ratgeber Partnerschaft

Petra Schulte-Wintrop

Dieses Buch möchte Ihnen zentrale Merkmale gelungener Partnerschaften vorstellen und diesen wichtige Störfaktoren gegenüberstellen, welche die häufigsten Ursachen von Partnerproblemen und Trennungen sind. Es stellt darüber hinaus Lösungsstrategien vor, die sich in der Praxis im Umgang mit den jeweiligen Problembereichen bewährt haben.

2003 • € 14,– • Bibl.-Nr. 16236

Selbstsicher in die Prüfung

Christof Eschenröder

Prüfungsangst ist eine der häufigsten Angstformen. Diese Phobie wird Betroffenen und Helfern mit feinem Intellekt und Humor verständlich gemacht und wirksame Schritte gut nachvollziehbar dargelegt. Für Therapeuten und Klienten gleichermaßen nützlich.

2002 • € 14,– • Bibl.-Nr. 16100

Ihre Bestellung

Ja, ich bestelle nachfolgende Titel gegen Rechnung

- ☐ *Ratgeber Depression* — *Bibl. Nr. 100[illegible]8*
- ☐ *Ratgeber Partnerschaft* — *Bibl. Nr. 16236*
- ☐ *Ratgeber Rauchen* — *Bibl. Nr. 14022*
- ☐ *Angst überwinden* — *Bibl. Nr. 14039*
- ☐ *Ratgeber Borderline* — *Bibl. Nr. 131[illegible]7*
- ☐ *Selbstsicher in die Prüfung* — *Bibl. Nr. 16100*
- ☐ *Ratgeber Alkohol* — *Bibl. Nr. 14041*
- ☐ *Krankheit des Zweifelns* — *Bibl. Nr. 14035*
- ☐ *Wieder Zuversicht gewinnen* — *Bibl. Nr. 14038*
- ☐ *Welche Schule ...* — *Bibl. Nr. 14036*
- ☐ *Als Sisyphus seinen Stein losließ...* — *Bibl. Nr. 10022*
- ☐ *Praxismanual: Strategien der Veränderung* — *Bibl. Nr. 100[illegible]6*

Telefax-Nummer: 089-132 133

Name	
Vorname	
Straße/Nr.	
PLZ/Ort	
Telefon	
Telefax	
E-Mail	
Datum/Unterschrift	X

Inland: portofrei ab 15,– € • Ausland: Portogebühren nach Gewicht

CIP-Medien
Nymphenburger Str. 185 • 80634 München
e-mail: cipmedien@aol.com
Internet: www.CIP-MEDIEN.com